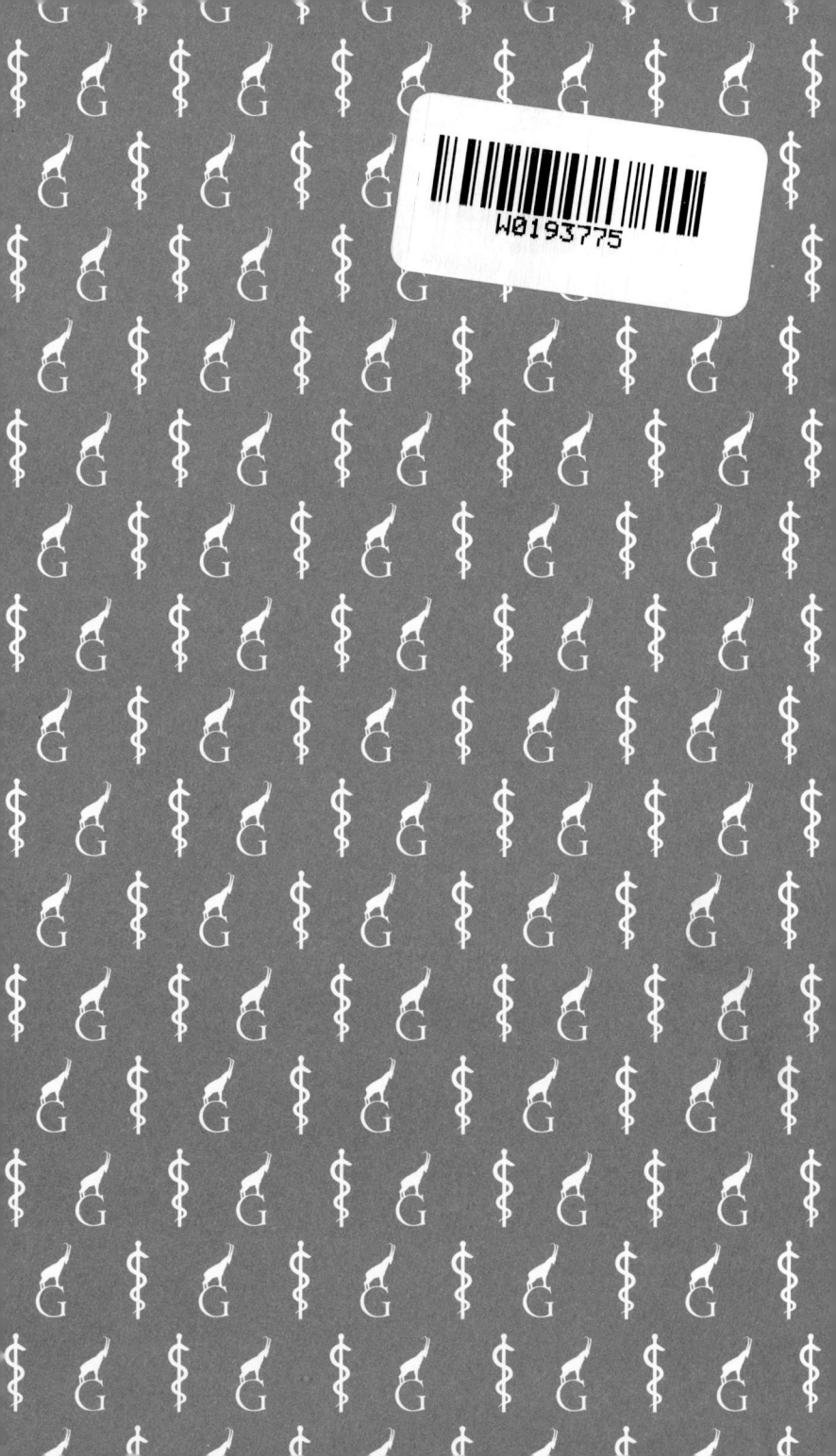

Alain Berenboom
MONSIEUR OPTIMIST

Alain Berenboom

MONSIEUR
OPTIMIST

Aus dem Französischen von
Tanja Graf und Helmut Moysich

GRAF

Die Originalausgabe erschien 2013 unter dem Titel
»Monsieur Optimiste« bei Genèse Édition in Brüssel.

Tanja Graf übersetzte die Seiten 7–52 und 215–286,
Helmut Moysich die Seiten 53–214.

Der Graf Verlag München ist ein Unternehmen der
Ullstein Buchverlage

ISBN 978-3-86220-054-2
© Genèse Édition, Bruxelles 2013
© der deutschsprachigen Ausgabe:
Ullstein Buchverlage GmbH, Berlin 2015
Gesetzt aus der Minion und der Code
Satz: Uwe Steffen, München
Druck und Bindung: GGP Media GmbH, Pößneck
Printed in Germany
www.graf-verlag.de

Yes, my heart belongs to Daddy
So I simply couldn't beb ad.
Yes, my heart belongs to Daddy
Do-da-da Da-da-da Da-daad
                    COLE PORTER

PROLOG

Als mein Vater starb, gab es keine Autopsie. Warum sollte sich die Justiz für das Ableben eines braven Apothekers im Ruhestand interessieren? »Herzattacke«, verkündete der Arzt. »Mal wieder«, fügte er mit einem Seufzer hinzu. »Ich selbst fühle mich übrigens auch nicht sehr gut.«

Meine Mutter reagierte nicht. Sie saß artig auf dem orangefarbenen Plastikstuhl im Wartezimmer der Notaufnahme und versuchte ihre Tränen zurückzuhalten, indem sie dem Rauch ihrer Zigarette nachblickte, wie er zur Decke stieg. Und ich war zu benommen, um dagegen zu protestieren. Ich brauchte Jahre, bis ich verstand, dass all das zu banal war, um wahr zu sein. Geschlossene Akten sind niemals wirklich verdächtig, bevor man sie öffnet.

Eine Stunde, nachdem mein Vater eingeliefert worden war, trat der Arzt aus dem Schockraum. Sorgfältig schloss er die Eisentür hinter sich, als wollte er die Seele meines Vaters daran hindern, ihm zu folgen. Er kam zu mir, streckte mir die Uhr meines Vaters entgegen und schüttelte dabei sorgenvoll den Kopf. Ich habe den Grund seiner Sorge rasch verstanden. Das Glas der Uhr war zersplittert, und ich war Rechtsanwalt. Die Uhr war während des Versuchs, meinen Vater wiederzubeleben, zersprungen. Das konnte den verantwortlichen Arzt teuer zu stehen kommen. Das war es, was ich aus seinen Augen las, nachdem er die meines Vaters geschlossen hatte. Er hatte sich umsonst beunruhigt. Meine Mutter hat keinen Einspruch erhoben (ich spreche vom Tod, nicht von der Uhr). Sie hat sich damit begnügt, zu weinen und weiterzuleben. Oder es zumindest zu versuchen. In unserer Familie gehört es zur Tradition, die Vergangenheit ruhen zu lassen. Warum, werden Sie bald sehen. Im Übrigen war meine Mutter nie besonders plaudersam. Und deswegen habe ich auch nicht nachgebohrt, wollte gar nichts Genaueres wissen.

Ach so: Trotz ihres gesplitterten Glases funktioniert die Uhr einwandfrei.

DAS FOTO

Dem sorgfältigen Ermittler wäre eine Reihe von Merkwürdigkeiten ins Auge gefallen. Zum Beispiel das Misstrauen meiner Eltern gegen Fotoapparate. Es gibt kein einziges Ferien-, Festtags- oder Picknickfoto von ihnen. Nicht mal ein Gruppenfoto im Kreis ihrer Freunde. Und auf den Bildern, die sie von mir gemacht haben oder machen ließen, stehe ich ein wenig verloren im Bildrahmen und strecke die Arme jemandem entgegen, den das Objektiv absichtlich ausgespart hat. Oder ich flitze gerade in meinem Rennauto von zu Hause weg, während die anderen Kinder meines Alters auf dem Arm ihrer Mama verewigt sind oder stolz ihren Papa an der Hand halten. Finden Sie das normal?

Sein Bestreben, in der Anonymität zu leben, war meinem Vater auf wundersame Weise geglückt. Bis zu dem verhängnisvollen Tag im Januar 1979, als der Sensenmann ihn überraschte. Obwohl mein Vater von einer Stadt zur anderen gezogen war, immer noch mehr Vorsicht walten ließ, seine Identität und Adresse regelmäßig änderte, sich in einer Großstadt verschanzt hat, weit weg vom Land seiner Geburt, wo der größte Teil seiner Familie in Rauch aufgegangen war – am Ende wurde er doch eingeholt. Aber von wem? Wer ist dieser maskierte Rächer, der Mann, die Frau oder das Paar, wer hat ihm den Schwung genommen, das Leben zerstört und seine Unschuld verraten? Und wer die Organisation, die Dienststelle, das Land, das ihn der Gefahr ausgeliefert hat?

Ob mein Vater selbst es wusste? Seine zahlreichen Namensänderungen, seine Angst vor dem eigenen Konterfei, sein Schweigen über die Vergangenheit – und meine Mutter als seine Komplizin: All das legt es nahe.

Ob man in heutigen Zeiten sein Vorleben derart ausblenden könnte?

KLEINE RICHTIGSTELLUNG: DIE BEGEBENHEITEN UND PERSONEN DIESES BUCHES SIND …

Was ich von meinen Eltern weiß, lässt sich schnell zusammenfassen. Ich bin ihr einziges Kind (meines Wissens, aber was weiß ich schon). Jedenfalls ihr Lieblingskind. Mein Vater war vierzig Jahre alt, als ich geboren wurde, und meine Mutter zweiunddreißig. Fügen Sie noch sieben oder acht Jahre hinzu, bevor meine eigenen Erinnerungen anfangen, aus dem Nebel aufzusteigen.

Aber ich bin vorsichtig. Ich bin kein zuverlässiger Zeuge. Ich habe ein sehr schlechtes Gedächtnis. Und woran sollte ich mich überhaupt erinnern? Während all der Jahre, die ich mit ihnen unter einem Dach lebte, achteten meine Eltern darauf, nicht über früher zu reden, nur hie und da entfuhren ihnen ein paar mir unverständliche Satzfetzen. Was weiß ich schon? Mein Vater arbeitete bis in die Nacht hinein im Hinterzimmer seiner Apotheke, und das sogar samstags. Sonntagnachmittags gingen wir zu dritt spazieren, durch die belebten Straßen der Brüsseler Innenstadt zwischen dem Brouckèreplatz und dem Großen Platz. Wenn es regnete, flüchteten wir uns ins Kino oder in die Museen. Zuvor, noch vor dem Mittagessen, gab es eine Stunde Bibellektüre. Wo hätte man bei einem solchen Programm die Zeit finden sollen, wohlverschlossene Schränke zu öffnen und die Geister der Familie aufzuscheuchen? Bei uns mochte man es nicht, etwas von sich preiszugeben, den Deckel von Privatem zu lüpfen, Familiengeschichten anzusprechen.

Die Kriegsjahre? Ausradiert, wie mit Chlorbleiche entfernt.

Wer interessiert sich für das Leben seiner Eltern? Wer hat die Neugier, die Kraft und kommt überhaupt auf den Gedanken, das von Eltern Verheimlichte zu ergründen, in ihre Privatsphäre vorzudringen? Für ein Kind haben Eltern kein Alter, keine Geschichte, keine Vergangenheit und vor allem nichts Geheimnisvolles. Als Heranwachsender interessiert man sich nur für sich selbst. Später, wenn man das Nest verlassen hat, sieht man sie hin und wieder sonntags, an den Geburtstagen oder zum Jahreswechsel. Und was bleibt von unseren Eltern übrig, wenn wir eines Tages der Versuchung erliegen und die Büchse der Pandora öffnen? Einzelne Geschichtsfetzen, die ihnen mal entschlüpft sind und die man sich wundersamerweise gemerkt hat, aus Gründen, die man selbst nicht versteht: ob das der Name eines altes Freundes ist – oder auch der eines Feindes, gegen den ein unerklärter Groll kultiviert wurde.

Manchmal erzählten meine Eltern lachend eine Begebenheit, ohne dass ich den Zusammenhang, den Anfang oder das Ende kannte oder je kennen würde, und ohne dass ich begriff, was daran so komisch war. An den Abenden, wenn »Besuch« kam, brachte meine Mutter mich früh zu Bett. Sobald die Freunde an der Tür geklingelt hatten, schlüpfte ich aus dem Zimmer, um ihre Geheimnisse zu belauschen. In dem dunklen Flur, meinem Horchposten, hörte ich nur langweiliges Zeug. Sterbensfade Gespräche. Es ging um die Ferien (»Wo kann man sich entspannen, ohne Deutschen über den Weg zu laufen?«), über die politische Situation in Osteuropa (»Schaut nur, was aus unseren kommunistischen Freunden geworden ist, die nach dem Krieg erhobenen Hauptes nach Polen zurückgekehrt sind, in dem Irrglauben, Juden könnten dort nun leben wie die Könige!«), über die Anzahl der Juden, die von der Hexenjagd in den Vereinigten Staaten betroffen waren (»Sollen sie doch lieber gute Filme machen anstatt Propaganda für Stalin!«), und vor allem über die Furcht, ob der so junge Staat Israel, auf der Landkarte noch mager wie eine getrocknete Paprika, den Angriffen seiner Nachbarn oder denen der Terroristen aus der verfluchten Stadt Gaza standhalten würde, angestiftet von Nasser, dem neuen Staatschef, der die jahrhundertealte friedliche Koexistenz zwischen Juden und den Moslems Alexandriens zerstört hatte. Drückten sie sich in einer verschlüsselten Sprache aus, weil sie antisemitische Spione befürchteten?

Mein Vater füllte die Gläser mit einem dickflüssigen rötlichen Likör, den er selbst destillierte, und spendierte anschließend den polnischen Wodka, den ihm ein Mitarbeiter der Botschaft geschenkt hatte, im Gegenzug für Wunderpillen oder eine Schönheitscreme, die dessen Frau in einen Hollywoodstar verwandeln sollten. Während sie Canasta spielten, aßen sie den selbst gebackenen Kuchen meiner Mutter, was die Gespräche verstummen ließ. So wenigstens stellte ich es mir vor. Denn ich war wieder ins Bett gegangen, von Müdigkeit übermannt und schwindelig von all den Anspielungen, die ich nicht zu entschlüsseln vermochte.

Als mein Vater starb, wohnte ich schon seit Jahren nicht mehr bei meinen Eltern. Nach der Beerdigung kehrte meine Mutter in die Wohnung zurück und verbrachte dort den Rest ihres Lebens, ohne irgendetwas an der bestehenden Ordnung zu ändern. Es wäre mir nicht in den Sinn gekommen, den großen Schrank im Flur anzurühren, der voll mit ihren Unterlagen war. Schon wenn ich den Schrank öffnete, der auch Bücher oder das Fotoalbum enthielt, rief meine Mutter: »Alain! Was suchst du denn? Du bringst mir alles durcheinander! Ich kann es nicht leiden, wenn du meine Sachen anfasst!«

Es war also erst nach dem Tod meiner Mutter – lange nach ihrem Tod, als ob das Verbot weiterhin auf meinen Schultern lastete und ich sie schon im Vorfeld stöhnen hörte –, dass ich begann, »ihre Sachen anzufassen«.

Zehn Jahre später, um ganz genau zu sein – fast auf den

Tag genau. Von einem plötzlichen Drang nach Ordnung gepackt, habe ich mir die im Keller abgestellten Kartons vorgenommen. Mit einer ganzen Rolle Mülltüten zu meinen Füßen fing ich an, die Papiere oberflächlich durchzusehen, entschlossen, einen Großteil davon – vielleicht sogar alles – wegzuwerfen. Und dabei bin ich auf ein paar einzigartige Dokumente gestoßen. Dokumente, die so manche vergessene Geschichte wieder wachriefen – auch solche, die ich gar nicht kannte. Ich war sofort gefesselt. Was sollte ich mit diesen verstreuten Papieren anfangen? Sollte ich versuchen, sie chronologisch zu ordnen? Dafür waren sie zu lückenhaft. Unverständliche Spuren eines langen, schlecht leserlichen Testaments. Am einfachsten wäre es gewesen, sie in eine Romanhandlung einzubauen. Mit Fantasie die Löcher zu stopfen und das Jahrhundert nachzuerzählen. Für einen frei schwebenden Chronisten waren meine Eltern die perfekte Vorlage.

Mein Vater ist in dem Jahr geboren, als die Gebrüder Wright ihr erstes Flugpatent anmeldeten, und er starb zehn Jahre, nachdem Neil Armstrong auf dem Mond herumgelaufen war. Meine Mutter erblickte das Licht der Welt mitten im Ersten Weltkrieg, diesem bombastischen Auftakt zum 20. Jahrhundert, und verschied 2001, kurz vor der Explosion der beiden großen Knallfrösche, die das neue Jahrhundert einläuteten.

Wenn ich ihre Odyssee von Polen und Russland nach Belgien nacherzählen würde, ihre Abenteuer unter der Nazibesatzung und ihre Hoffnungen nach der Befreiung und dem Wirtschaftswunder, könnte ich den großen europäischen Roman schreiben. Aber dann wären meine

Eltern bald vom Strom der Geschichte davongetragen und in der Fiktion verloren gegangen. Zum Teufel mit der Geschichte des 20. Jahrhunderts! Auf die Gefahr hin, nicht viel zwischen die Zähne zu bekommen, habe ich beschlossen, der gewissenhafte Protokollant ihres Lebens zu sein, nichts mehr als das, die Lücken ihrer Biografien stehen zu lassen und sie nicht mit Mutmaßungen zu füllen. Auf die Gefahr hin, nur eine vage Skizze dessen zu liefern, was ihr Leben ausmachte. Und es zu vermeiden, etwas dazuzuerfinden. Lieber Leser, Sie sind also vorgewarnt: Was das Wesentliche betrifft, so fürchte ich, werden Sie nicht satt werden – genauso wenig wie ich. Wenn die Figuren dieses Buches Ihnen wie flüchtige Gestalten erscheinen, dann deshalb, weil sie das Abbild lebendiger Menschen sind, deren Seelen weiterirren. Denn ich weigere mich, sie zu begraben, obwohl ich das Kaddisch auf ihren Gräbern gesagt habe.

DAS JUDENREGISTER

Das erste Dokument, das mir in die Hände fällt, trägt den Briefkopf der Gemeinde von Schaerbeek und ist überschrieben mit *Registre des Juifs – Jodenregister*. Dieses Personenregister, von dem ich nie zuvor gehört hatte – meine Eltern hatten es mir gegenüber nie erwähnt –, wurde aufgrund eines Befehls vom 24. Oktober 1940 der Besatzungsmacht erlassen.

Ein Blatt Papier von minderer Qualität, dessen Text beginnt zu verblassen, ist der erste schriftliche und direkte Nachweis des Lebens meiner Eltern nach der Ankunft der Deutschen in Brüssel. Ein neutraler Amtsschrieb, unscheinbar und harmlos, dessen Fallstricke und schwarze Löcher nicht einmal für diejenigen erkennbar waren, die es formuliert, ausgefüllt, unterzeichnet hatten.

Schaerbeek ist der Name des beschaulichen Brüsseler Vororts, wo meine Eltern lebten, wo ich geboren wurde und meine gesamte Kindheit verbrachte – fröhlich und sorglos. Ein Ort, wo jedermann sich grüßte, sogar der Polizist und der Fremde, wo der Briefträger Pause machte, um in der Küche mit dem Kohlenhändler, der gerade einen Eimer Koks geliefert hatte, einen Schluck zu trinken. Eine brave Gemeinde, bewohnt von braven Leuten, verwaltet von einem braven Bürgermeister, flankiert von braven Gemeinderäten und braven Beamten, die keiner Fliege etwas zuleide getan hätten. Worin also besteht der Unterschied zwischen einer Fliege und einem Juden?

Im Oktober 1940 ordnete die Besatzungsmacht sämtlichen Gemeinden des belgischen Königreichs an, ihre Juden ad hoc in ein Register eintragen zu lassen. Meiner Kenntnis nach hat keine davon sich geweigert, dieser Anordnung zu folgen oder ihre Beamten dazu zu verdonnern. Wenn jedoch alle Bürgermeister die Arme verschränkt hätten, hätten die Deutschen selbst niemals das nötige Personal gehabt, die Registrierung durchzuführen. Pardon! Ich hatte Ihnen versprochen, die Geschichte nicht neu zu schreiben.

In Schaerbeek wurde das Judenregister im Novem-

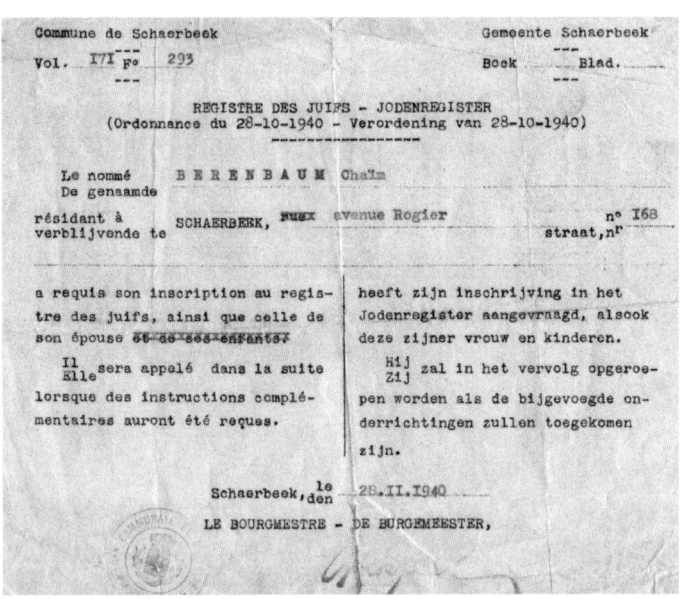

ber 1940 eröffnet. Gesetz ist Gesetz. Unordnung und Anarchie sind doch schlimmer als Besatzung. Die Vogel-Strauß-Politik war der Eckpfeiler der belgischen Politik und Kultur jener Zeit.

Jede Person jüdischer Rasse hat sich in ihrer Gemeinde einzutragen, laut Anordnung vom Oktober 1940.

Wenn die Deutschen, sagen wir mal, alle Kurzsichtigen, Kropfigen, Einbeinigen, Stotterer oder Tollpatsche verpflichtet hätten, sich einzutragen, ob sie wohl auch alle gehorcht hätten? Und wenn es eine Anordnung gegeben hätte, dass alle Häuser voller Fliegen aufgelistet werden sollten, welcher Hausbesitzer wäre naiv genug gewesen, darauf reinzufallen? Da hätte man schon einen Vogel im Oberstübchen haben müssen.

Warum zum Teufel hat mein Vater sich und meine Mutter eilfertig in dieses verdammte Register eintragen lassen? Wollte er damit beweisen, dass er das Gesetz genauso achtete wie seine lieben Nachbarn? Dass er ein ebenso guter Belgier war wie sie?

Warum hat er sich als Jude deklariert, er, der seit seinem Weggang aus Polen nie mehr in einer Synagoge war, der die Rabbis noch weniger ausstehen konnte als die Priester und diese ganze »Sippschaft der Geistlichen«, denen er mit größerer Abneigung begegnete als ein Antisemit?

Warum hat mein Vater sich als Jude auflisten lassen, er, der Atheist, der Linke, der Kosmopolit?

Warum hat mein Vater seine »Eintragung« ins Judenregister »beantragt«, obwohl er zwar nicht ihr endgültiges Schicksal kannte, aber zumindest von den Schikanen, Demütigungen, Ausschließungen wusste, denen deutsche Juden seit der Machtergreifung Hitlers sieben Jahre zuvor ausgesetzt waren.

Die Anordnung vom 28. Oktober 1940 erklärt jeden zum Juden, der wenigstens drei Großelternteile jüdischer Rasse aufweist. Es ist die religiöse Zugehörigkeit, die die Rasse bestimmt, präzisiert die Anordnung. Oder vielmehr das »persönliche Bekenntnis zur israelitischen Religion«.

Mein Vater, ein Anhänger der israelitischen Religion? Es wäre so einfach, mit Ja zu antworten. Aber wie in allen jüdischen Geschichten lautet die Antwort: In gewisser Hinsicht ja, aber andererseits auch wieder nicht.

DIE FÜNFTE KOLONNE

Der hochrangige Berater der deutschen Militärverwaltung, der den Befehl ausgegeben hatte, ein gewisser Oberst Duntze, erklärte den Unterschied zwischen der belgischen und der deutschen Auffassung der Definition des Juden, indem er betonte, dass »nur ein kleiner Teil der Juden Belgiens der religiösen jüdischen Gemeinde angehört und aktiv daran teilnimmt«. Er riet dazu, der Synagoge keine zu große Bedeutung beizumessen, um den »gefährlichen Effekt zu vermeiden, hierher Juden zu verbringen, die der jüdischen Religion gegenüber gleichgültig sind«, was »nicht im Interesse der Deutschen« läge.

Woher wusste dieser Duntze so gut Bescheid über die Juden Belgiens und speziell über die Person meines Vaters? Ob es am Ende Chaïm Berenbaum selbst war, der ihm all diese hirnrissigen Ideen über die Juden in den Kopf gesetzt hat?

Die Frage ist weniger verrückt, als es den Anschein hat.

Wir befinden uns im Jahr 1937. Nachdem mein Vater sein Pharmaziediplom der Universität Lüttich in der Tasche hatte und in mehreren pharmazeutischen Laboren der Provinz tätig gewesen war, ging er nach Brüssel, um dort, im schönen Stadtteil Schaerbeek, Apothekergehilfe zu werden. Einer seiner Kunden, ein Ingenieur deutscher Herkunft, heißt Tomas. Die beiden Männer freunden sich rasch miteinander an. Sind sie doch beide Ausländer, Akademiker, Literaturliebhaber und ungefähr gleichen Alters. Mein Vater liebt das Deutsche, die Musik der Sprache, ihre Komplexität, ihre Dichter. Er kann nicht anders als seine Bildung auszubreiten, sich damit zu brüsten. Wo sonst hätte er seinen Heine zitieren können? Vergeben wir ihm diese kleine Sünde der Prahlerei. Es braucht ja niemand zuzuhören. Tomas jedoch ist das ideale Publikum. Er hängt an seinen Lippen, spornt ihn an, klatscht Beifall. Es berührt ihn, die Stimme Heines zu hören, dessen Bücher in Deutschland verboten, verbrannt sind. Im Laufe der Monate ist Tomas ein Vertrauter geworden. In der Wohnung meines Vaters über der Apotheke verbringen die beiden lange Abende, an denen sie Schach spielen und über Gott und die Welt reden, umgeben vom scharfen Geruch der Puder, Pillen und medizinischen Pflanzen, der das ganze Hause erfüllt. Ach! Die Welt! Das Lieblingsthema meines Vaters, seit er sein Schtetl verlassen hat, das Dorf Maków in der Nähe von Warschau. Mit Tomas gibt es für Chaïm kein Halten mehr. Bei einem so offenen Ohr ist er nicht mehr zu bremsen. Umso mehr, als so eines kaum sonst zu finden ist! Die meisten seiner Freunde, Juden und Exilanten frischeren Datums wie er selbst, haben die ärgerliche Angewohnheit, ihm das Wort abzuschneiden, sobald er die Namen Hitler oder Chamberlain in den Mund nimmt oder die byzantinische Diplomatie Piłsudskis, des polnischen Diktators, analysiert oder erklären möchte, warum man sich vor Paul-Henri Spaak in Acht nehmen sollte, dem chamäleonhaften belgischen Außenminister. Sie, die vor den Synagogen und den bedrückenden Traditionen ihrer Eltern geflohen sind, kamen nicht in eine westliche, moderne, weltliche Großstadt, um meinen Vater politische Reden schwingen zu hören – und zwar im gleichen Ton und mit der gleichen Akribie, wie sich ein talmudischer Rabbi am Buch Hiob festbeißt. Um ihn zum Schweigen zu bringen, sprechen sie eifrig über Mädchen, über Fußball, Ferien, Autos – kurz, über alles außer Politik. Sei still, Chaïm!

Die Politik ist kein gutes Geschäft für die Juden. Es ist eine sehr schlechte Investition, die nur Elend einbringt. Man braucht bloß zu gucken, was mit denen geschehen ist, die sich in Russland aufgerieben haben. Mit dem Roten Stern am Gewehr sind sie losgezogen, und was ist aus ihnen geworden, den jüdischen Kameraden, die sich ihren goiischen Kameraden ebenbürtig fühlten? Sie reden heute über Politik, wohl wahr, aber dabei klopfen sie Steine in Sibirien!

Tomas reagiert ganz anders als all diese Defätisten, diese Juden aus dem Geist des Gettos, die den Kopf in den Sand stecken. Er trinkt die Worte Chaïms mit dem Wissensdurst eines Schülers, der seinem Mentor lauscht. Fast hätte er noch mitgeschrieben. Der einzige Haken dabei ist der übertriebene Respekt für diese Vorträge. Tomas widerspricht niemals, und das wiederum schmälert langfristig das Vergnügen meines Vaters. Höchstens entwischt ihm eines Tages der Spitzname, der an meinem Vater für immer haften bleiben wird: »Chaïm, man sollte dich Monsieur Optimist nennen! Ich habe noch nie jemanden getroffen, der so überzeugt ist von der strahlenden Zukunft unseres Planeten wie du. Wenn du wenigstens Kommunist oder Nationalsozialist wärst, würde ich deinen Eifer verstehen, aber nein, die Kraft deines Optimismus kommt ganz aus dir selbst. In Zeiten wie diesen bist du geradezu einzigartig!«

Gut erkannt, Tomas! Mein Vater sprach mit der gleichen Verve wie Mussolini von seinem Balkon, allerdings ohne die grotesken Gesten eines Opernsängers, der vor seinem Publikum zu vertuschen versucht, dass er kurz davor ist, seine Stimme zu verlieren. Wie der Duce war mein Vater klein und stämmig, mit ölschwarzen Augen, die Funken sprühten, wenn er seinen Zorn oder seine Leidenschaft untermalen wollte. Mein Vater glaubte an den unumkehrbaren Fortschritt der Zivilisation, an den Niedergang der Barbarei, die durch Sprache und Bildung bezwungen wird. An solche Dinge eben.

Mein Vater bewunderte Tomas, weil er nach der Machtergreifung Hitlers ohne ein Wort geflüchtet war. Er stammte aus einer Familie, die der sozialistischen Bewegung nahestand, und ihm war klar, dass er keinerlei Zukunft in seinem Land haben würde, sondern vielmehr das Schlimmste zu befürchten hätte von einem Regime, das sich anschickte, diejenigen zu vernichten, die sich nicht mit der Hand an der Hosennaht einreihen wollten. Dank seinem Ingenieursdiplom war es Tomas gelungen, sofort nach seiner Ankunft in Belgien eine Anstellung bei Erpe zu bekommen, einer Firma, die hervorragende Radioapparate herstellte. Denken Sie nur, der Apparat, den er für meinen Vater gebaut hat, funktioniert nach achtzig Jahren immer noch, wohingegen Tomas selbst, mein Vater und meine Mutter längst tot sind. Er steht neben mir auf einem Tischchen, während ich schreibe.

Es ist dieses Rundfunkgerät, mit dem mein Vater und

Tomas der Direktübertragung von Hitlers Reden lauschten und dabei Schach spielten. Laut meinem Vater beherrschte Tomas die teuflische Kunst, den Läufer auf dem Schachbrett einzusetzen. Das hätte ihn hellhörig machen sollen.

Tomas blieb für meinen Vater der ideale Gesprächspartner, und mit ihm zusammen organisierte er die Welt nach seiner Fasson, eine Welt, in der die Bösen vor Schreck zitterten angesichts der Stärke und der Intelligenz der Guten. Bis zu dem sonnigen Tag im Mai 1940, als die deutsche Wehrmacht in Belgien einmarschierte. An jenem Tag war Tomas verschwunden. Wurde er von den Besatzungstruppen festgenommen? War er nach Frankreich, nach England, nach Amerika geflohen? Hat er sich in den Kampf gegen die bösen Landsleute gestürzt, damit die Guten in Berlin an die Macht kamen? Ja, bestimmt war er in den Widerstand gegangen. Mein Vater war davon überzeugt, nachdem er vergeblich an seiner Tür geklingelt hatte. Bei Erpe wusste man gar nichts. Er war nicht der einzige Angestellte, der seinen Posten geräumt hat, ohne eine Adresse zu hinterlassen.

Einige Monate später, als der Schnee auf Brüssel zu fallen begann, drückte ein deutscher Offizier mit tadelloser Uniform und glänzenden Stiefeln die Glastür der Apotheke auf, und mit ihm wehte ein eisiger Windstoß herein. Jeder, der im Laden war, erstarrte mit klopfendem Herzen. Eine Frau nieste. Ein Kind fing an zu weinen, und seine Mutter wagte nicht, es zu beruhigen. »Nun, Chaïm, *mein Freund*«, rief der Offizier mit einem strahlenden Lächeln, »willst du nicht deinen alten Kameraden begrüßen?«

Mein Vater wäre beinahe aus den Schuhen gekippt. Tomas war natürlich weder Sozialist noch Flüchtling. Er gehörte zu dem, was man damals »die fünfte Kolonne« nannte, dieses Heer an Spionen, das das Naziregime überall in Europa verteilt hat, um den jeweiligen Einmarsch vorzubereiten und Berlin über den Gesinnungszustand der Bevölkerung zu informieren.

Als mein Vater die wahre Persönlichkeit seines Freundes entdeckte, gab es nur eines, was ihm leidtat: dass Tomas ihm seine Nazianhängerschaft während der langen Monate ihrer engen Freundschaft verschwiegen hatte und dass er ihn über das Nazigift schwadronieren ließ, ohne ihn jemals zu kritisieren, anstatt mit Zähnen und Klauen den nationalsozialistischen Standpunkt zu verteidigen. Zu gerne hätte er sich mit dem Advokaten des Teufels duelliert. Wenn Tomas mit offenen Karten gespielt hätte, hätte mein Vater ihn bekehren können. Davon war er überzeugt. Heiliger Herr Optimist!

Tomas wusste von meinen Eltern alles – und zweifellos mehr, als ich selbst je von ihnen wissen würde. Aber er hat sie nicht der Gestapo verraten. Wo soll man ihn also einordnen? Bei den Guten? Den Bösen? Oder anderswo, irgendwo in der wirklichen Welt, wo es weder Weiß noch Schwarz gab, sondern Grau, die Farbe der Asche, die nach und nach den ganzen Erdball bedeckte?

Wie gut war Tomas als Spion? Ich weiß es nicht. Aber als Bastler war er ein Genie. Lauschen Sie bloß mal der Tonqualität des Radios, das er für meinen Vater gebastelt hat. Genauso rein wie anno 1937, als es zwischen zwei Führerreden live die Konzerte der Berliner Philharmoniker übertrug. Und um einiges besser als der Rauscheton der BBC, dem mein Vater zuhörte, das Ohr am Lautsprecher, als er meiner Mutter mit leiser Stimme Botschaften zu entschlüsseln versuchte. »Hier London… Von Maria-Theresia an Marieluise: Heute Abend kommt ein Freund…« Die einzige Spur, die vom Dritten Reich tausend Jahre später übrig sein wird.

Hat es mit Tomas zu tun, dass es meinem Vater klug erschien, sich ins Judenregister eintragen zu lassen? Das ist eine Vermutung. Als Tomas in der Apotheke auftauchte, in vollem Wehrmachtsornat, wusste er alles über Chaïm Berenbaum. Alles, was nötig war, um ihn gen *Nacht und Nebel* zu schicken. Mein Vater war aus Polen zum Studium nach Belgien gekommen, wo man Studenten nicht aufgrund der geforderten Nasen- oder Ohrenform einschrieb, und verfügte daher über eine provisorische Aufenthaltsgenehmigung. Ein Segen, wenn man sich von den Besatzungsbehörden ausfindig machen lassen wollte. Die Formalitäten zur Einbürgerung hatte er immer vor sich her geschoben, und sie wurden umso unüberwindbarer, je mehr das Fieber Europa ergriff – vielleicht war Chaïm noch nicht richtig entschieden, ob er sein restliches Leben in Belgien bleiben würde. In der Manege wäre mein Vater Zirkusdirektor gewesen, und er hätte Hitler unter dem Trommelwirbel des Orchesters den Löwen zum Fraß vorgeworfen. Bevor er den Zauberkünstler angekündigt hätte, seinen Lieblingsartisten, der schnell eine Handvoll Silberflitter über die Welt verstreut hätte. Ach je! Die neuen Machthaber hatten sofort den Zirkus verboten, und ebenso die Zigeuner, die Juden und die Zaubernummern.

EINE HOCHZEIT IM
ALLERENGSTEN KREIS

War Tomas bei der Hochzeit meines Vaters zugegen? Papa hat sich stets auf seinen Instinkt verlassen. Und er hätte sein letztes Hemd denjenigen gegeben, die ihm beim Schwadronieren zuhörten. Warum hätte er außerdem vor einem Feind Hitlers verbergen sollen, wer er war und was er dachte? Nach der Schachpartie am Küchentisch holte mein Vater die Wodkaflasche hervor, und seine Schwester Esther, die bei ihm wohnte, brachte den Samowar für den Tee und ein Stück ofenfrischen Kuchen. Die Wärme kam nicht nur vom Essen und Trinken. Am Ende des Abends war der Raum erfüllt von ihrem Glück. Sie fühlten sich glücklich, jung, voller Hoffnung auf die Zukunft. Hitler? Niemals würde der Führer Hand an Belgien legen. Dank König Leopold III. – mütterlicherseits zur Hälfte Deutscher – und dessen schlitzohrigem Außenminister Paul-Henri Spaak, beides Erfinder der Neutralitätspolitik, würde Belgien am Rande des Schlachtfelds bleiben. (Ja, ja, versprochen! Hochheiliges Ehrenwort und dreimal draufgespuckt!) Gewiss, Hitler würde sich an den Franzosen und den Engländern rächen und die Bolschewiken herausfordern, aber nicht die Belgier, die so freundlich und lieb mit ihm sind.

Mein Vater war 1928 in Belgien gelandet und hatte sich an der Universität von Lüttich für Pharmazie eingeschrieben, ohne ein Wort Französisch zu sprechen. Nachdem er sein Diplom erworben hatte, fand er problemlos Arbeit in den Pharmazielaboren um Lüttich und Namur, später in Brüssel. Dort geschah es eines Tages, dass eine brünette Schönheit mit olivfarbenem Teint, dunklen Locken und verträumten Augen, ein echter Filmstar, Medikamente für ihren Onkel besorgte und damit Papas Weg und sein Schicksal kreuzte. Einige Monate später heiratete Chaïm Rebecca, die schönste Frau der Welt, jedenfalls der jüdischen Welt. Ein Optimist, dem alles gelang.

Bedurfte es nicht einer ordentlichen Portion Optimismus, um im Januar 1940 zu heiraten, wenige Wochen, bevor die Wehrmacht ins Land einmarschierte?

All denen, die nicht eingeladen waren, erklärten meine Eltern, dass sie im allerkleinsten Kreis geheiratet hatten. Ein guter Witz! Nur Beerdigungen finden im allerkleinsten Kreis statt. Jedoch die Zeiten standen noch nicht auf Beerdigung. Noch nicht...

Ein befreundetes Paar stellte sein Wohnzimmer für die Hochzeit zur Verfügung. Der Raum war ein kleines bisschen größer als die winzige Wohnung meines Vaters über der Apotheke. Freunde scharten sich um das junge Brautpaar, aber keine Familienangehörigen. Polen befand sich bereits in deutscher (und russischer) Hand. Die Einzigen, die am Fest teilnahmen, waren der Onkel und die Tante meiner Mutter, Harry und Herta, die in Brüssel lebten, und eine der Schwestern meines Vaters, Esther, die ebenfalls in Brüssel Pharmazie studierte.

Einer der Gäste hatte Joseph Schmidt mitgebracht, einen damals berühmten deutschen Tenor, Leinwand-, Rundfunk- und Bühnenstar. Seine Bekanntheit hatte ihn eine Zeit lang vor den antijüdischen Nazigesetzen bewahrt. Noch 1937 spielte er in Filmen, die Goebbels' UFA produzierte. Bevor auch er seinen Koffer packte. Angesichts des Klaviers, das mitten im Wohnzimmer residierte, konnte er dem allgemeinen Bitten nicht widerstehen. (Komm schon, Joseph! Nur eines! Bitte sei so gut! Für das junge Brautpaar!) Während er also seine größten Erfolge intonierte, *Tiritomba*, *Funiculi* und die legendären Arien aus der *Zauberflöte*, formierten sich auf der Straße die Truppen. Nach jedem Stück applaudierten die Leute wie verrückt und riefen dabei seinen Namen. Trotz der Kälte waren die Fenster geöffnet – und das war auch besser so, denn die Tremoli ließen die Scheiben gefährlich vibrieren. Am Ende seines Liedervortrags ließ Schmidt sich von der ausgelassenen Festgesellschaft feiern. Und das war es, was sie eine »Hochzeit im allerkleinsten Kreis« nannten?

Was für eine eigenartige Stimmung. Auf der einen Seite das rauschende Fest, das die Liebe von Chaïm und Rebecca feiert. Wein, Champagner, Musik. Auf der anderen Seite der faulige Atem des Monsters, das den Gästen ins Genick bläst. Und mitten drin mein Vater, ein wenig benommen, trunken von den vielen Reden (vor allem von seinen eigenen, denen die Gäste endlich einmal zuhörten, ohne zu unterbrechen). Im Arm hält er einen echten Star. Und ein zweiter singt ihm ein Ständchen. Januar 1940 … Mit den Göttern ist es immer dasselbe. Sie müssen die Stimmung verderben, sobald das Glück der Menschen ihre Macht gefährdet.

Meine Mutter ist fünfundzwanzig Jahre alt. Mein Vater dreiunddreißig. Joseph Schmidt ist gerade mal vier Jahre älter. Ich habe den Eindruck, als seien damals alle Menschen jung gewesen. Ab wann fingen die Leute an, alt zu sein?

Noch ein Wort zu Joseph Schmidt. Nach enormen Komplikationen schaffte er es schließlich, im darauffolgenden Jahr in die Schweiz zu gelangen – krank und am Ende seiner Kräfte. Aber sein Schicksal sollte nicht besser sein als das seiner restlichen Familie, die in Dachau oder Treblinka gelandet war.

Krank starb er in einem Flüchtlingslager, nachdem die Schweizer sich geweigert hatten, ihn in ein Spital einzuliefern.

Mein Vater hat mir oft das Schicksal seines Idols als Beispiel vorgehalten, und dabei brannten seine Augen vor Wut und vor Schmerz. Man glaubt, dem Teufel entwischt zu sein, und wirft sich dabei in seine Arme, weil er im Schafspelz daherkommt. Die Schweizer gehörten auf Chaïms Schreckensgemälde, gut platziert zwischen den Polen, Rumänen, Litauern. Und einigen anderen.

Die Hochzeitsreise fand einige Wochen nach der Eheschließung statt. Es war eine eher improvisierte Reise. Mit den Deutschen als Reisebegleitung, die allerdings noch nicht die guten Umgangsformen von Neckermann hatten. Richtung Boulogne-sur-Mer, mit Strand, Stadtmauer aus dem 12. Jahrhundert, Hafen. Trotz der Schönheit des Ortes verlief der Ausflug nicht ganz so, wie meine Mutter es sich erträumt hatte ...

DER TAG, AN DEM MEIN VATER KEIN POLNISCHER HELD GEWORDEN IST

Gleich nach der Ankunft der Deutschen in Belgien machten sich meine Eltern auf, ihre Flitterwochen am Strand von Pas-de-Calais zu verbringen, und dies in Begleitung von einigen Hunderttausend Belgiern, die ihnen zu Fuß, zu Pferd oder mit dem Auto folgten. Meine Eltern nahmen das Fahrrad. Es war ihre Art, ihre Anpassung an die belgische Kultur zu demonstrieren, wo das Fahrrad zur Königsklasse gehörte seit den kürzlichen Siegen von Sylvère und Romain Maes bei der Tour de France.

An diesem milden Frühlingstag radeln meine Eltern also in der Mitte eines Feldzugs, wo ein solches Durcheinander herrscht und so wenig Kampfgeist, dass die (deutschen) Verfolger schon dabei sind, sie zu überholen.

»Halt durch, Kuka! Wir schaffen es! Ich rieche schon den Duft des Meeres!«, rief Chaïm, drehte sich nach ihr um und machte mit der Hand eine Pedalbewegung.

»Pass auf, dass du den Koffer nicht fallen lässt«, murmelt meine Mutter sorgenvoll.

Verfluchter Optimismus meines Vaters, der meint, dass die französische Armee sich dem feindlichen Angriff widersetzen und die Flüchtlinge beschützen würde. Wenn meine Eltern geahnt hätten, welches Schicksal die französischen Behörden demnächst jüdischen Radfahrern im Véld'hiv, im Wintervelodrom von Paris, bereithalten würden, wären sie schleunigst nach Spanien abgebogen, in die Hölle, oder sogar in die Schweiz. Diese Richtung hatten Onkel und Tante meiner Mutter gewählt, Harry und Herta, die an die Côte d'Azur düsten, in der Hoffnung, bei den Helveten durchzukommen. Monsieur Optimist hatte auf den Sieg Frankreichs gewettet. Onkel Harry auf seine Niederlage.

Erst als sie in Boulogne angekommen waren, bemerkten meine Eltern ihren Fehler. Der Krieg ist aus. Zumindest beinahe. Ein schauderhaftes Chaos herrscht in der Stadt, von der sie dachten, sie sei kampfbereit. Boulogne, Brückenkopf der britischen Gegenoffensive. Brückenkopf? Schön wär's! Die französische Armee ist auf dem Rückzug, die Engländer schließen sich überstürzt den wenigen an, die noch weiterkämpfen wollen. Es sind vor allem Ausländer, darunter viele Polen. Sie haben nichts mehr zu verlieren, weil sie bereits alles verloren haben. Ihr Land war von Deutschen und den Sowjets zerlegt worden, wobei Letztere die ganze Welt mit ihrem Nichtangriffspakt überrascht hatten. Herrjeh! Das Gesicht der westlichen Kommunisten, als sie erfuhren, dass die Minister Hitlers und Stalins miteinander anstießen und sich die noch warme Leiche ihres Nachbarn teilten!

»Lass uns nicht die Nerven verlieren. Die Reise geht weiter«, behauptet mein Vater. »Wir Belgier sind Spezialisten des Etappenziels. Wir müssen nur Frankreich verlassen, das schon verloren ist, und nach Großbritannien gelangen. Warte hier auf mich, Kuka. Ich werde Fahrkarten besorgen«, fügte er ungerührt von dem herrschenden Chaos hinzu.

Ihn erwartet jedoch eine saubere Überraschung, als

er seinen Pass schwenkt, um sich auf einem der letzten Schiffe anzumelden, das den Ärmelkanal überquert.

»Sie sind Pole? Sehr gut. Stellen Sie sich dort drüben an!«

Und ehe er sich's versieht, wird mein Vater, der seiner jungen Braut eine Traumkreuzfahrt spendieren wollte, als polnischer Soldat eingezogen – und zwar schneller, als die Deutschen in Frankreich einmarschieren konnten! Er, den die polnischen Universitäten ablehnten, weil er Jude war, wurde plötzlich wieder polnischer Staatsbürger und durfte sich wie seine Landsleute für sein Vaterland umbringen lassen. Nur bei Kanonenfutter ist die Rassezugehörigkeit irrelevant. Mein Vater hätte ein Held werden können. Er hätte vier Jahre später hochdekoriert nach Belgien zurückkehren können, an der Spitze eines kosmopolitischen Regiments. Oder nach Polen, in der Uniform der Befreier. Oder sogar auf den Feldern der Ehre sterben und der berühmteste Unbekannte Soldat des Zweiten Weltkriegs werden können. Aber dies war weder sein Schicksal noch seine Absicht. Sie meinen, er wollte einfach nur in Deckung gehen? Vielleicht. Man kann seine Haltung aber auch nobler interpretieren: An jenem Tag hatte er Belgien erwählt und seine Bindung zu Polen definitiv beendet (er würde nie wieder dorthin zurückkehren). Mein Vater zog es vor, Widerstand zu leisten (gegen den Krieg).

Nachdem er vor den Deutschen geflüchtet war, versuchte er nun, der polnischen Armee zu entkommen! Ganz schön schlau, wem es gelingt, in einem solchen Durcheinander die Guten von den Bösen zu unterscheiden! Wären denn die bösen Polen plötzlich ins Lager der Guten übergelaufen und alle Deutschen in das des Teufels? Der belgische König jedenfalls legte die Waffen nieder – nachdem seine Armee tapfer Widerstand geleistet hatte –, was zur Folge hatte, dass er von den französischen Behörden, die selbst bereits in Auflösung begriffen waren, in den Schmutz gezogen wurde. Sie waren zu froh, einen Sündenbock zu finden, der den Zusammenbruch der Front rechtfertigte. In Belgien jedoch genoss Leopold III. das Vertrauen und den Rückhalt der Bevölkerung (wie Pétain einige Wochen später in Frankreich).

Was tun bei einem solchen Chaos, inmitten eines derartigen Fiaskos? Nazis und Stalinisten, die man zuvor für Erzfeinde hielt, verbrüdern sich, während die gefürchtete französische Armee sich umpusten lässt wie ein Kartenhaus. Elsass-Lothringen werden sie nie bekommen! Wir werden unsere Wäsche auf der Siegfriedlinie aufhängen. All diese Heldenlieder vom Sieg Frankreichs hatte mein Vater an seinem schönen Rundfunkgerät der Firma Erpe vernommen, und er glaubte felsenfest daran – ebenso wie alle anderen Zuhörer. Bis er zusehen muss, wie sein Weltbild überall undicht wird und seine Gewissheiten zerplatzen. Die polnische Uniform anzuziehen hätte bedeutet, den Wahnsinn seiner Landsleute zu übernehmen, wo die Kavalleristen im Kugelhagel starben, als sie erhobenen Schwertes gegen die deutschen Panzer loszogen. War meinem Vater nicht klar, dass das andere Lager noch irrsinniger war?

Mitten im Kreuzfeuer beschlossen meine Eltern also, sich den Deutschen in die Arme zu werfen. Was zeigt, wie

groß die Verwirrung in dieser Zeit gewesen sein muss ...
Sie stiegen auf ihre Räder und radelten erneut los, diesmal
in Richtung Brüssel, in die von den Deutschen besetzte
Stadt.

Der Romancier würde sich schleunigst in den Kopf der
beiden jungen Brautleute versetzen, wie sie sich auf direktem Weg in ihre Stadt unter Naziherrschaft begeben. Der
Chronist jedoch, mangels Dokumenten, Berichten oder
Bekenntnissen, ist hilflos. Er hat geschworen, nichts zu
erfinden, sondern der Protokollant dieser Begebenheiten
und realen Personen zu sein und zu schweigen, wenn ihm
nichts zur Verfügung steht, was die Ereignisse beleuch-
tet. Bei einem Krimi muss der Autor nur der Story auf die
Sprünge helfen und seine Figuren am Leben erhalten bis
zur Auflösung, die in seinem Kopf schon lange existiert.

Nichts dergleichen beim skrupulösen Ermittlungs-
beamten. Um die Wahrheit ans Licht zu bringen, habe
ich beschlossen, mich an die wenigen Fakten zu halten,
die ich zusammentragen konnte. An nichts als die Fakten.
Auch wenn sie dünn sind und manchmal unglaubwürdig.
Manchmal habe ich den Eindruck, mein Bericht befindet
sich in einer Sackgasse: Die Zeitzeugen sind heute alle tot,
meine Eltern haben mir kaum etwas über sie erzählt, ihre
Freunde wollten nicht mehr über die Kriegszeit sprechen.
Wenn ich kurz davor bin aufzugeben und mich dafür ver-
fluche, so lange gewartet zu haben, beruhige ich mich mit
dem Gedanken, dass es Anthropologen gelingt, bis ins
kleinste Detail die Geschichte der ersten Menschen nachzuerzählen, nur anhand eines Knochens aus ihrem Kiefer.
Hatte man denn über Lucy mehr gewusst als über Herrn

und Frau Berenbaum? Na bitte. Also setze ich mich wieder an die Arbeit. Immerhin bin ich der Sohn von Monsieur Optimist.

Trotzdem würde ich zu gerne wissen, was ihnen durch den Kopf ging, als sie in die Pedale traten, im Sturm auf Frankreichs Landstraßen und dann auf denen der belgischen Provinz Hennegau. Meine Mutter ist jung, zierlich, schön, mit dunklem Teint. Ihre üppige schwarze Haarpracht weht im Wind. Bereut sie angesichts der heillosen Situation bereits ihre Heirat, als sie vor sich den Rücken ihres Mannes betrachtet, wie er ihr mühevoll den Weg bahnt und dabei Worte der Hoffnung ausstößt, die auf dem steinernen Pfad zerschellen? Macht sie ihm diese katastrophale Hochzeitsreise zum Vorwurf, bei der sich ein fröhlicher Fahrradausflug, anstatt in einem Picknick am Strand von Pas-de-Calais zu enden, in eine Verfolgungsjagd vor zwei Panzerdivisionen und eine hysterische Truppe polnischer Werbeoffiziere verwandelt hatte?

Meine Mutter war niemals nachtragend. Sie war eine praktische Frau. Ich bin also zu dem Schluss gekommen, dass die einzige Sache, die ihr wirklich Sorgen machte bei der Durchquerung der Hölle des Nordens: das Schicksal ihres Koffers war.

DIE SACHE MIT DEM KOFFER
VON BOULOGNE

Soweit ich also meine Mutter kenne, bin ich geneigt zu glauben, dass ihr während der ganzen Fahrt weniger die Reifenpannen auf den großen Pflastersteinen von Pas-de-Calais Sorgen bereiteten und auch nicht die Granaten, die Wehrmacht, die Gestapo, das Schicksal ihrer Familie in Wilna unter dem Nazijoch, die Zweifel hinsichtlich ihrer Ehe oder des Lebens, das sie im besetzten Brüssel erwartete – was sie belastete, war der Verlust ihres Gepäcks.

Ihre Vorahnung hatte sie nicht getäuscht. Die Idee, den Koffer per Eisenbahn zurückzuschicken, stammte von Monsieur Optimist. Warum soll man sich damit belasten?, hatte er gerufen. Lieber mit leichtem Gepäck reisen, so kommt man schneller an. Und außerdem, die Diebe!

Weil er so beharrlich war, hat sie schließlich nachgegeben, gegen ihre Eingebung. Als sie zurück in Brüssel waren, wartete dort jedenfalls kein Koffer auf sie. Vermutlich werden Sie einwenden, dass Frankreich besiegt und besetzt war, der Hafen von Pas-de-Calais zerstört von deutschen Bomben, dass es Tausende Tote, Verletzte und Gefangene gegeben hatte und erhebliche Verwüstungen. Das stimmt. Aber warum sollten all diese Ereignisse Einfluss auf das Schicksal eines Koffers haben?

Die Frau von Monsieur Optimist bewahrte sich, ebenso wie ihr Gatte, einen unerschütterlichen Glauben in die Qualität und Ehrenhaftigkeit des öffentlichen Dienstes. Schließlich besaß sie einen Aufbewahrungsschein mit der Nummer 305, den ihr ein französischer Eisenbahn-beamter ausgestellt hatte, als Beweis, dass sie ihr Ge-päck aufgegeben hatte, und als Verpflichtung der zustän-digen Behörde – in dem Fall der Republik Frankreich –, es zu transportieren und es ihr zuverlässig wieder auszu-händigen.

Was für eine verzerrte Sicht der Wirklichkeit bieten uns die Geschichtsbücher! Darin steht, dass am 20. Mai 1940 die Stadt Boulogne-sur-Mer in Schutt und Asche liegt. Am Vorabend war der belgische Frachter *Antver-pia* von der Luftwaffe bombardiert worden, dann von Brandbomben aus dem Hafen beschossen worden. Einige Kilometer weiter ist ein Lastkahn, eine *marie-salope* (ein Wort, das meine Mutter, die ein gewähltes Französisch sprach, vermutlich nicht auf dem Lyzeum von Wilna ge-lernt hatte), von einem weiteren deutschen Flugzeug ab-geschossen worden. Am selben Tag wird der französische Öltanker *Ophélie* von Brandbomben zerstört. Das bren-nende Wrack erleuchtet den Hafen drei Tage lang. Ein britischer Fischkutter und ein griechischer Öltanker wer-den ihrerseits wenige Stunden später unter feindlichen Beschuss genommen, während die deutsche Wehrmacht auf die Stadt marschiert, sie umzingelt und sie einnimmt, ohne auf Widerstand zu stoßen.

Es heißt, dass die allgemeine Panik alles außer Gefecht gesetzt habe: Geschäfte geschlossen, Bevölkerung auf der Flucht, öffentlicher Dienst im Stillstand, zerschlagen. Jedem in der Stadt war klar, dass die Front zusammenge-brochen, die französische Armee verloren war.

Jedoch: der Gepäckschein, den meine Mutter bis zu

ihrem Tod andächtig aufhob (und bei jedem Umzug mitnahm), stammt vom 20. Mai 1940 und beweist das Gegenteil. An diesem Tag, das bezeugt der Beglaubigungsstempel, hat sie sich an den Bahnhof von Boulogne begeben, zusammen mit meinem Vater (der, galant, wie er war, den berühmten Koffer in der einen Hand hielt und mit der anderen seinen Drahtesel schob), während die deutschen Bomben auf den Hafen fielen, wo die brennenden Schiffe einliefen, bevor sie sanken. Mitten in diesem Chaos hat sie einen offenen Schalter gefunden und einen diensthabenden Beamten, der »auf Antrag belgischer Flüchtlinge« (und nicht »polnischer«, bitte ich zu bemerken) seinen Abreißblock zückt und sorgfältig mit einem schwarzen Stift das Formular Nr. 305 ausfüllt und ihnen in aller Ruhe aushändigt. Vielen Dank, dass Sie unseren Service in Anspruch genommen haben. Die SNCF verabschiedet sich und wünscht gute Reise! Beehren Sie uns wieder!

Zurück in Brüssel, ließ meine Mutter ein paar Wochen verstreichen. Obwohl Europa in Flammen stand, glaubte sie weiterhin an die Zuverlässigkeit der Behörden.

Tatsächlich hat Frankreich – ebenso wie Belgien – inzwischen die Arbeit wiederaufgenommen. Die Post funktionierte, die Fertigungsbetriebe produzierten, die Züge rollten, die Polizisten passten auf, die Banken zahlten aus, die Verwaltung verwaltete, die Händler handelten, und das alles mit dem Segen, ja sogar der ausdrücklichen Empfehlung der höchsten staatlichen Behörden.

Im Juli 1940, als meine Mutter es leid war, immer noch auf ihren Koffer zu warten, beschloss sie, ein Schreiben ans belgische Außenministerium zu schicken (dessen Chef, Außenminister Paul-Henri Spaak, zusammen mit der übrigen Regierung nach Vichy irrte, weil er in Belgien völlig diskreditiert und entmutigt war und unschlüssig, welche Haltung er einnehmen sollte).

Meine Mutter adressierte ihren Brief eigentümlicherweise an »die Direktion der Politik«.

»Sehr geehrte Herren,

im Jahr 1940 während der Massenflucht nach Frankreich hatte ich in Boulogne-sur-Mer einen Koffer bei der französischen Eisenbahn aufgegeben. Der Koffer ist nie an seinem Zielort eingetroffen und konnte trotz meiner verschiedentlichen Bemühungen nicht mehr aufgefunden werden.

Ich habe kürzlich in der Zeitung *Le Soir* eine Bekanntmachung gelesen, die die Öffentlichkeit darüber informierte, dass Belgier, die während der Massenflucht in Frankreich Hab und Gut verloren haben, entschädigt würden. Daraufhin hatte ich mich ans Außenministerium gewandt, wo man mir riet, meine Entschädigungsforderung einzuleiten sowie eine Liste der im Koffer befindlichen Gegenstände zu erstellen. Ich habe die Ehre, eine Entschädigung in Höhe von 15 000 Francs zu veranschlagen.

Mit vorzüglicher Hochachtung …«

Die Antwort war offenbar unbefriedigend ausgefallen, denn sie wandte sich nun an die Staatliche Belgische Eisenbahngesellschaft, die ihr im November 1940 antwortete und eine neuerliche Beschreibung »so vollständig wie möglich« des Gepäckstücks verlangte, »dessen Farbe, Verschlussart, ob mit Code oder ohne, die Anzahl der Schlösser sowie sein detaillierter Inhalt«.

Am 9. Mai 1941 verschickt meine Mutter folgendes Schreiben mit einer Erinnerung ihrer Reklamation an die SNCB: »Zu Ihrer Information: Es handelt sich um einen großen braunen Koffer, ungefähr 1 m lang, aus Zellstoff und mit zwei Schlössern. Der Griff des Koffers ist auf der einen Seite mit einer Schnur befestigt. Der Koffer ist nicht kodiert.«

Kuka ist davon überzeugt, dass ihr Brief vom besetzten Brüssel bis nach Paris befördert wird, in die Hände der Nazis, wo ein Beamter sich die Zeit nehmen wird, ihn zu lesen, Untersuchungen anzustellen und ihr zu antworten. Tja, ich habe erneut unrecht, mich darüber zu mokieren. Die Antwort existiert, und meine Mutter hat sie aufgehoben.

Die Angelegenheit hätte hier ihr Ende nehmen sollen. Das Gepäckstück war offensichtlich verschusselt, verschlampt, geklaut, verloren gegangen inmitten des Chaos, das in Boulogne herrschte. In der allgemeinen Hektik wartete die lokale Bevölkerung eingekesselt auf die Ankunft der Feinde und wusste nicht mehr, auf wen sie hören sollte.

Sie fragen sich vermutlich, wie eine Jüdin, der es bis dahin gelungen war, den Nazis zu entkommen, den Exodus sowie Bombardierungen und Razzien zu überleben, sich weigern konnte, ihre beiden Kostüme (braun und blau) endgültig abzuschreiben und auch die beiden Herrenanzüge (einer marineblau, der andere grau, ein wenig abgenutzt, aber immer noch tragbar, vor allem in diesen Zeiten), die drei Paar Damenschuhe, Blusen, Herrenhemden, Damenwäsche, den goldenen Kugelschreiber, das handgeschriebene Arzneirezept, zwei Kleider (eines aus Wolle, das andere aus Seide), drei Röcke (weiß, braun, schwarz), den Staubmantel? Tja, Sie kennen eben nicht meine Mutter!

Vor einigen Monaten hat sie sich in dieses demütigende Judenregister eintragen lassen, in ihrem Ausweis prangt in Großbuchstaben und blasslila Tinte die Bezeichnung »JUDE«. Die Schlinge zieht sich zu um die Juden. Anwälte, Richter, Journalisten, Industrielle, alle werden sie nach und nach ihrer Funktionen enthoben, verlieren ihre Jobs, Unternehmen, Geschäfte. Weil sie den gelben Stern tragen müssen, werden sie sukzessive in den Untergrund gedrängt oder ins Verderben. Und zu diesen Zeiten weigert sich meine Mutter, auf ihren Koffer zu verzichten. Nein, mein Herr, Sie vielleicht, aber nicht meine Mutter!

Weil sie von der SNCB keine Nachricht erhält, wendet sie sich an eine Organisation, die eigens nach den Kriegswirren ins Leben gerufen wurde: das Amt für die Identifizierung und Abwicklung belgischer Ware. Ein Amt, das sich erneut mit der Angelegenheit befassen wird, als da ist: das schreckliche Schicksal des Gepäckstücks von Rebecca Berenbaum.

Die Sache erhält eine internationale Dimension. In einem offiziellen Dokument, welches an Kuka im Juni 1941 verschickt wurde, weist die SNCF jedwede Verantwortung von sich... kraft eines Gesetzes, das nachträglich, nach Verlust des Gepäckstücks, verabschiedet wurde.

Haben sich die französischen Abgeordneten (beziehungs-
weise die Mitglieder der Pétain-Regierung, die die Macht
innehatten, nachdem das Gesetz vom 10. Juli die Republik de facto abgeschafft hatte) vorsätzlich zusammengetan,
um meine Mutter und ihre Forderungen loszuwerden?

Die Vermutung ist verführerisch. Und wird bekräftigt
durch die Tatsache, dass Marschall Pétain am 27. Juli das
Dekret aufhebt, das rassistische und konfessionsbedingte
Beleidigungen ahndet. Das Manöver des französischen
Staatschefs ist sonnenklar: Er nimmt meine Mutter in den
Schraubstock, indem er mit einem Federstrich die französische Eisenbahngesellschaft der schweren Verantwortung enthebt, die sie im Fall Berenbaum auf sich geladen
hat, und zugleich den von meiner Mutter angesproche-
nen Beamten erlaubt, sie ungestraft als dreckige Jüdin zu
bezeichnen!

Ich weiß nicht, ob meine Mutter nach dem Krieg weitere Schritte unternommen hat. Hat sie an General de
Gaulle geschrieben? Oder an Präsident Truman, um bis
zur Rückgabe ihres Koffers die Aussetzung des Marschall-
plans in Frankreich zu erwirken? Oder an die UNO? Wie
ich sie kenne, sind derlei Vermutungen gar nicht so aus
der Luft gegriffen. Sie war nicht der Typ, sich entmutigen zu lassen. Wie ließe es sich sonst erklären, dass sie die
Vernichtung der Juden Belgiens überlebte, die kurz nach
ihrem umfassenden Postverkehr erfolgte?

Was aber enthielt jener vermaledeite Koffer noch,
an dem meiner Mutter so viel lag und was nicht auf der
sehr artigen Liste auftauchte, die sie an all ihre Adressa-
ten geschickt hat? Gold? Familienschmuck, Fotos, die sie

aus Wilna mitgenommen hatte, letzte Erinnerungen an
ihre Eltern, die in der litauischen Hauptstadt geblieben
waren und die sie nie wiedersehen würde? Meines Wissens waren es nichts als Kleidungsstücke (abgesehen von
dem goldenen Kugelschreiber). Aber dazwischen hatte sie
die Büchse der Pandora geschmuggelt, aus der ihr neues
Leben herauskommen sollte.

DAS ENDE DER GARDEROBE

Nachdem sich ihre wertvollsten Güter irgendwo zwischen
den Bahnhöfen von Boulogne-sur-Mer, Le Havre, Pont-
de-l'Arche und Château-Thierry in Luft aufgelöst hatten,
sollte der Rest der Garderobe von Chaïm und Rebecca
drei Jahre später verschwinden. Schuld daran hatte mein
Vater, mal wieder – behauptete meine Mutter.

Ab 1943 nahmen die alliierten Luftangriffe auf Brüssel
zu. Sobald die Sirenen losgingen, rannte die Zivilbevöl-
kerung in Keller und Schutzräume aus Beton. Eines Morgens, als die Sirene vom Dach des benachbarten Postamts
heulte, merkte mein Vater, der schon in der Wohnungstür
stand, dass meine Mutter ihm nicht folgte. Hörte sie das
durchdringende Heulen nicht, das die Fensterscheiben
erzittern ließ und die Möbel bis in die Fasern des Boden-
belags aus Balatum? Er lief von einem Zimmer ins andere
und fand sie schließlich im Schlafzimmer, wo sie seelen-
ruhig Wäschestücke auf dem Bett sortierte.

»Was tust du da?«, rief mein Vater zwischen zwei Alarmen.

»Das siehst du doch, Chaïm«, sagte sie und deutete auf den offenen Koffer zu ihren Füßen und auf die Kleiderstapel auf dem Bett. »Ich nehme das Wichtigste mit!«

Mein Vater packte meine Mutter am Arm und um die Taille und zwang sie, in den Keller zu rennen, während die ersten Bomben das Viertel erschütterten und das Haus bis in den Schutzkeller wackeln ließen. Als der Klagelaut das Ende des Alarms signalisierte, sahen meine Eltern, dass das Schlafzimmer vollständig verwüstet war. Eine Bombe war unweit von dort zersplittert, hatte die Fensterscheiben bersten lassen und dabei Pullis, Westen, Hemden, Hosen, Kleider und Schals, die noch auf dem Bett lagen, zerfetzt. Mitten in diesem Scherbenhaufen leuchteten die Reste des Koffers, der nur mehr Kleinholz war.

»Du kannst dich bei mir bedanken, Kuka!«, rief mein Vater erschüttert. »Wegen mir bist du mit dem Leben davongekommen!«

»Ich soll mich bedanken? Weil du den Teufel auf den Fersen hattest? Und die Engländer unsere Garderobe hast ruinieren lassen?«

Noch Jahre später erzählte meine Mutter diese Geschichte, bei der mein Vater der Buhmann war, und ließ sich von ihren Freunden seine ewige Ungeduld bezeugen, die Quelle so zahlreicher familiärer Katastrophen.

Wenn ich den Unterschied zwischen einer positiven Handlung und einer negativen Handlung erkennen will, durchdenke ich diese Szene, die mich viel gelehrt hat über die wahre Natur von Mut und Heldentum.

HERR UND FRAU JANSSENS

Waren meine Eltern Helden?

Seit ihrer Rückkehr von der Massenflucht hatten sie erneut ihre Wohnung über der Post-Apotheke bezogen, wo mein Vater die Arbeit wieder aufnahm. Er bediente dieselben Kunden, die mit den gleichen Wehwehchen kamen und die gleichen Klagen anstimmten über den Regen, den Dreck auf den Straßen, den Fischpreis, die Trambahnen, aus deren offenen Türen die Menschen in Trauben hingen. »Und rechnet bloß nicht damit, dass euch die Jungen Platz machen! Sie sind dermaßen überheblich geworden seit der Verrohung der Sitten. Zu meiner Zeit, Monsieur, lag den Eltern noch etwas an der Erziehung. Heute, heißt es, soll man ihnen ihre Freiheit lassen. Auf Anraten eines großen Wiener Psychiaters, heißt es (Schweigen). Ein Jude (Schweigen). Und sehen Sie das Ergebnis? Und ihre Frisuren? Von Weitem könnte man sie fast für tock-tock halten. Und ihre Negermusik! Kein Wunder, dass das alles im Krieg endet ...«

Das ist so ziemlich die einzige Anspielung auf die geringfügigen politischen Veränderungen der Zeit. Manchmal fügte man noch hinzu: »Ein bisschen Ordnung und Disziplin, das ist vielleicht nicht schlecht, wenn man die Dinge wieder in den Griff bekommen möchte, nicht wahr? Es herrscht zu große Nachlässigkeit in diesem Land.«

Das Leben änderte sich tatsächlich nach und nach. Im Laufe der Monate sah man mehr Soldaten auf den Straßen, SS, Gestapo, und weniger Kunden in der Apotheke. Immer weniger. Wohin waren sie verschwunden?

1942, als die Repressalien gegenüber den belgischen Juden immer stärker wurden, wurde mein Vater in die Kaserne Dossin de Malines vorgeladen. Dies war ein Resultat seines Eintrags ins Judenregister eineinhalb Jahre zuvor. Sollte er die Anordnung befolgen oder nicht?

Aus heutiger Sicht erscheint die Antwort einfach: Innerhalb von drei Monaten haben siebzehntausend Juden diesem Befehl gehorcht. Sie wurden von der flämischen SS in Empfang genommen, die im Auftrag ihrer deutschen Kollegen den Standort leitete, und alle portofrei nach Auschwitz-Birkenau geschickt. Aber wer hätte damals erahnen können, welches Schicksal sie dort erwartete?

Mit dieser Vorladung hatte sich das Blatt gewendet. Das war nun selbst Monsieur Optimist bewusst. Die Gewissheiten, auf denen sein Leben beruht hatte, begannen, Risse zu bekommen. Die Zeit war reif, den Kopf aus dem Sand zu ziehen. Jedoch das Gewand des braven belgischen Durchschnittsbürgers abzulegen stellte sich als ziemlich schwierig heraus. Wo er sich doch so angestrengt hatte, sich seinen Nachbarn anzupassen, ihren Geschmack zu übernehmen, die beschwichtigenden Reden der Lokalpolitiker zu dekodieren. Jeden Tag las er, in den Pausen zwischen zwei Kunden, demonstrativ die große Hauptstadtzeitung *Le Soir*, die sich nunmehr in den Händen der Kollaborateure befand und Lobgesänge auf die Besatzer anstimmte, die Alliierten kritisierte und die terroristischen Taten des Widerstands anprangerte – das Ganze mariniert mit antisemitischen Einlassungen. Zum

Trost stürzte sich mein Vater täglich auf den Comicstrip von *Tim und Struppi*, die auf dem Weg zum Geheimnisvollen Stern waren: »An der Spitze einer Expedition, die sich aus belgischen, deutschen, spanischen, schwedischen, Schweizer und portugiesischen Wissenschaftlern zusammensetzte, machten sich der kleine Reporter und Kapitän Haddock an Bord der *Aurora* auf, um als Erste die europäische Flagge auf dem Meteoriten zu hissen, der ins Meer gestürzt war. Jedoch eine amerikanische Mannschaft, finanziert vom listigen Finanzier Blumenstein, macht ihnen das wertvolle himmlische Gestein streitig, indem es seine Tiefschläge vervielfachte.«

Bisweilen stellte Monsieur Optimist die Politik hintan, ebenso wie die Sorge um den täglichen Brot- und Kohlepreis, denn als waschechter Brüsseler konnte er sich auch für die Fußballspiele zwischen Union Saint-Gilloise und Daring begeistern oder für die Heldentaten von Sylvère Maes, den letzten Sieger der Tour de France, bevor sich die Deutschen das Gelbe Trikot sicherten – und alle anderen Trikots.

Erneut las er die Vorladung, befragte seine Freunde, versuchte zwischen den Zeilen zu erraten, welches Schicksal sie erwartete. Niemand wusste es. Alle zögerten. Sollte man nach Malines gehen? Gehorchen und sich einsperren lassen mit der Aussicht – so dachte er – auf ein paar Monate Zwangsarbeit? Oder sich widersetzen und abtauchen oder, wenn man erwischt wurde, mit dem Kerker oder gar mit dem Tod rechnen, erbarmungslos, wie der Besatzer war?

Er wandte sich an Kuka.

»Was würde ein braver belgischer Bürger anderes tun«, sagte sie, »als sich dem Gesetz zu beugen, oder?«

»Na klar, Gesetz ist Gesetz«, meinte der Polizist des Viertels, einer seiner Stammkunden, und nickte. »Wenn du nicht nach Malines gehst, wirst du zur ›gesuchten Person‹. Und jeden Morgen, wenn ich ins Kommissariat komme, betrachte ich dann dein Foto an der Wand, neben den Visagen der anderen Straftäter des Königreichs, gegenüber vom Porträt unseres vielgeliebten Königs. Wanted: Chaïm Berenbaum, Apotheker. Polnischer Staatsbürger. Stattliche Belohnung für jeden, der ihn herbringt, tot oder lebendig. Einem Gesetzeshüter steht es nicht zu, die Schwere des Delikts zu beurteilen. Und genauso wenig die Schuld oder Unschuld des Verdächtigen. Und schon gar nicht ein gültiges Gesetz infrage zu stellen, so ungerecht es sein mag«, fügte er hinzu und stopfte dabei die Pillen gegen den allergischen Hautausschlag in die Tasche, die mein Vater ihm gedreht hatte – die einzigen, die ihm halfen. Er warf einen kurzen Blick auf die Straße und fasste dann abschließend zusammen, dass er ihm fünf Minuten gebe, um seinen Koffer zu schnüren und mit seiner Frau das Weite zu suchen.

Es war dieser kleine Polizist, dieser Urbelgier, der meine Eltern gerettet hat. Nach einer ruppigen Auseinandersetzung. Nicht mit meinem Vater, der kaum zögerte, sondern mit meiner Mutter.

»Einen Koffer, mehr nicht«, sagte der Polizist.

Meine Mutter stieß spitze Schreie aus.

»Und mein Auflauf?«, fragte sie. »Ich habe wie durch ein Wunder Kartoffeln gefunden und wollte gerade das

Ganze in den Ofen schieben. Können wir nicht warten, bis er fertig ist?«

Der Ordnungshüter wollte seinen Ohren nicht trauen. Er wedelte mit der Vorladung unter ihrer Nase und wiederholte: »Ihr müsst sofort los. Und alles zurücklassen. Alles! Und keine Adresse angeben. Apotheke, Wohnung, Identität – Berenbaums sind tot. So oder so. Die Methode könnt ihr euch selbst aussuchen. Los, auf geht's!«

Mit seiner und der Hilfe weiterer Gemeindebeamten streiften meine Eltern ihre Haut ab. Abrakadabra! Keine Berenbaums mehr. In Luft aufgelöst. Sie waren nun die Janssens, brave belgische Bürger, hier ansässig seit der Zeit der Gallier, die ohne Furcht und Tadel ihre echt gefälschten Papiere vorweisen konnten, nagelneue Papiere, hochoffiziell ausgestellt von den Kollegen ihrer Retter, Beamten im Standesamt der Gemeinde Jette. Ironie ihrer neuen Identität: Janssens ist der flämische Name der beiden Polizisten, die Tim und Struppi bei ihren Abenteuern begleiteten – die berühmten Schulze & Schultze in der deutschen Ausgabe.

MEIN WAHRER NAME

Meine Eltern hätten den Namen Janssens beibehalten sollen. Die Familie hatte immer schon ein Identitätsproblem. Mein Vater mochte nicht nur keine Fotos von sich, er verheimlichte auch seinen wahren Namen. Fragen Sie mich bitte nicht, wie ich heiße. So ganz genau weiß ich es nämlich nicht.

Der junge Mann mit den kurz geschnittenen pechschwarzen Haaren, der an diesem schönen Herbsttag des Jahres 1928 aus dem Zug aus Warschau steigt, mit eher ungeduldiger als aufgeregter Miene, heißt Chaïm Berenbaum – der Name, unter welchem er sich bei der Fremdenpolizei eintragen lässt und später auch im Judenregister. Diese Person jedoch ging im Trubel verloren. Als der Krieg vorbei ist, gibt derselbe Mann, mit nunmehr lichterer Stirn, seinen Ausweis und den Namen Janssens an Hergé weiter, um selbst »Berenboom« zu werden. Ein flämischer Name? Wörtlich übersetzt bedeutet er »Bärenbaum«, ein Wort, was ebenso wenig existiert wie der Baum, den es bezeichnet. Jedermann, der Niederländisch spricht, erkennt den Schwindel sofort. Berenboom ist genauso falsch flämisch wie der Zauberer, der ihn sich ausgedacht hat.

Auch sein ursprünglicher Vorname ist dahin. Auf seinen neuen belgischen Papieren erscheint ein gewisser Hubert, den meine Mutter und alle Freunde Henri nennen. Daher der Verdacht, der mir manchmal durch den Kopf schoss: Was, wenn dieser mysteriöse Henri die Stelle des echten Chaïm Berenbaum eingenommen hat, und der nicht existierende Hubert war lediglich dessen Pappnase? So kurz nach der Befreiung war ein solcher Hokuspokus nicht besonders schwierig. Aber wer ist dann dieser Hubert, genannt Henri? Worin besteht seine Verbindung zu mir? Und welcher Berenboom ist im Jahr 1979 gestorben?

Anstatt mich auf die Spur der Auftraggeber im Mordfall Hubert Berenboom zu begeben, sollte ich mich nicht lieber um das Schicksal des Chaïm Berenbaum kümmern?

Meine Zweifel wurden noch geschürt durch den Briefkopf »Berenbaum« meines Großvaters väterlicherseits, der in Maków geblieben war. Zu diesem Wirrwarr kommt hinzu, dass eine Cousine, die sich in Chicago niedergelassen hatte, behauptete, »Birnbaum« zu heißen, und dass andere Cousins, die vor dem Krieg in die Vereinigten Staaten ausgewandert waren, sich unter dem Namen Barenboïm eintragen ließen – so wie der berühmte Dirigent. Da soll sich einer auskennen! Ein Sohn trägt den Namen seines Vaters, so will es das Gesetzbuch. Und nun sagen Sie mir bitte, wie ich heiße. Und von wem bin ich letztlich der Sohn? Ich tröste mich mit dem Gedanken, dass ich von allen Berenbaums der Lieblings-Berenboom meines Vaters bin. Berenbaum, eine Familie mit veränderbarer Identität.

Wer bin ich?

Dies hätte ich meine Großmutter fragen sollen. Die Mutter meines Vaters lebte kurz nach dem Krieg mit uns in Belgien, aber ich habe keinerlei Erinnerung an sie, denn sie ging nach Israel, als ich sechs oder sieben Jahre alt war. Dort habe ich sie ein einziges Mal wiedergesehen, auf einer Reise nach Haifa. Damals nannte sie sich Perlmutter, nach ihrem zweiten Mann, was noch zur Verwirrung betrug. Sowieso war ich außerstande, sie zu verstehen. Sie sprach Polnisch, Jiddisch, Hebräisch – kein Französisch.

Meine Eltern sprachen untereinander Polnisch. Mit seinem alten Freund Maurice sprach mein Vater Jiddisch.

Meine Mutter mit ihren Freundinnen Russisch. Alles Sprachen, die sie tunlichst vermieden mir beizubringen. Vergiss Jiddisch, Polnisch und Russisch, Alain! Und lass auch das Hebräisch. Arbeite in der Schule auf Französisch, und nimm noch Flämisch dazu.

Alain sollte ein waschechter kleiner Belgier werden, der großartige Ableger ihrer perfekten Integration. Es ging darum, alles Vorangegangene zu löschen, auf einer frischen weißen Seite zu beginnen. Einen wurzellosen kleinen Belgier aus dem Hut zu zaubern. War das der grimmige Wunsch nach Assimilation oder eine Art, die dunklen Ecken ihrer Vergangenheit zu vertuschen?

Eines Tages teilte mein Vater mir mit, dass ich eigentlich einen anderen Vornamen hatte, einen »für die Juden«, der nicht auf meinem Ausweis »für die Belgier« stand: Aba, den Vornamen seines Vater. Der jüdische Hintersinn will, dass Aba auf Hebräisch »Vater« bedeutet. Auf diese Weise, indem er mir den Namen seines Vaters gegeben hat, hat er auch aus mir, seinem Sohn, seinen Vater gemacht. Können Sie mir folgen?

Der Name meines Vaters, Chaïm, bedeutet auf Hebräisch »Leben«. Mein Großvater und meine Großmutter waren gut beraten, ihr Kind so zu nennen. Dieser Vorname war für ihn wie ein Talisman. Wie lässt sich sonst erklären, dass er eine solche Vielzahl an Prüfungen überlebte?

Mein Vater erinnert an diesen beliebtesten aller Zaubertricks, die Nummer mit der Frau ohne Unterleib, die jedes Mal unversehrt und unter dem Applaus des Publikums aus ihrem Sarg steigt. Ist es ein Zufall? Es ist diese

Zirkusnummer, die aus Chaïm einen echten Belgier machte. Wie durch Zauberhand.

DAS UNGELÖSTE RÄTSEL DER ZERSÄGTEN FRAU

Als ich kurz nach dem Tod meines Vaters die verblichene alte Tapete im Schlafzimmer meiner Eltern herunterriss, fragte ich mich, wie ich es wieder mal in dieses Wespennest geschafft hatte, mitten in eine Staubwolke, mit einem Schaber in der Hand und kilometerlang Wänden vor mir: wie Sisyphus vor seinem Stein. Ausgerechnet ich, dem Pinsel, Säge, Hammer und Nägel so wenig koscher waren wie die Schweinsrippe dem Rabbiner. Aber ich hatte es mir selbst eingebrockt. Während der endlosen Rede des Rabbiners am Sarg meines Vaters folgte ich einer plötzlichen Eingebung, und noch bevor ich zum Kaddisch-Gebet vortrat, hatte ich meiner Mutter schon versprochen, ihre Wohnung neu zu tapezieren. Sie war von meinem Vorschlag ebenso überrascht wie ich selbst. »Bist du wirklich sicher?« Aber ihr Zögern bestärkte mich nur in meinem Entschluss. Was war nur in mich gefahren? Wollte ich auf diese Weise die Ergriffenheit loswerden, die mir die Kehle zuschnürte? Die Trauerfeier hinter mir lassen und nach vorne blicken, in eine sichere Welt ohne Vergangenheit, ganz dem Credo meiner Eltern folgend? Eine neue Seite aufschlagen?

»Neuer Tag, neues Glück«, hatte mein Vater gesagt, als ich einmal Trübsal blies.

»Ach ja? Und der Tod dann am Ende des Tages?«

»Der Tod? Ein wissenschaftlicher Geist glaubt nur an das, was sich durch Erfahrung überprüfen lässt. Bisher ist aber niemand je aus dem sogenannten Totenreich zurückgekehrt. Also...«

»Also was?«

»Also gibt es keinen Beweis für die Existenz des Todes und auch nicht für dergleichen andere schaurige Dinge.«

Bevor ich mich über seine paradoxen Überlegungen lustig machen konnte, stopfte er mir den Mund: »Wenn es den Tod gäbe, wer könnte dann noch an Gott glauben? Einen Gott ehren, der Milliarden Kreaturen umbrächte, nur weil Adam und Eva ein paar Früchte aus seinem Garten gefuttert haben?«

»Aber am Ende hat er immerhin auch Hitler fallen lassen«, gab ich zu bedenken.

»Eben!«, triumphierte er. »Wie kann man an einen Gott glauben, der ständig seine Helden wechselt?«

Ich beobachtete den Rabbiner, der sich während des Gebets vor und zurück wiegte und dabei immer wieder seinen Bart befühlte, wie um sicherzugehen, dass der Herr ihn nicht aus einer Laune heraus mitten in der Zeremonie verschwinden ließ. Dieser Bartträger glaubte an Gott. Ebenso wie einige der um uns Versammelten. Und ich? In wenigen Augenblicken würde ich Ungläubiger das Kaddisch sprechen, um das Andenken eines anderen Ungläubigen in Ehren zu halten: »Gepriesen und geheiligt sei der Name des Allerhöchsten in dieser Welt, die Er nach Seinem Willen erschuf…«

Während ich den Sarg meines Vaters betrachtete, die Grube, die ihn gleich aufnehmen würde, und all die Gräber ringsum, während ich vor Lampenfieber zitterte bei dem Gedanken, das Totengebet in Aramäisch sprechen zu müssen, ohne danebenzuhauen und meine Familie endgültig der Lächerlichkeit preiszugeben, erinnerte ich mich wieder an dieses seltsame Gespräch. Und ich begann mich zu fragen, ob mein Vater nicht doch recht gehabt hatte. Welchen Beweis hatte ich, dass der Mann, der dort in dieser Kiste aus Fichtenholz ruhte, tatsächlich mein Vater war? Und dass er tot war?

Meine Mutter nahm mein Angebot, ihr Schlafzimmer neu zu tapezieren, nur widerstrebend an, anstatt sich gerührt und dankbar zu zeigen. Doch nun gab es für mich kein Zurück mehr. Ich fühlte mich verpflichtet, zu insistieren, bis sie schließlich nickte. Einen Augenblick später, während der Rabbiner feierlich über einen Mann namens Chaïm sprach, der ansonsten keinerlei Ähnlichkeit mit meinem Vater hatte, fragte sie mich, stets praktisch denkend, wann ich denn mit der Renovierung beginnen wolle, welche Wandfarbe ich vorschlüge und, vor allem, wer bei der Kleckserei mit von der Partie sein würde. »Mach bloß nichts kaputt!«, setzte sie noch mit lauter Stimme hinzu, zur großen Verblüffung der Trauergäste.

Der Rabbiner ließ sich dadurch nicht aus der Ruhe bringen, auch wenn mehrere Freunde den Eindruck hatten, dass die Bemerkung meiner Mutter auf seine blödsinnige Rede zielte. Sie drehte sich zu mir und redete leise weiter, indem sie betonte, wie wichtig die Hilfe eines »Profis« sei (will heißen: eines Goi, der die Arbeit an meiner statt ausführen sollte). Keinen Augenblick lang konnte sie sich vorstellen, dass ihr kleines Baby von zweiunddreißig Jahren fähig sei, egal was auf die Wände zu streichen, ohne sich selbst und vor allem die Wohnung dabei zu besudeln, die sie penibelst auf Hochglanz hielt. Natürlich hatte sie recht, doch ich gab nicht nach. Es kam überhaupt nicht infrage, meinen Vater im Beisein eines Zeugen für immer aus dem ehelichen Schlafzimmer zu verbannen. Ich war es, und zwar ich allein, der seine Gegenwart aus unserem Leben löschen durfte.

Unter der Tapete stieß ich auf eine Schicht alter Zeitungen. Es waren Seiten der Tageszeitung *Le Soir* aus den Dreißigerjahren, kurz nach der Ankunft meines Vaters in Lüttich. Um Französisch zu lernen, las er damals jeden Tag seinen Zimmerkameraden laut die Zeitung vor: Idel, einem rumänischen Studenten der Bildhauerei, und seinem Freund Maurice, der mit ihm zusammen aus Maków gekommen war, um Ingenieur zu werden. Und mit diesen Zeitungsblättern, Eintrittskarten in seine neue Wahlheimat, hatte er die Wände beklebt.

Mir sprang sofort eine Überschrift ins Auge: ein Interview mit Königin Elisabeth, wo sie über die Erziehung ihrer Kinder sprach (»sie besuchen öffentliche Schulen und werden wie alle anderen Schüler behandelt«) sowie über ihre Schwierigkeit, eine künstlerische Karriere zu verfolgen (sie war Schülerin des Geigers Eugène Ysaye). »Aber«, fügte sie hinzu, »wahres Talent ist unverkennbar und setzt sich immer durch. Selbst den Nachteil königlichen Blutes überwindet es.« Ein paar Tage später dann ein Artikel über den Missmut der Soldaten, die als Sicherheitskräfte für die Senatssitzung vom Donnerstag eingesetzt wurden, die bis spät in die Abendstunden dauerte: »Ausgerechnet heute, am Tag der Fritten!«, beschwerten sich die unzufriedenen Landser. »Hoffen wir, dass der Senat in Zukunft, wenn er wieder einmal extraeifrig sein will, sich einen anderen Tag auswählt, aus Rücksicht für unsere braven Landser«, schloss der Journalist. Ein Artikel, aus dem mein Vater, weit mehr als aus großen Reden, von den Eigenheiten der belgischen Seele und ihrer Kultur erfuhr.

Je mehr Tapete ich abkratzte, umso schwerer fiel mir mein Renovierungsvorhaben. Die ganze Jugend meines Vaters, all seine ersten Jahre in Belgien passierten da Revue vor meinen Augen. Durch die Zeitungsfetzen wurde ich Zeuge all der Emotionen, die er in jenen chaotischen Jahren durchlebt hatte. Während er sich weiter im Französischen übte, wurde die politische Lage immer besorgniserregender. »Hitler gewinnt die deutschen Wahlen«, ist im September 1930 zu lesen. »Wenn die nationalsozialistische Partei erst an der Macht ist, wird ein Hohes Gericht die Köpfe rollen lassen«, kündigt er an. Im Mai 1936 wird die politische Landschaft Belgiens durch die Wahlen völlig umgekrempelt: Die faschistische Partei Rex schickt einundzwanzig Abgeordnete in die Kammer, dazu kommen noch die acht Sitze der flämischen Nationalisten. Am 24. Oktober 1929 schießt der italienische Jurastudent Fernando de Rosa auf den italienischen Erbprinzen Umberto, der nach Brüssel gekommen war, um sich mit Prinzessin Marie José zu verloben. Und es war der spätere Außenminister Paul-Henri Spaak, der dessen Verteidigung übernahm: »Unser König wird von allen geliebt«, plädierte er, »weil er seinen Versprechungen treu bleibt. Wäre auch der König Italiens zu ähnlich stolzer Aufrichtigkeit fähig gewesen, hätte der Faschismus in Italien nicht Fuß fassen können, und mein Mandant säße jetzt nicht hier!« Offensichtlich war Prinz Umberto bei dem Attentat noch einmal davongekommen, denn wenige Wochen später konnte man in *La Petite Gazette* die Empfehlung lesen: »Wenn alle Damen, welche die Prinzessin Marie José zu ihrer Hochzeit nach Italien begleiten, sich mit elastischen Hüftgürteln ausstatten, wird sie die lange Zugreise weniger ermüden. Bei CCC, rue Neuve, Brux., finden Sie Ihre passende Kleiderkollektion.«

Selbst bei Einbruch der Dunkelheit war ich mit meiner Arbeit nicht viel weiter vorangekommen. Missmutig und ohne jede Lust, zurück in meine Wohnung zu gehen, beschloss ich, im Bett meiner Eltern zu schlafen, auch wenn sich mir bei dem Gedanken der Hals zuschnürte.

Kaum hatte ich mich ausgestreckt, fiel ich in tiefen Schlaf und träumte einen seltsamen Traum. Gleich einem Theatervorhang öffneten sich langsam die Zimmerwände mit ihren halb heruntergerissenen Tapeten, und mein Vater erschien. Er trat vor in einem schmucken schwarzen Anzug mit Zylinder und einem lackierten Stock in der Hand, dabei das Lied *Boum* von Charles Trenet trällernd. Der plötzlich losbrausende Applaus im Saal ließ mich aus dem Schlaf aufschrecken. Mein Herz raste. Durch das offene Fenster leuchteten in vollkommener Stille Tausende Sterne zu mir herein. Es waren dieselben, die schon all die Jahre seines Exils hindurch auch über den Schlaf meines Vaters gewacht hatten. Ich trank eine ganze Flasche Wasser aus, und dabei kam mir die Erinnerung an eine Familiengeschichte, die Geschichte des Zauberers von Verviers.

Da meine Großeltern nicht in der Lage waren, sein Studium zu finanzieren, hatte sich mein Vater auf Arbeitssuche begeben. Mit seinem gebrochenen Französisch waren die Möglichkeiten allerdings sehr beschränkt. Eines Tages stieß er auf die Anzeige eines Zauberkünstlers, der im Grand Théâtre von Verviers auftrat. Es wurde ein Mann von mittlerer Statur und ehrlichem Aussehen gesucht, der sich unter das Publikum mischen und sich in dem Augenblick erheben sollte, wenn der Zauberer am Ende der Nummer mit der zersägten Frau einen Zuschauer zu sich auf die Bühne rief. Ein neutraler Zeuge also, der dem Publikum garantieren sollte, dass kein fauler Trick dahintersteckte: Der Job war wie für ihn geschaffen. Was ihm schon so viele Türen versperrt hatte – seine kaum vorhandenen Französischkenntnisse –, war diesmal ein Trumpf. Einem Fremden auf der Durchreise glaubten die Zuschauer eher seine Unschuld. Und so fragte der Magier:

»Also, Monsieur, würden Sie uns bitte sagen, was in dem Kasten ist?«

»Nichts«, antwortete mein Vater. »Er ist leer.«

»Leer?«, wiederholte der Magier ungläubig lächelnd.

»Man stelle sich vor«, sagte mein Vater mit seinem Akzent von Maków, zum Publikum gewandt, »die durchgesägte Frau, wie weggezaubert. Um Himmels Willen, wo ist sie hin?«

»Keine Leiche, kein Verbrechen!«, erklärte der Zauberer, indem er sich unter rauschendem Beifall verbeugte. »Vielen Dank für Ihre Hilfe, Monsieur. Unserem sympathischen Zeugen ein herzliches Willkommen in Belgien von uns allen. Und die Show geht weiter!«

Von einem Lichtkegel verfolgt, kehrte mein Vater dann zu seinem Platz zurück, wo ihn schon die Assistentin, inzwischen wieder perfekt zusammengesetzt, mit einem strahlenden Lächeln erwartete.

Es war eine gelungene Inszenierung mit großem Erfolg. Bis zu jenem Abend, als… Der Zauberkünstler fesselte seine Assistentin, ließ sie in die Kiste legen und verschloss den Deckel. Während die Musik immer dramatischer wurde, griff er zur Säge und machte sich an die Arbeit. Doch diesmal verlief die Aufführung mühsamer und schien länger als gewöhnlich zu dauern. Mit kreidebleichem Gesicht richtete sich der Magier schließlich wieder auf. Anstatt, wie sonst, einen scheinbar beliebigen Zuschauer aufzurufen, wandte er sich jetzt mit barschem Ton direkt an meinen Vater, der unverzüglich auf die Bühne kommen sollte. Als er die Kiste öffnete, wäre er beinahe in Ohnmacht gefallen. Anstatt im doppelten Boden des Kastens zu verschwinden, lag, in zwei Teile zersägt, die Assistentin dort in ihrem eigenen Blut vor ihm.

»Nun, Monsieur, haben Sie den Inhalt des Kastens kontrolliert?«, fragte der Magier mit heiserer Stimme.

»Ja«, brachte mein Vater gerade noch heraus.

»Sie ist leer, nicht wahr?«, legte ihm der Magier augenblicklich in den Mund.

Mein Vater nickte nur. Er brauchte unbedingt das Geld.

»Keine Leiche, kein Verbrechen!«, schloss der Magier mit Grabesstimme und bedeutete meinem Vater, wieder zu seinem Platz zurückzukehren, wo nun niemand mehr auf ihn wartete.

Damit war die künstlerische Karriere meines Vaters beendet.

Viele Jahre später, er war inzwischen Apotheker geworden, hörte ich immer wieder Kunden sagen, dass seine Mittel wahre Wunder bewirkten und er »ein echter Magier« sei.

Ich hatte meinen Vater immer in Verdacht, diese Geschichte nur erfunden zu haben, doch am nächsten Tag stieß ich auf eine vergilbte und angeschmutzte Ausgabe des *Soir* von September 1939, die über die gesamte erste Seite titelte: *Das Deutsche Reich erklärt Polen den Krieg.* Zuerst glaubte ich, dass er dieses tragische Ereignis festhalten wollte, als er die Zeitung an die Wand klebte. Doch dann entdeckte ich unter der Schlagzeile *Das Rätsel der zersägten Frau bleibt ungelöst* die kurze Meldung, blau unterstrichen, dass der einstige Magier des Grand Théâtre von Verviers wegen Mordes gesucht wurde.

DIE FREMDENPOLIZEI

Ich verdanke es einer Freundin, dass ich die Akte meiner Eltern, die schön brav in einem Schrank des Königlichen Generalarchivs geschlummert hatte, bei der Fremdenpolizei einsehen konnte. Brav? Man braucht die Akte nur zu öffnen und merkt sofort, wie unangemessen dieses Wort ist. Kaum waren sie aus dem Zug gestiegen – und auch schon vorher, bereits in dem Augenblick, da sie ein Visum für das Paradies auf Erden beantragten, das Land, wo Fritten und Mayonnaise fließen –, wurden Chaïm und Rebecca observiert, ihre Handlungen und Bewegungen genau aufgezeichnet und analysiert. Ebenso wie in der Folge ihre gesamten Lebensumstände in Lüttich und Brüssel ausgekundschaftet und katalogisiert wurden, mit der gleichen akribischen Sorgfalt, welche ein Museum ihren Kunstwerken angedeihen lässt. Peinlich genau wurde alles von den Gendarmen protokolliert, jede Begegnung, jeder Treffpunkt, die Identität der Freunde. Alles, außer dem genauen Tagesdatum, an dem die schöne Rebecca die Apotheke von Monsieur Optimist betrat. Im einzigen entscheidenden Moment ihres Lebens, wo steckten da diese Schnarchnasen? Ausgerechnet dieses einmalige Ereignis mussten Schulze & Schultze verpassen! Wofür zum Teufel wurden die überhaupt all die Jahre hindurch bezahlt?

Der Agent, der die gefürchtete Aufgabe hatte, meinen Vater auszuspionieren, hieß L. Porcin, sozusagen L. Schweinchen. (Welcher Romanschriftsteller hätte je gewagt, ihm diesen Namen zu verpassen?) Über Jahre hinweg hatte er meinen Vater beschattet, seine Begegnungen in allen Einzelheiten aufgezeichnet, das Persönlichkeitsprofil seiner Gesprächspartner überprüft und sie auf ihre politische Gesinnungen hin durchleuchtet.

Dass es einem Porcin überlassen war, zu entscheiden, ob mein Vater koscher sei, beweist, dass der Gott der Juden es weniger genau mit dem mosaischen Gesetz nimmt, als die Rabbiner behaupten!

Hatte vielleicht ein Nachbar meinem Vater zugeflüstert, dass der furchterregende Gendarm ihm hinterherspionierte? Wie ich ihn kenne, hätte er den artigen Schutzmann in diesem Fall unter einem Vorwand in sein kleines Labor hinter dem Verkaufsraum der Apotheke gelockt, um ihm einen »köstlichen Likör«, halb Gift, halb Sirup, »den ich selber destilliere, aber verraten Sie mich nicht«, zu verabreichen. Nur dass Porcin, wie seine akribischen Berichte belegen, nicht der Typ war, der sich so einfach einschläfern ließ. »Nein danke, ich habe keinen Durst, schon gar nicht im Dienst. Ich würde sogar sagen, ich habe keinen Dienst. Selbst beim Trinken nicht.« Ein mustergültiger Beamter, wie ihn die öffentlichen Dienstbehörden in jener Zeit zuhauf produzierten. Und die dafür auch entsprechend entlohnt wurden.

Durch sein unverdrossenes Katz-und-Maus-Spiel mit Chaïm gelang es ihm am Ende, eins seiner schlimmsten Geheimnisse aufzudecken, nämlich seine Verbindung zu einem gewissen Mates Catzaf.

Ein seltsames Gefühl befiel mich beim Durchsehen all dieser vergilbten, vor mehr als fünfzig Jahren mit der Feder beschriebenen Blätter. Während mein Vater, voller

Freude, den polnischen Hooligans entkommen zu sein, die reine Luft der Freiheit in dem lieblichen Operettenkönigreich seines Exils pries, lauerten im Hinterhalt die Gendarmen des Königs auf den kleinsten Fehltritt, Treffen mit verdächtigen Freunden, Sympathiekundgebungen für diese oder jene subversive politische Gruppe, kurz, alles, was seine Abschiebung *manu militari* zurück nach Warschau hätte rechtfertigen können.

»Dieser Fremde« – wie du meinen Vater nennst, Beamter Porcin – »ist ein vertrauter Freund von M. Catzaf.« Am Rande seines Berichts vermerkte er noch weitere staatsgefährdende Details: »Die ihn bereits observierende Polizei von Lüttich hat gemeldet, dass Chaïm Berenbaum mehrfach den Ausgewiesenen Szafran Moszek beherbergte.« Ein schwerwiegender Fall also. »Nach unseren Erkenntnissen«, so Porcin weiter, »empfängt Berenbaum manchmal auch Hausbesuche.«

Wie soll man bei solchen Berichten nicht an die Welt von 1984 denken? Orwell verurteilt darin den stalinistischen Terror, den er zu seiner Zeit in Spanien beobachtete, wo er sich den republikanischen Kämpfern angeschlossen hatte. Aber verurteilte er da nicht zugleich auch die ganze bürokratische Spitzelei, die sich mit hysterischer Schnelligkeit direkt vor unserer Haustür ausbreitete? Wo mehr und mehr brave Bürger spontan mit der Polizei kollaborierten und ihre hungrigen Mäuler mit Informationen fütterten?

Selbst nach Kriegsende noch ging es gerade so weiter. Obwohl mein Vater nun schon fast zwanzig Jahre in Belgien lebte, blieb ihm Porcin weiterhin hartnäckig auf den

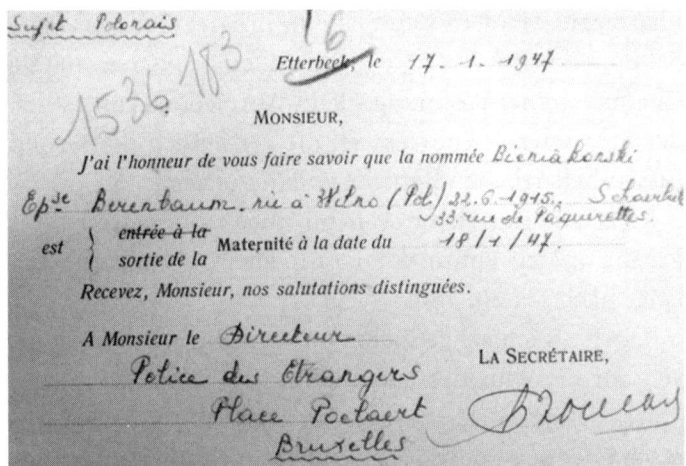

Fersen, überzeugt davon, einem hinterhältigen Draht-
zieher auf der Spur zu sein, der es auf die braven Bürger
Belgiens abgesehen hatte. Schauen Sie sich dazu nur einmal die Postkarte an, die am 7. Januar 1947 von der Klinik Baron Lambert an die Fremdenpolizei geschickt und
dann vom Beamten Porcin sorgfältig in die entsprechende
Akte eingeordnet wurde. Darauf wird bekannt gegeben,
dass Rebecca, die Frau des Verdächtigen, aus der Ent-
bindungsklinik entlassen wurde, wo sie einen Knaben geboren hatte, der bald beschnitten werden sollte. Die Information wird sogleich in der Akte vermerkt und in die
Personenregister übertragen, wo ich sie, wie in Marmor
gemeißelt, vierundsechzig Jahre später auffinden sollte –
so frisch, als wäre das Baby gerade erst geboren worden.

Doch zurück zu Catzaf. Nach Auskunft der Polizei studierte der aus Rumänien stammende Catzaf zur gleichen
Zeit wie Chaïm Berenbaum an der Universität von Lüttich

Pharmazie. Seitdem sich beide in Brüssel niedergelassen hatten, besuchte Catzaf, wie Porcin feststellte, regelmäßig Chaïm in seiner Wohnung – kein Wort jedoch von Esther, der Schwester meines Vaters, die vermutlich der Grund für die beharrlichen Besuche von Mates war.

Catzaf... Der Name war mir unbekannt gewesen, bis ich ihn in den Polizeiakten zu meinem Vater entdeckte, lange nach seinem Tod.

Doch als ich schließlich auch noch in anderen Archiven auf die Spur des aufrührerischen Freundes meines Vaters gestoßen war, bereute ich fast schon, mich so ironisch über den Polizeibeamten Porcin geäußert zu haben. Zu Unrecht hatte ich mich über seine Nachforschungen zu den beiden »ausländischen Apothekern« mokiert. In einem reich dokumentierten Buch* ist unter einem Foto von Catzaf aus den Akten der Fremdenpolizei zu lesen: Mates Catzaf hat während seiner Zeit in der Résistance den Decknamen Gorki angenommen.

Schon in den ersten Kriegsmonaten schloss Catzaf sich dem belgischen Flügel der MOI an, der circa zwanzig Mitglieder zählte (darunter mehrere ehemalige Angehörige der Internationalen Brigade von Spanien) und von dem bulgarischen Schuster Théo Angheloff angeführt wurde. Ein furchteinflößender Mann mit der Visage eines Taras Bulba, wie man ihn aus sowjetischen Filmen kennt. Die MOI war eine der aktivsten »Terroristen«-Gruppen der Résistance in Brüssel: Bombenanschläge, gezielte

---

* _Otages de la Terreur. Le groupe du Bulgare Angheloff et son groupe de partisans juifs 1940–43,_ Maxime Steinberg / José Gotovitch, VUB-press, Brüssel 2007.

Morde, darunter auch an prominenten Juden, die der Kollaboration mit den Nazis bezichtigt wurden. Nahezu alle Mitglieder sind später verhaftet und von den Deutschen erschossen worden. Außer eben Catzaf, einer der ganz wenigen, die der Razzia von 1943 entkommen konnten, bei der die Gruppe um Angheloff fast ausgelöscht wurde.

Was war sein Schicksal nach dem Tod seiner Kameraden? Es gibt widersprüchliche Informationen dazu. Will man dem Buch glauben, das den Werdegang der Gruppe Angheloff nacherzählt, so wurde Catzaf kurz vor Kriegsende verhaftet und nach Auschwitz geschickt. Nachdem er, Gott weiß wie, das Todeslager einschließlich dessen Evakuierung überlebte, soll er nur knappe drei Wochen vor der Befreiung im Lager Ebensee gestorben sein. Der Name Mates Catzaf erscheint unter den Holocaust-Opfern auf der Webseite des israelischen Parlaments Knesset. Doch es gibt noch eine andere Version. Laut einem Bericht in der Akte Catzaf der belgischen Fremdenpolizei soll er die Apokalypse überlebt haben (Geburtsdatum und rumänischer Geburtsort sind identisch mit dem des sogenannten Schoah-Opfers Catzaf). Demnach soll er nach seiner Rückkehr aus der Hölle 1946 in Belgien um eine Aufenthaltserlaubnis angesucht haben, welche ihm im Jahre 1952 ein weiteres Mal verlängert wurde.

Kann man daraus folgern, dass jeder aus dem Bekanntenkreis von Monsieur Optimist ein Doppelleben geführt hat? Also ein Catzaf, der im Holocaust umgekommen ist, und daneben sein Schatten, der die Todeslager überlebte, so wie es auch einen Chaïm Berenbaum gibt,

der nach dem Krieg als Hubert Berenboom wieder auftauchte? Oder auch seine Mutter, Frania Berenbaum, Ein-
zelhändlerin in Maków, deportiert ins Warschauer Getto
und darauf in Israel verwandelt zur respektablen Madame
Perlmutter? Und ich, und ich, und ich?

Sicher ist, dass alle Mitglieder der MOI-Gruppe Kommunisten waren. So muss ich denn meinen Hut ziehen
vor der belgischen Spionageabwehr. Weit ausgeschlafener
als seine Kollegen Schulze & Schultze, verdächtigte Polizist Porcin bereits seit 1937 Catzaf, einer subversiven Bewegung anzugehören! Völlig unbeeindruckt von Catzafs
Bemühungen, mit Händen und Füßen jedwedes politische Engagement abzustreiten. Dazu fuchtelte er mit von
»guten Belgiern« unterschriebenen Papieren herum, die
seine völlige Neutralität bezeugen sollten. So schreibt
etwa einer von ihnen: »Seit zwei Jahren bin ich Kunde in
seiner Apotheke, und kein einziges Mal hat er über Politik
geredet oder Gedanken geäußert, die den Stolz der Belgier hätten beleidigen können.«

Catzaf selber legte beim Justizministerium Beschwerde
ein, nachdem seine blutjunge Frau nach Rumänien
zurückgeschickt worden war: »Sie wurde einfach von
mir fortgerissen... Sie ist allein dort in ihrem Dorf, und
es wird schon getuschelt, sie sei nur gekommen, weil wir
uns zerstritten hätten! Ich versichere Ihnen, Herr Minister, dass wir niemals politisch aktiv waren und es auch nie
sein werden. All die verdächtigenden Anklagen, die man
uns zur Last legt, sind haltlos. Wir sind Opfer eines großen
Irrtums. Eine Untersuchung würde das zweifellos sofort
beweisen.«

Ein einfacher Polizist hätte sich von derartigen Erklärungen täuschen lassen. Doch zu seinem Unglück waren die Ermittlungen dem alles andere als gewöhnlichen Polizisten L. Porcin anvertraut worden. »Mehrmals konnte die Anwesenheit des Betroffenen im Lokal *Le Porteur* festgestellt werden, dessen Inhaber samt Familie kommunistische Aktivisten sind.«

In jener Zeit zählte man automatisch zu den roten Umstürzlern, sobald man ein Glas Rotwein im Bistro eines Roten trank. Aber wie sich in der Folge zeigte, hatte Porcin den richtigen Riecher gehabt, als er das Ein-und-aus-Gehen des zukünftigen Terroristen bei seinem Kumpan und Freund Chaïm Berenbaum beobachtete – in dessen Wohnung sich seltsamerweise die Wege des Nazis Tomas mit denen des Kommunisten Catzaf kreuzten, der natürlich der Einzige war, für den sich der Geheimdienst interessierte.

Betrachtet man den ironischen Blick von Mates Catzaf auf seinem in der Akte enthaltenen Erkennungsfoto, das spöttische Lächeln auf seinen schmalen Lippen, so erkennt man sofort, dass er sich insgeheim diebisch freut, mit seinen besänftigenden Erklärungen und vorgetäuschten Zeugen die Polizei reingelegt zu haben. Doch was für ein Irrtum! Porcin hatte Catzaf bereits demaskiert, noch bevor der künftige Gorki überhaupt seinen Terroristenanzug anlegen konnte.

Aber trafen sich Mates und Chaïm auch weiterhin, selbst noch nach der Besetzung Brüssels durch die Deutschen? In den Akten gibt es dazu keinen Hinweis. Die belgische Fremdenpolizei musste ihre Aktivitäten leider unterbrechen, als ihre deutschen Kollegen zur Ablösung erschienen und ihre Büros samt Karteikästen übernahmen. War mein Vater vielleicht versucht, sich der MOI anzuschließen? Die Schreckensschreie, die Rebecca allein bei dem Gedanken ausgestoßen hätte, ihr Mann könne zu einer bewaffneten Gruppe, dazu noch zu einer kommunistischen, Kontakt haben, beinhalten schon die Antwort. Selbst bei der leichtesten Versuchung hätte die Angst vor einer Nervenkrise meiner Mutter – weit furchterregender, als wenn die deutsche Polizei in seine Apotheke hereinmarschiert wäre – ihn davon überzeugt, dass es besser für das Familienwohl sei, weiterhin im Labor Pillen zu drehen, für seine Freunde Alkohol zu destillieren und seine Kunden mit wundertätigen Arzneien zu versorgen. Da war es geraten, den Kopf einzuziehen und so zu vermeiden, dass die Deutschen auf einmal Neugier für seine unbedeutende Person entwickelten. Was ja im Übrigen auch all seine Nachbarn taten, indem sie, wie vom König und den höchsten Stellen im Königreich empfohlen, den Part des »geringsten Übels« wählten. »Leistet keinen Widerstand. Kollaboriert nicht, soweit dies möglich ist. Verhaltet euch so, als wäre alles wie immer, und das Leben auf dieser Erde wird bald wieder normal sein.« Dieser Slogan entsprach ganz der Vorstellung meiner Mutter, die als frisch Immigrierte spontan die Kultur ihrer künftigen Mitbürger übernahm und diese fortan auch nicht mehr aufgeben sollte – trotz einiger Gegenversuche meines Vaters.

Konnte es überhaupt einen musterhafteren Staatsbürger als meine Mutter geben? Jeder Polizist hätte sie auf den ersten Blick so eingeschätzt. Und doch blieb auch sie nicht verschont von der Neugier Porcins…

Wie aus ihrer Akte bei der Fremdenpolizei hervorgeht, ist meine Mutter im November 1938 eingereist, mit einem Studentenvisa für die Wirtschaftsschule Solvay an der Freien Universität Brüssel. Laut den Archiven des belgischen Staatsschutzes war ihrem Visum ein ärztliches Attest beigefügt, welches, »ausgestellt im Auftrag der belgischen Regierung nach den Weisungen der königlichen Gesandtschaft in Warschau«, bescheinigt, dass sie von keinem übertragbaren Infekt befallen« ist. Und die Liebe, Herr Doktor, handelt es sich bei ihr nicht auch um einen übertragbaren Infekt?

Im November 1938? Das sind fast auf den Tag genau zehn Jahre, nachdem Chaïm seine Koffer auf dem Bahnsteig im Brüsseler Bahnhof abstellte, um sich dann drei Monate später in Lüttich in einer Bruchbude an der Rue du quai Saint-Léonard niederzulassen. Als Einkünfte zum Lebensunterhalt »gibt er monatlich 15 Dollar von seinen Eltern an, wohnhaft in der Handelsstraße 31 in Marków, Regierungsbezirk Warschau«.

Kein Wort hingegen von dem Geldumschlag, den er allabendlich vom Magier des Grand Théâtre von Verviers für seinen Auftritt als unbeteiligter Zeuge erhält. Wieder einmal haben sich die Gendarmen die einzig wichtigen Informationen entgehen lassen. Oder ist womöglich der Beamte, der ihm ins Theater folgen sollte, am Ende vom Magier eliminiert worden? Auch er in Stücke zersägt in der magischen Kiste? Abrakadabra!

DIE REISE MIT MEINER MUTTER

Mit dem Abitur des französischen Gymnasiums von Wilna in der Tasche wollte meine Mutter gleich ihre Studien fortsetzen. Da jedoch die Hochschulen der litauischen Hauptstadt für Juden unzugänglich waren, schrieb sie sich an der Universität von Brüssel ein, wo schon ihr Onkel Harry lebte.

Sein ganzes Leben hindurch war Onkel Harry mit ebensolcher Leidenschaft Geschäftsmann gewesen, wie er die Politik hasste. Bis ins hohe Alter bereiste er die ganze Welt, ständig auf der Flucht, mal vor den Faschisten, mal vor den Kommunisten, dabei immer aber auch auf den großen Coup aus, der ihn zum Millionär machen würde. Ein wahrer Abenteurer, der sein Schicksal irgendwo zwischen Lancelot auf der Gralssuche und Tulipe angesiedelt sah, jenem Helden aus dem Film *Die Million* von René Clair, der kreuz und quer durch Paris seinem verloren geglaubten Lotterielos hinterherjagt.

Harry war ein Doppelgänger des amerikanischen Schauspielers E. G. Robinson. Wenn er in den Fünfzigerjahren während des Filmfestivals von Cannes die Croisette entlangpromenierte, wurde er gleich von Autogrammjägern umringt. Dann signierte er bereitwillig, nicht ohne mit tiefer Stimme und stark russischem Akzent ein »You are welcome, baby!« hinzuzufügen. Das Kino nahm immer schon einen wichtigen Platz in seinem Leben ein, lange bevor E. G. Robinson ein Star geworden war.

Harry arbeitete in Berlin für die UFA. In der Zeit, da ich regelmäßig die Cinémathèque besuchte, verfolgte ich jedes Mal konzentriert den Vorspann der damals in Babelsberg gedrehten Meisterwerke *M*, *Das Testament des Dr. Mabuse*, *Der blaue Engel* oder *Die Dreigroschenoper*, gespannt darauf, auch den Namen von Harry Beilis dort zu entdecken.

Unter seinen Aufgaben fand ich eine ganz besonders faszinierend. Die UFA hatte ihn mit dem chinesischen Markt betraut. In den Hauptstädten des Reiches der Mitte, in Schanghai, Kanton, Nanking, hatte die UFA eine ganze Reihe von Kinosälen eröffnet, die mit den neuesten Produktionen aus den Berliner Studios versorgt werden mussten, welche damals gleichauf mit jenen aus Hollywood waren.

Die Koffer voller Filmrollen, bestieg mein Onkel alle drei Monate den Zug nach Moskau. Dort angekommen, fuhr er mit der Transsibirischen Eisenbahn weiter bis nach Wladiwostok, wo er schließlich Anschluss nach Peking hatte. Nach Ablieferung der neuen Filme fuhr er mit den abgelaufenen Filmkopien in der Gegenrichtung, Peking–Wladiwostok–Moskau–Berlin, zurück.

Wenn der dicke Rauch, der den Zug wie ein Leichentuch umhüllte, den Blick freigab, sah Harry durch das von Staub und Ruß verschmierte Abteilfenster hinaus auf die gebeutelten Regionen seines Geburtslands, einst unterworfene Gebiete, die sich nach dem Zusammenbruch der Kaiserreiche noch nicht wieder erholt hatten. Es waren Gebiete mit verschwommenen Umrissen, Schlachtfelder des Ersten Weltkriegs, deren Wunden noch nicht vernarbt waren, aber schon offene Grabstätten für den folgenden. Der Tee wurde in Polen serviert, das gerade wieder unabhängig geworden war, jedoch mit einem schwachen Regime und mit ungewisser Zukunft; auf dem Bahnsteig in Minsk gab es Sandwiches zu kaufen, schlechten Wodka in den russischen Bahnhofsschänken, überfüllt mit Soldaten, die auf ihren zerlumpten Uniformen den roten Stern tragen wie einen glänzenden Blutstropfen. Dann quer durch das frisch von den Bolschewiken eroberte weiße und blutige Sibirien, bevor es dann in die endlosen Weiten des verfallenden China hinausging. Ich stelle mir vor, wie gebannt Onkel Harry gewesen sein muss vom Anblick all der vorüberziehenden Städte, eintönigen Ebenen, heruntergekommenen Bahnhöfe, all den Horden von schlecht ernährten, zerlumpten Männern, Frauen und Kindern, die, kaum dass sie dem Kriegschaos entkommen waren, nun vom Sturm der Sowjets überrannt wurden, während am Horizont bereits der Schatten der Nazis heraufzog. Auch er war einer von ihnen, einer von denen, die ungefragt in dieses riesige aufgeweichte Reich hineingeboren worden waren, wie Spielbälle hin und her geworfen von unfassbaren Ereignissen, die den ganzen Planeten verwüsten sollten. Und so sehe ich ihn jetzt in seinem Abteil sitzen, Tag für Tag, endlose Tage lang gewiegt vom Stampfen der Lokomotive, dem Geratter der Waggons, ein Auge auf den kochenden Samowar gerichtet, das andere auf die vor dem Fenster vorbeiziehende Geschichte, ohne dabei seine kostbare Fracht aus Träumen und Pailletten außer Acht zu lassen.

Hitlers Machtergreifung bedeutete den Tod für das

deutsche Kino, dessen berühmteste und begabteste Vertreter ins Exil gingen. Fritz Lang und Billy Wilder in die Vereinigten Staaten, Pabst und Siodmak nach Frankreich, Joseph Schmidt nach Holland und ... Onkel Harry nach Belgien.

Doch während seine Kollegen alles hinter sich zurückließen, gelang es Harry, einen wahren Schatz mitzunehmen, und zwar eine herrliche Berlinerin namens Herta, der er in Babelsberg hinter den Kulissen begegnet war, wo sie als Statistin arbeitete.

Herta ähnelte Marlene Dietrich. Weniger im Gesicht als mit ihrer schlanken und geschmeidigen Figur und ihrer bis ins Alter bewahrten aufrechten Haltung eines preußischen Offiziers. Vor allem aber wegen der leicht heiseren Stimme mit jenem dünkelhaften, aristokratischen Tonfall, der jede Berlinerin, ob Verkäuferin oder Bedienstete, zu einem Mitglied der Kaste der Göttinnen machte.

Onkel Harry wurde zur falschen Zeit am falschen Ort geboren. Politik wie jedwede Ideologie waren ihm zutiefst verhasst, und so war er vor der bolschewistischen Bedrohung aus Wilna nach Berlin geflohen, dann vor der deutschen Bedrohung aus Berlin nach Brüssel, vor der Naziinvasion aus Brüssel nach Nizza, dann, als die Italiener Nizza besetzten, nach Montevideo und aus Montevideo nach Paris, als in Lateinamerika die kommunistische Bewegung aufzublühen begann. Und als er sich gerade an der Côte d'Azur niedergelassen hatte, zogen kommunistische Minister in die französische Regierung ein ...

»Ich hätte doch eher nach Brüssel zurückkehren sollen, wo die politische Lage um so vieles stabiler war«, gestand er mir damals. Er hing gern seinen Erinnerungen an die glücklichen Jahre in Brüssel nach, wo er ein Import-Export-Büro in seiner Wohnung am Quai du Commerce betrieb. Dank seines Telexgeräts vollbrachte er wahre Wunder. An einem einzigen Tag wickelte er Dutzende von Kauf- und Verkaufsgeschäften ab und bildete so für sich allein schon eine multinationale Gesellschaft.

Morgens, nachdem er den Samowar angezündet und sein erstes Glas heißen Tee getrunken hatte, kaufte er einige Tonnen italienische Nägel, welche er eine halbe Stunde später an einen polnischen Betrieb verhökerte. Dieser zahlte in Form eines Gestüts, das er umgehend an eine englische Firma gegen eine Ladung Kautschuk weiterverkaufte, welche er wiederum, noch vor Ankunft am Bestimmungsort, an den Höchstbietenden abstieß – einen französischen, deutschen oder australischen Unternehmer. Und so weiter, bis zum letzten Käufer in der Reihe, von dem er schließlich einen Wechselbrief oder ein anderes Kreditmittel erhielt, welches er dann diskontieren konnte.

Dabei war er kein einziges Mal weder mit Nägeln noch Pferden noch Kautschuk in Berührung gekommen. Wäre die Reihe seiner Kauf- und Verkaufsgeschäfte an einer Stelle ins Stocken geraten und hätte er auch nur eine einzige jener Lieferungen selbst annehmen müssen, so wäre er ruiniert gewesen.

Die Ankunft seiner Nichte Rebecca kam ihm da sehr gelegen, denn Harry suchte eine diskrete Sekretärin, der er gefahrlos all seine Geheimnisse wie auch sein unschätzbares Adressbuch anvertrauen konnte.

Kaum mit dem Zug aus Wilna angekommen, wurde meine Mutter von Onkel Harry und Tante Herta in deren Wohnung am Quai du Commerce empfangen. Sie bekam ein schönes helles Zimmer, das auf den Quai mit seinen majestätischen Platanen hinausging. Es befand sich strategisch gut gelegen zwischen ihrem Schlafzimmer und dem kleinen Büro, wo auch gleich neben dem Samowar das berühmte und so einträgliche Telexgerät thronte. Nie hätte meine Mutter diese Wohnung verlassen müssen, wo sich fortan ihr Leben abspielte und wo die ganze Welt ein und aus ging, wenn sie nicht eines schönen Tages ein Medikament benötigt und eine gewisse Apotheke betreten hätte …

WIDERSTAND

Während Hitler ganz Europa überfiel, Harry und Herta in die Schweiz aufbrachen und Tim zum Geheimnisvollen Stern, dabei mit Leichtigkeit die gegnerische yankeejüdische Expedition unter Anführung des schrecklichen Blumenstein austricksend, tauchten meine Eltern unter. Meine Eltern? Jedenfalls die Eheleute Janssens.

Von den Deutschen verfolgt, gab mein Vater seine Identität und seine Apotheke auf und hätte sich eigentlich bis zum Eintreffen der Yankee-Juden in der hintersten Wohnungsecke eines Freundes versteckt halten müssen. Doch Monsieur Janssens erwies sich als ebenso außer-

stande, am selben Fleck zu bleiben, wie Chaïm Berenbaum, und so bot er seine Dienste der Polizei und deren
Netz von Widerständlern an, bei denen er auch untertau-
chen konnte. Vom heutigen Abstand aus betrachtet mag
es seltsam, paradox und geradezu dumm erscheinen, dass
ein flüchtiger Jude sich nicht vor der Gestapo versteckt
hält, sondern vielmehr offen unter den Augen seiner
Henker durch die Straßen von Brüssel schlendert, die Taschen voller falscher Papiere. Wie lässt sich ein derart un-
vernünftiges Verhalten erklären? Hatte mein Vater, indem
er in die Kleider von Monsieur Janssens schlüpfte, damit
auf einen Schlag auch den kleinbürgerlichen Hintergrund
von Monsieur Berenbaum abgelegt? Hatte er seine neue
Rolle eingenommen wie Humphrey Bogart die von Sam
Spade oder Christopher Lee jene von Dracula, sobald der
Regisseur schrie: »Ruhe! Wir drehen!«? Ebenso wenig wie
Humphrey Bogart oder Christopher Lee, wenn sie morgens ins Studio kamen, hatte auch mein Vater den Eindruck, dass er den Helden spielte. Er machte einfach seine
Arbeit, zeigte sich denen erkenntlich, die ihn und seine
Frau beschützten.

Dem Unschuldigen lacht das Glück. Und so gelang es
Monsieur Optimist über Monate hinweg, sich von einem
Ende der Stadt zum anderen durchzuschlagen, ohne je gefasst zu werden. Bis zu dem Tag, als das Glück ihn fast
verlassen hätte. An jenem Morgen schmuggelte er zusammen mit dem Sohn eines Widerständlers gefälschte
Ausweise und Arbeitserlaubnisse, als ihre Straßenbahn
plötzlich von den Deutschen gestoppt wurde. Die Fahrgäste mussten aussteigen und sich längs der Tram auf-

stellen. Die falschen Papiere waren in der Mütze des Jungen versteckt. Während die Soldaten alle Ausgestiegenen, einen nach dem anderen, gründlich durchsuchten, kniff mein Vater den Jungen plötzlich so heftig, dass er laut aufschrie und zu weinen anfing. Unter dem Vorwand, der Kleine sei schwerkrank und müsse erbrechen, zog er ihn zum Rinnstein, aber kaum auf dem Trottoir angelangt, rannten sie wie die Wahnsinnigen davon. Als die Soldaten merkten, was geschehen war, waren die beiden schon nicht mehr zu sehen und konnten im dichten Gassengewirr entkommen. Völlig außer Atem hielten sie sich schließlich in einem kleinen Hinterhof versteckt, wo sie den Einbruch der Dunkelheit abwarteten, bevor sie sich, noch vor der Ausgangssperre, zu ihrer Zieladresse aufmachten.

Mein Vater behauptete immer, dass es überhaupt keinen Mut dazu brauche, für die Résistance zu arbeiten, falsche Papiere zu transportieren oder einen Anschlag vorzubereiten. Jedenfalls nicht mehr, als Tabletten gegen Nesselfieber für die Widerständler herzustellen. Man musste die Nazis nur ausreichend hassen. Ob er Angst hatte, bei einer Kontrolle oder einer Razzia gefasst, niedergeschossen oder in die Keller der Gestapo abgeführt zu werden, wo man ihn foltern würde? Ja, ganz bestimmt. Aber die Angst, mit seiner geliebten Rebecca zitternd in irgendeinem Versteck auszuharren, bis ein SS-Trupp sie überraschte, war noch größer. Wenn er schon sterben musste, wollte er sein Schicksal wenigstens selbst wählen können. Nach dem Vorbild der Juden des Warschauer Gettos, die über Wochen hinweg, mit den armseligsten Waffen in der

Hand, sich gegen die kolossale deutsche Übermacht aufgelehnt hatten, bevor die Nazis sie endgültig vernichteten und ihre Behausungen Stein für Stein niederrissen. Seine Mutter und wahrscheinlich auch sein Vater, sein Bruder Motek und seine Schwester Sara, sie alle waren im Getto gewesen.

Seit seiner Vorladung in Mecheln waren auf mysteriöse Weise all seine jüdischen Freunde verschwunden. Keiner von denen, die sich in der Kaserne Dossin melden mussten, war danach wieder zurückgekehrt. Wo waren sie bloß alle geblieben? Niemand wusste ein Antwort darauf, niemand wollte darüber reden, wodurch alles nur noch entsetzlicher wurde. Innerhalb weniger Wochen hatten Tausende Menschen um ihn herum sich wie in nichts aufgelöst. Das bloße Nicht-mehr-da-Sein eines Menschen kann schrecklicher sein als der Anblick seiner Leiche. Irrationale Urängste kommen da auf, unheilbringende Kräfte, die nichts Menschliches mehr an sich haben. Wo wenige Tage zuvor noch ein Lévy oder ein Goldstein gewohnt hatte, stand jetzt ein anderer Name an der Klingel, und auch auf ihren Ladenschildern standen mit einem Mal neue Namen. Allein die frische Tünche erinnerte daran, dass man sich noch in der Wirklichkeit befand. Ja, da gab es früher wohl einen Lévy oder einen Goldstein, auch wenn die Nachbarn jetzt deren Existenz verleugneten.

Dass es die Todeslager tatsächlich gab, lag jenseits der Vorstellungskraft meines Vaters, so weit reichten nicht einmal seine unbewusstesten Ängste. Der Beschluss zur »Endlösung der Judenfrage« wurde streng geheim gehalten. Erst sehr viel später erfuhr man, dass die »Endlösung«

am 20. Januar 1942 auf der Wannseekonferenz von hochrangigen Nazivertretern beschlossen worden war. Nach nur zwei Stunden war an diesem Tag das Schicksal der Juden besiegelt. Ein merkwürdiges Zusammentreffen: Während Heydrich, Eichmann und ihre Kumpanen über die Endlösung beraten, erscheint am selben Tag, also am 20. Januar 1942, in der Zeitung *Le Soir* ein Comicstrip von Hergé, in dem auch die drei Helden aus dem *Geheimnisvollen Stern* auf einer Konferenz versammelt sind, um mit dem Bankier Blumenstein und seinen Gefolgsleuten abzurechnen. «Lasst mich!», brüllt da Haddock, »ich werde diese Typen in kleine Stücke zerhacken …«

Wie Hergé und der Rest der Welt hat auch mein Vater erst nach der Öffnung der Konzentrationslager vom Holocaust erfahren, als Brüssel schon seit mehreren Monaten befreit war.

Niemals jedoch nannte er das Los seiner Religionsbrüder als Grund für seine gefährliche Arbeit in der Résistance. Er konnte es bloß nicht mehr mit ansehen, wie die Deutschen sich aufspielten, allen ihr Gesetz diktierten und ihn in den Untergrund zwangen, wo er doch einfach nur in seiner Apotheke bei seinen Kunden sein wollte, um mit seinen geschickten Fingern die kleinen Pillen zu drehen, welche ihm den verdienten Ruf des besten Magiers des Ostens (von Brüssel) eingebracht hatten.

DAS KOCHBUCH

Während mein Vater seine Arbeit aufgeben musste, um den Razzien zu entgehen, widmete sich meine Mutter in den zwei Jahren ihres Untergrundlebens einer seltsamen Beschäftigung: In drei dicke Schulhefte schrieb sie ein am Ende fast zweihundert Seiten umfassendes Kochbuch, welches sie bei jedem Umzug zusammen mit ihrem Kofferverlustschein mitnahm – ständig mussten sie woanders Unterschlupf suchen, um der Neugier, dem üblen Gerede der Nachbarn und den Denunzierungen zu entkommen. Aber nicht nur meine Mutter hatte die Schreiblust ergriffen. Dieser sonderbare Virus war sehr verbreitet in jener Zeit; man denke nur an die Unmengen von Briefen, die von all den braven Belgiern an die Besatzer geschrieben wurden, um die Gegenwart oder Ankunft nicht ganz koscherer Nachbarn in ihrem Eckchen des Paradieses anzuzeigen. Leider sind diese Werke zur Mehrzahl anonym geblieben. Entsprechend der Tradition eines Landes von Kathedralenbauern, zu deren Haupttugenden die Bescheidenheit gehört.

Das Buch meiner Mutter war keine märchenhafte oder tragische Fiktion, in der sie hätte Zuflucht suchen können. Genauso wenig war es ihre Lebensgeschichte, mit der sie, gleich einer Flaschenpost, eine Spur von sich hinterlassen wollte, bevor man sie verhaften würde. Nein, meine Mutter, die Frau von Monsieur Optimist, glaubte vielmehr an eine strahlende Zukunft, in der sie mit ihrem Mann das Ende des Krieges und all seiner Entbehrungen an einer königlichen Tafel feiern würde. Und zur Vorbereitung darauf schrieb sie ein Kochbuch. Das war es also, womit meine Mutter ihre Tage verbrachte, eingeschlossen in Wohnungen von Freunden, aus denen sie nicht einmal die Nasenspitze herausstrecken durfte. Eine ganze Sammlung von sorgfältig zusammengestellten Rezepten, angefangen mit zwölf Seiten für Suppen, Vorspeisen, kalte und warme Horsd'œuvres, gefolgt von Fleisch- und Fischgerichten, Gemüsen, Salaten und Saucen und zum Schluss, als Krönung, zwanzig Seiten für Desserts.

»Drei Schweinekarbonaden in einem Topf mit etwas heißem Fett anbraten. Danach herausnehmen und warm stellen. Im selben Topf die gehackte Zwiebel glasig schwitzen. Mit Mehl bestäuben, um eine Roux herzustellen... Aal bekommt man gewöhnlich schon küchenfertig ausgenommen und enthäutet. Man braucht ihn nur mehrmals

zu waschen … Für die Zubereitung von kandierten Engel-
wurzstängeln benötigt man 300 g Mehl, 3 Eier, 150 g Butter,
200 g Zucker und (nach Belieben) Engelwurz. Mehl und
Zucker mit Natron und einem Glas Engelwurzlikör vermischen. Dann alles zu einem weichen Teig verkneten …«

Während meinem Vater das Geld ausging und es immer
schwieriger wurde, etwas zu essen zu besorgen, beschrieb
meine Mutter haarklein Gerichte, die sie in Wirklichkeit
gar nicht zubereiten konnte. Zunächst glaubte ich, sie
würde es aus Nostalgie tun, aus Sehnsucht nach der hei-
mischen Küche in Wilna. Doch beim Lesen der Rezepte
fällt auf, dass sie nichts mehr mit der herkömmlichen
jüdischen oder russischen Küche gemein hatten. Mit Ausnahme des gefüllten Karpfens – »auf jüdische Art«, wie
sie besonders hervorhob –, so als wollte Madame Janssens
sich durchaus ein wenig von der exotischen Küche dis-
tanzieren. Vor allem aber ist die Rezeptsammlung eine
Hommage an die Küche ihres Gastlands. War es vielleicht
ihre Art, sich an die neue Heimat anzupassen? Die hie-
sige Kultur aufzunehmen oder wenigstens davon zu träumen? Und bei einer Polizeirazzia mit dem Manuskript in
der Hand beweisen zu können, dass man bei ihr falsch
war, falls man nach Ausländern suchte. Die Not, in der
meine Eltern lebten, erlaubte es ihnen nicht einmal, die
Tomatensuppe zuzubereiten, mit der das Kochbuch begann. Was soll man dann noch zur marinierten Hammel-
keule sagen, zur gepökelten Rinderzunge, zum geschmor-
ten Rochen oder zur Goliath-von-Ath-Torte, mit ihren
Mandelschichten, Rosinen, einem Liter Milch und reich-
lich Zucker?

Auf einer seiner Stadtexpeditionen stieß mein Vater im Keller eines verlassenen Hauses auf einen wahren Schatz: eine Tonne gesalzener Heringe – das sollte für mehrere Wochen reichen. Ich kann mir die Szene gut vorstellen. Meine Mutter, die mit lauter Stimme einige appetitanregende Seiten aus ihrem Buch vorliest, während mein Vater zu einem weiteren Hering greift und nach jedem Bissen einen Schluck Wasser trinkt, ohne sie je zu unterbrechen oder sie gar daran zu hindern, jene Listen verbotener unerreichbarer Köstlichkeiten aufzuzählen.

Mein Vater nickte zustimmend, während meine Mutter ihre gastronomische Zukunft ausmalte. Dabei wurde Monsieur Optimist von einem immer größer werdenden Zweifel gequält. Er ahnte, dass niemals auch nur eines der von meiner Mutter beschriebenen Gerichte auf dem Tisch ihres Esszimmers stehen würde. Schlimmer noch, bald sollte ihnen weder Tisch noch Esszimmer bleiben. Bis jetzt hatte sie ein unerhörtes Glück vor den Razzien bewahrt, ein Glück, das sie schon einmal um ein Haar verlassen hätte. Vor einigen Wochen waren sie bei einer Freundin, der Tochter eines sozialistischen Abgeordneten, untergekommen, als diese beim Fliesenwischen plötzlich sah, wie ein schwarzes Auto vor dem Haus anhielt. Auf ihr Schreien hin flohen sie durch die hinteren Gärten, während die Nazis schon vor der Tür standen. Wie viel Zeit blieb ihnen noch, bis die Gestapo sie schließlich auch in ihrem neuen Versteck aufstöberte? Zugleich merkte mein Vater, während er weiter seine Heringe kaute, dass Rebecca mit dem Vorlesen ihres Manuskripts das beste Mittel gegen ihre Verzweiflung gefunden hatte. Der Traum von köstlichen Speisen ohne das Risiko eines verdorbenen Magens. Ein Traum, der sich an diesen langen Abenden mit all den endlosen unglaublichen Gerichten, Saucen und Cremes immer wieder erneuerte. In unserer Familie ging die Lust immer schon über den Kopf.

Auch wenn mein Vater die rückständige und engstirnige Erziehung seines eigenen Vaters abgelehnt hatte, so hatte er sich doch unbewusst das Wesentliche davon bewahrt: den Kult des Wortes. Das Wort, die größte Gabe Gottes an den Menschen. So war auch das Buch meiner Mutter ein göttliches Geschenk.

FLÄMISCHE KARBONADEN

Aber was war nach dem Ende des Krieges aus ihrem kulinarischen Talent geworden? Meine Mutter war fest davon überzeugt, dass die tägliche Zubereitung der Speisen einem ebenso unveränderlichen Ritual, einer ebenso strengen Ordnung folgen müsse, wie es die Kapitel ihres Kochbuchs taten.

Am Sonntag Huhn mit Kompott; montags Vögel ohne Kopf; dienstags Buletten mit Tomatensauce; mittwochs flämische Karbonaden und so weiter. Ohne die geringste Abweichung.

Als unser Fleischer eines Mittwochmorgens betrübt zugeben musste, kein mageres Rindfleisch geliefert bekommen zu haben, lehnte sie verächtlich das Königsstück ab, welches er ihr ersatzweise vorschlug, worauf sie alle Metzgereien im Königreich nach den Zutaten abklapperte, die unverzichtbar für ihre Karbonaden waren. Dabei stand hinter der feierlichen Inszenierung und Zusammenstellung ihrer Menüs eine klare politische Absicht. Sie hatte beschlossen, mir Belgien auf kulinarische Weise einzuverleiben. Es war der Magen, der aus mir einen waschechten Belgier machen sollte.

Aber wozu war es gut, einen zweihundertseitigen Schmöker zu verfassen, ein Füllhorn köstlichster Rezepte, um dann ausnahmslos Woche für Woche die immer gleichen Gerichte zuzubereiten? Weder ich noch mein Vater sind je in den Genuss der kulinarischen Extravaganzen gekommen, die meine Mutter hinter den verschlossenen Fensterläden ihres Verstecks komponierte, während draußen die Deutschen durch die Straßen patrouillierten. Von all den Gerichten, die sie auf so verlockende Weise beschrieben hatte, behielt sie für den praktischen Alltag gerade nur das Allerwesentlichste, also einen beschränkten, vernünftigen Speiseplan, unveränderlich und ohne Firlefanz, dafür aber war es eine echt belgische Speisekarte, die sie als wahre Magierin auswies, welche sie durch den Kontakt zu ihrem Mann geworden war. Hätte man sie zur Chefköchin aller Küchen im gesamten Königreich ernannt, niemals wäre es den Flamen eingefallen, sich von den Wallonen abzuspalten.

Wenn ich von der Schule zurückkam, empfing mich schon auf der Straße der liebliche Duft von Saucen, Gewürzen und Kräutern. Da war jeder spannende Bericht über meinen Vormittag überflüssig. Emsig am Herd hantierend, gab sie mir ein Zeichen, still zu sein. Psst! Die Zeit war stehen geblieben. Es war der entscheidende Moment, wenn sie den Holzlöffel in die Kasserolle eintauchte, um mit geschlossenen Augen von ihrem Werk zu kosten und dabei jedes Mal das Gesicht zu verziehen, gleich ob das Gericht nun fertig, zu lange gekocht oder noch nicht ganz nach ihrem Geschmack war. Erst dann drehte sie sich zu mir um, musterte mich von oben bis unten, um schnell zu entscheiden, was sie diesmal wieder an mir aussetzen konnte: Deine Schuhe! Du hast vergessen, sie auszuziehen! Und die Haare? Wie viele Monate ist es her, dass du sie zum letzten Mal gewaschen hast? Und dann sieh dir deine Hände an! Die sind wahrscheinlich voll von Bakterien!

Ihre Manie, mir Schuldgefühle einzureden, war die einzige Eigenschaft, worin meine Mutter dem Klischee einer jüdischen Mamme entsprach. Sonst war sie eher schweigsam, verabscheute lange Reden und große Worte. Abgesehen von dem kleinen Freundeskreis, mit dem sie meinem Vater zuliebe regelmäßig zum Canastaspielen zusammenkam, und den paar Freundinnen, mit denen sie sich nachmittags zum Kaffee traf, mochte sie nur zwei Dinge: die Wohnung aufräumen und sich in ein Buch vertiefen. Sooft ich sie auch danach fragte – ich ließ es rasch bleiben –, sie sprach nie über ihre Eltern oder gar über das Judentum, weder über Litauen noch über Israel, das Lieblingsthema meines Vaters. Am liebsten waren ihr die Stille, Tolstoi und Koestler – nachdem sie mich mit flämischen Karbonaden gefüttert hatte. War ich wirklich Kind dieser Familie?

DIE TODESLAGER

Wie fast alle, haben auch meine Eltern erst bei Kriegsende von der Existenz der Gaskammern erfahren. Während der Besatzungszeit dachten sie, dass die Razzien nur Hitlers Kriegsmaschine füttern und die Juden aus den neuen Reichsgebieten entfernen sollten, also Zwangsarbeit in den deutschen Fabriken, Häftlingslager für die Alten und Kinder irgendwo in den eisigen Ebenen des Ostens. Nicht einmal in ihren schlimmsten Albträumen konnten sie sich vorstellen, was sie erwartete, wenn die Gestapo sie geschnappt hätte.

Sie waren völlig überrascht, als sie in den Zeitungen und Wochenschauen die ersten Bilder von der Befreiung der Konzentrationslager durch die Amerikaner sahen. Blassgraue, zunächst scheinbar undefinierbare Fotos, die bei näherem Hinschauen immer unerträglicher wurden: wie Abfall aufeinandergestapelte Körper, unwirkliche Leichenberge, die nichts Menschliches mehr hatten, wie Aschenstaub von einem fremden Planeten, dann riesige grausige Haufen persönlicher Dinge, halb verkohlte Brillen, Gebisse, Teddybären. Die letzten erniedrigenden Spuren eines Volkes, das für immer verschwunden war. Das Volk der Heiligen Schrift gab es nur noch auf dem Papier.

In meiner Jugend begeisterte mich eine Serie großartiger Fotoreportagen in der Zeitschrift *Paris-Match* mit dem Titel: *Was ist der Mensch? Woher kommt er? Und wohin geht er?* Die Entdeckung ausgestorbener menschlicher Rassen bewegte mich zutiefst. Was ich jedoch am interessantesten fand, waren die virtuosen Techniken, mit denen die Anthropologen, ausgehend von ein paar Knochenresten, Werkzeugen und Schmuckstücken, die verschwundene Welt ganzer Stämme rekonstruierten. Wie von einem Zauberstab heraufbeschworen, standen da plötzlich der Neandertaler, der Homo erectus, der Mann von Spy sowie auch ihre charmanten behaarten Begleiterinnen vor mir, und ebenso springlebendig wie die Dinosaurier auf den Hochglanzseiten meines Magazins stampften sie dann allesamt fröhlich ihrer Beute entgegen. Völlig unbekümmert darüber, dass sie ja bereits seit Millionen von Jahren tot waren. Warum konnte derselbe Zauberstab nicht auch die sechs Millionen Juden zum Leben erwecken, die doch erst vor sehr viel kürzerer Zeit verschwunden waren, deren Reste sich aber in einem ähnlichen Zustand befanden wie die jener weit zurückliegenden Vorfahren?

Und im gleichen Zuge fragte ich mich, ob auch schon zur Zeit der Höhlenmenschen ein Unterschied zwischen Juden und den anderen gemacht wurde. Das war eine verdammt knifflige Frage, zu der jedoch *Paris-Match* keine Antwort bereithielt: Wie sollte man etwa einen israelitischen Neandertaler von seinem Goi-Vetter unterscheiden? Was hingegen den Homo erectus betraf, hatte ich bereits einige Vorstellungen dazu.

Nach der Befreiung kümmerte sich mein Vater jedenfalls mehr um das Schicksal seiner Familie als um die Religion unserer entfernten Urahnen. Monsieur Optimist hatte noch längst nicht die Hoffnung aufgegeben. Jeder andere an seiner Stelle hätte versucht, alles zu vergessen, ganz von vorn anzufangen, eine neue Zukunft aufzubauen. Nicht so mein Vater. Denn er war weiterhin fest davon überzeugt, dass seine Familie den Holocaust überlebt hatte. Allesamt waren sie deportiert worden, bis auf die Seinen. War er nicht selbst der lebende Beweis dafür, dass ein Entkommen möglich war?

FRANIAS RÜCKKEHR

Nach Kriegsende versorgten das Rote Kreuz und viele andere Hilfsorganisationen die Millionen von Flüchtlingen, die wie Muscheln verlassen und vergessen nach dem Rückzug der Naziflut zurückgeblieben waren. Ganze verschleppte Bevölkerungsgruppen, aus den Lagern befreite Häftlinge, lauter versprengte und verjagte Zivilisten und Soldaten auf der Flucht, ohne Verpflegung, ohne ein Dach über dem Kopf. Ganz Europa wie von einem Erdbeben der Stärke 9 verwüstet. All diese Heerscharen von Menschen wollten untergebracht sein, wollten ernährt, versorgt, besänftigt und rückgesiedelt werden. Wie auch all die zu begraben waren, die noch in den Monaten nach der Befreiung sterben sollten. An jeder stehen gebliebenen Hausmauer, an Pfählen, auf Holztafeln, waren Zettel und Listen mit den Namen der Vermissten angeschlagen. Verzweifelte Suchrufe nach den in den Kriegswirren Verschwundenen, von denen die meisten nie mehr auftauchen sollten. Unter den Namen hingen manchmal Fotos lächelnder, gut gekleideter Männer oder Frauen, offensichtlich noch vor den Kriegsverheerungen aufgenommen. Sinnlose Bilder, da kein einziger Überlebender auch nur entfernt jenem schönen Schwarz-Weiß-Abbild ähnelte, das seine Angehörigen von ihm oder ihr aufbewahrt hatten. Wie weiße Kiesel verstreuten die Überlebenden nach dem Abzug der Flüchtlingshilfsorganisationen ihre Suchanzeigen nach Vätern, Müttern, Brüdern, Schwestern, all ihren Lieben, deren Spuren sie verloren hatten. Aber auch wenn die letzte Unterkunft eines Verschollenen bekannt und nicht von einer Bombe weggefegt oder von Panzern platt gewalzt war, die neuen Bewohner wussten nichts über den Verbleib ihrer Vormieter.

Doch meist kannte man ihren letzten Wohnsitz überhaupt nicht mehr. Kein Nachbar, Ladenbesitzer oder Polizeibeamter konnte auch nur die geringste Auskunft darüber geben. Was sollte es da für meinen Vater noch zu hoffen geben? Warschau war dem Erdboden gleichgemacht, mehr als achtzig Prozent der jüdisch-polnischen Bevölkerung in die Todeslager verschleppt und zu Staub und Asche zerfallen. Doch alldem zum Trotz hielt mein Vater hartnäckig daran fest, dass seine Familie wieder zusammenkommen würde. Es lag einfach in seiner Natur, an die Allmacht der Magie zu glauben. Und wieder einmal sollte er recht behalten. So konnte schließlich dank seines beharrlichen Nachfragens beim Roten Kreuz meine herumirrende Großmutter Frania in Warschau, oder was nach der deutschen Raserei noch davon übrig geblieben war, ausfindig gemacht werden – denn auch die Russen hatten von ihren Stellungen am anderen Weichselufer aus wie unbeteiligt, mit einer Flasche Wodka in der Hand, den Massakern und der völligen Zerstörung der polnischen Hauptstadt zugesehen.

Doch nur bei einem einzigen Familienmitglied sollte der Wunsch meines Vaters erfüllt werden: All die anderen waren für immer verschwunden, sein Vater Aba, sein Bruder Motek, seine Lieblingsschwester Sara wie auch sämtliche Onkel, Tanten, Vettern und Cousinen.

Wenige Monate vor dem Gettoaufstand war Frania die Flucht durch die Kanalisation gelungen, worauf sie bei Bauern Arbeit fand, die sich von ihrer hellen Haut, ihren blauen Augen und ihrem blonden Haar täuschen ließen. Hätten sie geahnt, dass sie eine Jüdin war, wäre sie vielleicht verjagt oder bei den Deutschen denunziert worden. Schockiert Sie das? Dass ich mir mit zwei Sätzen erlaubt habe, zum einen die Russen zu exekutieren, indem ich ihren Zynismus gegenüber dem polnischen Martyrium anklagte, und andererseits die Polen als eine antisemitische Mörderbande zu beschimpfen, ohne dabei ein Wort über ihre eigenen Leiden zu verlieren, den bitteren Tribut, welchen auch sie der Nazibarbarei bezahlen mussten, ihren Mut, den die Mehrheit von ihnen während des Krieges und auch danach, unter sowjetischem Joch, bewiesen haben? Habe ich das Recht, mit zwei Schöpflöffeln über Gut und Böse zu entscheiden, so undifferenziert, wie mein Vater und meine Mutter es taten? Denn genau so sprachen sie über die Russen und Polen (und auch über die Ukrainer und Litauer). Sie können sich damit rechtfertigen, am eigenen Leib den Hass der Deutschen wie den der Polen und der Russen erfahren zu haben. Aber ich? Nie hat mich je ein Deutscher beleidigt und auch kein Russe oder Pole, und selbst ein Litauer nicht. Nicht einer von ihnen hat mich je bestohlen oder auch nur einen Bogen um mich herum gemacht. Und der Einzige, der mich einen »dreckigen Juden« geschimpft hat, ist ein anständiger Belgier gewesen, ein Freund, wie ich glaubte, ein Abkömmling dieses von meinen Eltern so verehrten guten Volkes. Mit welchem Recht also konnte ich so unterschiedslos über diese selbst so geschundenen Völker urteilen? Und wozu überhaupt jene historischen Ereignisse ins Spiel bringen, wo ich doch nichts anderes wollte als den bescheidenen Lebensweg meiner Eltern nachzuzeichnen?

Gern hätte ich dem radikalen Urteil meiner Eltern widersprochen und dafür die Geschichte selbst ins Feld geführt. Denn obwohl sie zurückgezogen gelebt und versucht haben, ihre Identität, ihre Riten und Gebräuche zu bewahren, nur untereinander heirateten, konnten sie doch nicht ganz dem Einfluss der Völker entgehen, in deren Mitte sie lebten und deren Kultur und Weltanschauungen sie übernahmen. Wirft man all die polnischen, marokkanischen, ägyptischen, jemenitischen, französischen, portugiesischen Juden zusammen – was sieht man dann? Den Staat Israel, das heißt ein Sammelsurium, ein famoses Durcheinander! Die Geschichte der Polen, ihr Bezug zu Gott, ihre Essgewohnheiten, ihre Musik, alles, was ihren Charakter ausmacht, ihr ausschweifendes Wesen, ihre Freiheitsliebe, ihre Spinnereien, all das hat die Juden mitgeprägt, genauso sicher wie der Wodka, sosehr sie das auch ablehnen mögen. Ganz zu schweigen von den Freundschaften, Kämpfen, der Liebe und dem Hass. Die Besonderheiten meiner Erziehung, die ich von meinen Eltern erfuhr, hängen gewiss damit zusammen, dass mein Vater Pole und meine Mutter Russin war. Und gewiss war ihre wahre Meinung über die Polen weit differenzierter, als es ihr bloßes Reden darüber vermuten ließ. So war es wohl kein Zufall, dass zwischen den letzten Postkarten von Papas Schwester Sara und den Briefen seiner Mutter Frania ein Polnisch verfasster Text auftauchte.

My, Żydzi polscy (»Wir polnischen Juden«), geschrieben 1945 von Julian Tuwim, einem der berühmtesten jüdischen Lyriker seiner Zeit.

»[…] Und ich höre schon die Frage ›Was heißt WIR?‹. Die Frage ist durchaus berechtigt. Sie wird mir von Juden gestellt, denen ich immer sagte, ich sei Pole. Dieselbe Frage wird mir dann von Polen gestellt, für die ich Jude bin und es immer sein werde. Hier also die Antwort sowohl für die einen wie für die anderen:

Ich bin Pole, weil es mir gefällt. Ich unterteile die Polen wie die Juden und alle anderen Nationen in kluge und dumme Menschen, in Ehrliche und in Diebe, in Intelligente und Dumme, in Interessante und Langweiler, in Verletzer und Verletzte, in Gentlemen und Rüpel etc. So wie ich die Polen auch in Faschisten und Antifaschisten aufteile.«

Im Anschluss daran erklärt er, warum er sich zutiefst als Pole fühle und stolz darauf sei. So gibt es rationale und irrationale, ernste und absurde, hochtrabende oder bewegende Gründe dafür:

»Ich bin Pole, denn in Polen bin ich geboren, aufgewachsen und zur Schule gegangen, hier war ich glücklich und unglücklich. Aus meinem Exil wollte ich immer nur nach Polen zurück, auch wenn man mir anderswo paradiesische Freuden in Aussicht stellte.

Ich bin Pole, denn ich trage einen gefühlsbestimmten Aberglauben in mir, für den es keinen logischen Grund gibt, und nach meinem Tod möchte ich nur von der polnischen Erde aufgenommen, aufgesogen werden, von keiner anderen.

Ich bin Pole, denn so habe ich es auf Polnisch in meinem Elternhaus gehört; von Kindheit an bin ich mit dieser Sprache großgezogen worden; meine Mutter hat mir polnische Lieder und Gedichte beigebracht, als ich zum ersten Mal von der Poesie ergriffen wurde, geschah das in polnischen Worten; denn was in meinem Leben das Wichtigste wurde – die poetische Kreativität –, ist in einer anderen Sprache undenkbar, sollte ich sie noch so perfekt sprechen.

Ich bin Pole, denn auf Polnisch gestand ich meine ersten erotischen Aufwallungen, und auf Polnisch stammelte ich von Glücksgefühlen und Liebeswirren.

Aber ich bin auch Jude«, fährt er fort. »Jude durch all das vergossene Blut und den Davidstern auf den Armbinden, die sie im Getto tragen mussten.

Wir, die wir in den Gaskammern erstickt und zu Seife verarbeitet wurden – einer Seife, die niemals die Spuren unseres Blutes wegwaschen können wird noch die Schandmale der Sünde, die die Welt an uns begangen hat.

Wir, deren Gehirne an den Mauern unserer erbärmlichen Häuser klebten, vor denen wir zu Massen erschossen wurden, aus dem einzigen Grund, weil wir Juden waren. [...]

Und dann wir in den Katakomben – in den Bunkern unter dem Straßenpflaster Warschaus, wo wir uns durch stinkende Kloaken hindurchschleppten und unsere Begleiter, die Ratten, aufschreckten.

Wir mit Karabinern in den Händen auf den Barrikaden, inmitten der Ruinen unserer aus der Luft zerbombten Häuser; wir, Soldaten der Freiheit und der Ehre [...].«

Ist es nicht sonderbar, dass meine Eltern diesen Text zwischen ihre wichtigsten Familienerinnerungen gesteckt haben, in dieselbe Schachtel wie jenen Abholschein der französischen Eisenbahn für den aufgegebenen Koffer im Bahnhof von Boulogne?

Nach Kriegsende hat Julian Tuwim, inzwischen nach Polen zurückgekehrt, einige Oden zu Ehren Stalins geschrieben – eine Pflichtübung, der sich auch zahlreiche andere Schriftsteller, wie Éluard oder Aragon, unterwarfen, ohne dass sie zur Rettung der eigenen Haut dem Väterchen der Völker diesen Treuebeweis schuldig gewesen wären. Meine Eltern jedenfalls sind dem nicht nachgekommen.

Sie brachen alle Brücken zu ihrem Geburtsland ab und beschlossen, mit Leib und Seele Brüsseler zu werden. Ob sie das nur zögerlich taten? Gewiss gab es noch viel, was sie mit dem Land ihrer Kindheit verband, die Sprache, die Gerüche, die Geräusche in der Nacht, das Flüstern der Freunde oder der ersten Liebe, die sie in den Armen hielten. Wollten sie vielleicht diese so schwer zu lösenden Bindungen durchtrennen, indem sie mir nie etwas von ihren sehnsuchtsvollen Erinnerungen erzählten, nie von Maków oder Wilna, und sogar im Gegenteil den Antisemitismus ihrer Landsleute aufs Heftigste anprangerten?

Doch will ich meinen Eltern weder irgendeine Lektion erteilen noch ihre Vorurteile verschweigen. Ich habe Ihnen versprochen, ihre Worte hier ungeschminkt weiterzugeben, nur auf diese Weise kann ich ihnen treu bleiben. Nichts weiter. Selbst wenn es mir lieber gewesen wäre, Ihnen meinen Vater als ein Vorbild an Toleranz zu beschreiben, offen, intelligent, sanft, das griechische *kalos kagathos* verkörpernd, das man im Jiddischen *mensch* nennt. Ja, er war wirklich ein *mensch*. In dem karikaturistischen Bild, welches er von seinen Landsleuten entwarf, spiegeln sich deutlich seine Gedanken wieder, aber gewiss nicht die Bedeutung, die er dem Text von Tuwim beimaß.

Immerhin, sein Misstrauen gegenüber den Polen hat meiner Großmutter das Leben gerettet hat. Wild entschlossen, seine Mutter aus den Klauen der Polen zu reißen, setzte er Himmel und Hölle in Bewegung, um sie so rasch wie möglich nach Belgien zu holen. Welch weise Voraussicht, wenn man bedenkt, dass die Polen, kaum waren sie vom deutschen Terror befreit, einige der in ihre alten Dörfer zurückkehrenden überlebenden Juden niedermetzelten, weil sie sie verantwortlich machten sowohl für die Nazigräueltaten als auch für die Grausamkeit Gottes und die Schwierigkeit, einen anständigen Wodka aufzutreiben. Es geschah ihnen ganz recht: Die Juden waren sie los, aber dafür bekamen sie die Kommunisten, was zwar die Qualität des Wodkas spürbar verbesserte, nicht aber ihr Schicksal.

Zur selben Zeit, als in Warschau die PVAP, die Polnische Vereinigte Arbeiterpartei, die Macht an sich riss, konnte meine Großmutter in Brüssel der Geburt ihres Enkels beiwohnen. Ihr sanftes Lächeln auf den wenigen Fotos ihres Aufenthalts in Belgien, während sie mich stolz vor die Kamera hält, kann kaum ihre wahre Natur verbergen, ihre Entschlossenheit, Energie und Willensstärke. Fähig dazu, Berge zu versetzen, dem Warschauer Getto zu entkommen und die Nazis zu überleben. Aber das Zusammenleben mit meiner Mutter dürfte nicht einfach gewesen sein. Das zeigt schon die kurze Passage aus einem an meinen Vater gerichteten Brief meiner Mutter, die zur Kur nach Davos in der Schweiz gefahren war: »Verrate deiner Mutter nicht, dass ich ihr eine Uhr gekauft habe, es soll eine Überraschung sein.« Mit dem liebevoll spitzen Zusatz: »Du brauchst nicht in jedem Brief zu betonen, wie ewig dankbar ich ihr sein muss; glaub mir, ich schätze sie auch so.«

Wie konnte mein Vater zwischen diesen beiden Frauen überleben, die entschlossen waren, ihm die Hosenträger lang zu ziehen und im Haus Berenbaum-Berenboom das Kommando zu führen. Vermutlich fand er es manchmal weniger anstrengend, sich mit den Nazis herumzuschlagen. Und ihre Beziehung ist später, nachdem sie so hart auf die Probe gestellt worden war und schließlich in der

Nachkriegswirklichkeit ankam, wohl auch ziemlich ins Schlingern geraten.

»Meistens bin ich unzufrieden über Deine Briefe«, schreibt sie meinem Vater von der Höhe der Schweizer Berge herab, »Du beantwortest nie meine Fragen. Wenn Du wüsstest, mit welcher Ungeduld ich immer auf Deine Briefe warte, würdest Du mir mit etwas mehr Sorgfalt schreiben. Jedes Mal habe ich beim Lesen den Eindruck, dass Du mich gar nicht liebst und ich Dir gar nicht zu fehlen scheine«, erklärt ihm da unverblümt seine geliebte Frau, bevor sie dann die Mutter in sich zu Wort kommen lässt, die ihrerseits einiges an ihm auszusetzen hat: »Du sagst nie, wie es Alain überhaupt geht; den kleinen Gefallen könntest Du mir schon tun und etwas mehr über ihn schreiben. Zum Glück werde ich ihn ja bald selbst wiedersehen.«

Offensichtlich war der Schweizer Kuraufenthalt nicht nur Rebeccas Gesundheit zuträglich. Auch ihre Treffsicherheit konnte sie dadurch noch vervollkommnen. Danke, Wilhelm Tell! Und daran erinnern, dass sie sich niemals unterdrücken lassen würde aus Angst, ihren Mann zu verlieren. Eine hübsche Provokateurin also, die keinen Zweifel an ihrer Macht aufkommen lässt.

Während sie einige Hundert Kilometer entfernt ihre Gesundheit pflegt, arbeitet ihr Mann verbissen und wacht gleichzeitig, unterstützt von seiner Mutter, über ihr kleines Baby. Aber ein weiteres Mal macht Rebecca klar, dass sie allein es ist, die ihr gemeinsames Leben in Schwung hält. Wird sie nach alldem nicht doch noch ein Stückchen von ihrem Gefühlsleben preisgeben und mich entdecken lassen, wie verliebt sie eigentlich war? Schön wär's! Ohne nach ihrer Vorwurfstirade einen Moment innezuhalten, schreibt sie in einem Zug weiter: »Du solltest Jeanne darum bitten, die rote Decke auf der Kommode im Schlafzimmer zu waschen.«

Und am Briefende, gibt es da nicht vielleicht doch noch ein leidenschaftliches Wort, eine Anspielung auf ihre eigenen Gefühle? »Bis bald«, schließt sie trocken den Brief an ihren Mann. »Küsschen für Alain.« Und: »Beste Grüße an alle.« Mit anderen Worten: an ihre Schwiegermutter und an Jeanne, die Haushilfe.

Sosehr ich auch danach suchte, in keinem der anderen Briefe, die ich gefunden habe (über einen Zeitraum von zwanzig Jahren waren es ungefähr dreißig, alle von meiner Mutter, kein einziger von meinem Vater), gab es die geringste Anspielung auf den Zustand ihrer Beziehung. Wie schon in ihrem Brief aus Davos, kein Hauch von Sinnlichkeit. Nicht ein Satz, nicht ein Wort, die das Herz höher schlagen ließen.

Was war nur mit ihnen geschehen? Nach ihrer fulminanten Begegnung und einer leidenschaftlichen Liebesheirat hatten sie gemeinsam den Nazis, dem Hunger, der Angst und den Kollaborateuren getrotzt. Hatte etwa die Befreiung die Gefühle meines Vaters versiegen lassen? Oder die Aufdeckung all der Gräueltaten, die begangen wurden, während er sich mit seiner geliebten Rebecca versteckt hielt? Mein Vater war immer schon sehr schamhaft gewesen, doch es scheint, als hätten die Schemen des Krieges tatsächlich jedweden Ausdruck seiner Liebesempfindungen erstickt. Getreu meinem Vorsatz will ich erst gar nicht versuchen, mir vorzustellen, was mein Vater auf die Appelle meiner Mutter antwortete und wie er sie wenige Tage später bei ihrer Rückkehr aus der Schweiz empfing. Jedenfalls lebten sie darauf noch weitere dreißig Jahre zusammen, ohne sich je zu trennen, höchstens einmal während der Ferien. Ich weiß, das will nichts heißen. Es kann tausend andere Gründe dafür geben, dass sie sich nicht getrennt haben.

Nachdem dieser Brief weggeschickt war (am Donnerstag, den 25. März 1948?, 49?), wurde die Schachtel jedenfalls endgültig geschlossen, und Rebecca ist nicht mehr darauf zurückgekommen, wenigstens nicht in schriftlicher Form. Hatte sich damit auch ihr Herz verschlossen? Das bleibt ihr Geheimnis, das sie mit ins Grab genommen hat.

DIE BLASKAPELLE VON MAKÓW

Frania hat das Warschauer Getto überlebt, ihr Mann jedoch nicht. Gott allein weiß, wo Aba verscholl, ob er verhungerte oder an einer Krankheit starb. Man trauerte um den Ehemann, den Vater, den Menschen, ein weiteres Opfer der Barbarei. Aber mit der Zeit gewann ich durch die halb ausgesprochenen Enthüllungen meines Vaters nähere Einblicke in die Familienverhältnisse. Frania hatte sich nicht besonders gut mit ihrem Mann verstanden. Die Heirat war ihr von der Familie aufgezwungen worden, dabei liebte sie einen ganz anderen Mann – einen ihrer Cousins, den sie dann Jahrzehnte später doch noch heiraten sollte. Wenn mein Vater von seinem Papa erzählte, war darin seine ganze Wehmut, seine Traurigkeit, auch seine ganze Wut angesichts dessen grauenhaften Todes zu spüren, doch gleichzeitig konnte er nicht verhehlen, wie sehr dessen Bigotterie, Konservatismus und sein Starrsinn sie voneinander getrennt hatten. War das vielleicht einer der wahren Gründe für seinen Aufbruch nach Belgien gewesen? Chaïm war jedenfalls nicht unglücklich darüber gewesen, aus Maków fortzugehen.

Den Prinzipien einer anderen Zeit folgend, die er auf ewig für unverrückbar hielt, führte Aba ein strenges Regiment über seine Frau, seine beiden Söhne und seine beiden Töchter. »Bleibt bei guter Gesundheit«, schreibt er im November 1938 seinen Kindern in Belgien. »Was die Geschäfte betrifft, können wir auf die Hilfe von D. zählen. Die Kunden, die lange nichts mehr bei uns gekauft hatten, sind inzwischen zurückgekommen.« Worauf er gleich wieder den Ton des Paterfamilias annimmt und fortfährt: »Und schreibt mir sofort eine konkrete Antwort auf meine Fragen und keine Fantastereien.«

Mit einem Menschen, der Fantastereien verabscheute, hätte auch ich mich nicht verstanden.

Im Unterschied zu meiner in Wilna geborenen und aufgewachsenen Mutter – Wilna, das »Jerusalem des Ostens«, mit all seinen barocken Kirchen, seiner berühmten Universität, seiner schönen Kathedrale, war eine herrliche Stadt und intellektuelles Zentrum vom Rang Berlins, Paris und Londons – kannte Chaïm als Kind nichts als einen sumpfigen kleinen Marktflecken im Hinterland von Warschau. Sein Großvater war Landwirt, und sein Vater Aba hatte einen Krämerladen eröffnet, wo es alles gab, was die Dörfler brauchten, eine Art *general store*, zugleich Kurzwarenladen, Eisenwarenhandlung, Seilerei und Drogerie, bis zur Decke voll mit Sachen für Feld, Vieh, Bauer und Bauersfrau.

Alle Kunden wurden gleich behandelt. Und leider konnte man auch auf Pump kaufen. Regelmäßig beklagt sich meine Großmutter in ihren Briefen an meinen Vater über die Familie Flatan, die ihre Schuldenbegleichung immer wieder aufschiebt. Bis schließlich die Nachricht von der Erleichterung darüber kommt, dass die Flatans endlich ihre Schieferplatten bezahlt haben, nachdem sie unerwarteterweise ihr Haus für fünfzehntausend Zlotys verkaufen konnten.

Aber es gab nicht nur Juden in Maków. Auch Flöhe und Läuse bevölkerten das Schtetl. Man beklagte sich nicht weiter darüber, Hauptsache, sie hielten die Polen fern! Außerdem sind Flöhe und Läuse weit toleranter als Antisemiten, denn sie machen keinen Unterschied zwischen Mensch und Tier!

Maków ähnelte wahrscheinlich einem jener Dörfer, die man aus Western kennt. Wer weiß, vielleicht ist ja mein Großvater schuld, dass ich solche Filme liebe, denn sosehr ich auch nachforsche, ich finde nichts, was ich sonst noch von ihm haben könnte – obwohl... Ich werde später darauf zurückkommen.

Mir bleibt nichts übrig, als mich an den Wilden Westen und seine Klischees zu halten, denn die einzige Erinnerung an seinen Geburtsort, die mein Vater an mich weitergab, war jene an die dörfliche Blaskapelle. Weder von seinen Nachbarn, von seiner Schule, weder vom Bahnhof (wenn es überhaupt einen gab) noch von den Kunden, die in den Laden kamen, erzählte er. So wenig wie von seinem täglichen Leben, als er Kind war und die jüdische Dorfschule besuchte, den Studiersaal, den *cheder*, wo sein Vater ihn zum Beten anhielt, und die Synagoge, wo er seine Bar-Mizwa zelebrierte. Von seinem Leben in Maków hat er nicht mehr Bilder bewahrt als von Lüttich, von Brüssel, von seinen Zaubervorführungen im Theater von Verviers oder der Arbeit in seinen Apotheken. Nicht ein Bild, nicht ein einziges Foto. Bloß kein Foto!

Ich halte mich an die Western, denn die anderen Quellen, die ich recherchierte, um mehr über das traditionelle Leben in Maków zu erfahren, zum Beispiel von jüdischen Schriftstellern aus jener Zeit, erscheinen mir noch exzentrischer. Was sollte es da Gemeinsames geben zwischen meinem Vater und dem Magier von Lublin, den wundertätigen Rabbinern oder den anderen unwirklichen Figuren bei Isaac Bashevis Singer oder Scholem Alejchem?

Alles, was ich somit vom jahrelangen Leben meines Vaters in seinem Geburtsdorf kenne, ist seine Blaskapelle. Er sprach mit der gleichen Begeisterung davon wie ich von meinem Besuch beim Nikolaus, der auf seinem goldenen Thron in der obersten Etage des Kaufhauses Bon Marché saß. Jedes Fest war ein guter Anlass für einen fröhlichen Umzug dieser berühmten Blaskapelle.

An jenen Tagen also herrschte muntere Bewegung im Dorf. Wenn mein Vater vom lautstarken Umzug durch die

Gassen erzählte, sprang er plötzlich auf und schmetterte ein paar schallende Rumsda-Rumsda durch das Wohnzimmer, um mir einen kleinen Eindruck des Repertoires zu geben. Da er keinerlei musikalisches Gehör besaß und völlig schief sang, gehe ich jede Wette ein, dass niemand in der Lage gewesen wäre, auch nur die kleinste Andeutung eines Refrains in jenem Rumsda-Rumsda zu erkennen, das durch meine Kindheit hallte. Und wenn dann der Beckenschlag erklang, kam ein Blitzen in seine Augen, das sein ganzes Gesicht erleuchtete. Da war kein weiteres Wort vonnöten, um mitgerissen zu werden. Es genügte, ihn anzuschauen, und plötzlich war die einstige Blaskapelle wieder auferstanden und marschierte mit all ihren Musikern in Sonntagskluft durch die Wohnung, fröhlichbeherzt ihre Instrumente blasend und schlagend. Dabei bewegte sich der Umzug nur langsam vorwärts. Das lag nicht etwa an den gespielten Melodien – die Rumsda-Rumsda meines Vaters ließen eher einen beschwingten Rhythmus vermuten –, sondern sollte vielmehr vermeiden, dass die große Trommel zurückfiel. Gott weiß warum, aber der Hauptpart des Konzerts war einem abgemagerten Burschen mit Klumpfuß anvertraut worden, der wie eine hampelnde Marionette durch die staubigen Straßen vorwärtshüpfte und systematisch gegen den Takt auf seine Trommel einschlug. Dazu sprang mein Vater, jetzt selbst den armen Musikanten verkörpernd, quer durchs Zimmer, während meine Mutter aus der Küche schrie: »Hört endlich auf mit diesen Albernheiten!«, denn sie hatte soeben das Zimmer geputzt und keine Lust, es »alle fünf Minuten« von Neuem aufzuräumen, und außerdem sei sie nicht unser Dienstmädchen. Aber mein Vater hörte nicht darauf. Er befand sich im Maków von 1920, und der Klumpfuß torkelte gerade mit dem Rest der Blasmusiktruppe durch unser Wohnzimmer. »Mach schon, *hingkediker rebbe* (Hinkemeister)! Lass deine große Trommel hören!«, rief mein Vater dem armen Musikanten zu und wäre dabei fast über den Teppich gestolpert. Erst wenn meine Mutter auftauchte und mit dem Staubsauger wie mit einem Hammer herumfuchtelte, löste sich die Blaskapelle auf und zog sich rasch wieder hinter die Schranken einer lange verschwundenen Welt zurück.

Gab es für meinen Vater noch eine weitere lieb gewonnene Erinnerung an Maków? Ja, allerdings! Es waren die süßen Jahre unter der deutschen Besatzung. Da brauchen Sie sich gar nicht die Augen zu reiben. Von allen Kriegen war meinem Vater der von 1914–18 am liebsten gewesen.

Anstatt sie zu bekämpfen, hatte die polnische Bevölkerung die ewigen teutonischen Eroberer wie großzügige Touristen empfangen, die zum Ausgeben ihrer wertvollen Deutschen Mark gekommen waren. Die polnischen Juden jedoch hatten nicht das Glück, eine solche Behandlung zu erfahren. Mit anderen Worten – ich weiß, das verschlimmert nur meinen Fall! –, die Feinde meiner Feinde sind nicht notwendigerweise ebenfalls meine Feinde.

Die Historiker, die sich kaum um Einzelheiten kümmern – außer sie können dadurch ihre Thesen erhärten –, haben verschwiegen, welche Vorteile der deutsche Polenausflug hatte: Während der Besatzung von 1915 bis 1918 gab es weder einen Pogrom noch irgendeine andere antisemitische Handlung, auf welche die Polen sonst so versessen waren. Dazu kam, dass die Juden, dank des Jiddischen, zu den Besatzern (jedenfalls in Maków) Beziehungen einer harmonischen Koexistenz pflegten.

Erklärt vielleicht die Erinnerung an den Ersten Weltkrieg das Vertrauen, das mein Vater den Deutschen bei ihrem Einmarsch in Belgien, Mai 1940, entgegenbrachte?

Im Leben meines Großvaters nahm die Synagoge einen wesentlichen Platz ein. Wie alle frommen Juden hielt sich auch Aba niemals sehr lange in seinem Laden auf, dafür war Frania zuständig. Die meiste Zeit verbrachte er über die Bibel gebeugt im Studiersaal, oder er diskutierte mit seinen Freunden über die Ansichten dieses oder jenes Rabbiners, über den Talmud oder die Heirat seiner Tochter mit dem Nachbarssohn. Frania hingegen war unglücklich. Sie trauerte ihrer Jugendliebe hinterher – ihrem über alle Maßen geliebten Cousin, der inzwischen mit einer anderen verheiratet worden war. Zum Leidwesen meines Aba hatte Frania rein gar nichts von jenen unterdrückten Frauen, die in jeder frommen Familie, gleich welchem Gott sie frönt, die Arbeiterameisen spielen. Das Leben einer schönen jungen Frau in einem polnischen Dorf zu Beginn des 20. Jahrhunderts war wahrscheinlich nicht sexyer als, ein Jahrhundert später, das Leben einer schönen jungen Frau in einem kleinen iranischen oder pakistanischen Dorf – oder das in den orthodoxen Vierteln im Jerusalem unserer Tage.

Das Bild, das mein Vater von Aba zeichnete – das eines engstirnigen Frömmlers –, hielt ihn nicht davon ab, seinen Vornamen an mich weiterzugeben. Aber ein Mann, der einen so neugierigen, weltoffenen und fantasievollen Sohn gezeugt hatte, konnte nicht völlig stur und verschlossen gewesen sein. Es sei denn, Chaïms Qualitäten stammen vom querköpfigen Geist Franias? Aber auch wenn mein Großvater so wenig empfänglich war für die Freuden des Lebens, wie konnte er dann den Reizen meiner Großmutter erliegen, wo sie doch überhaupt nichts übrig hatte für den religiösen Schnickschnack mit all seinen Riten? Armer Aba! Wie musste er darunter leiden, mit solch einem »Weibsbild« zusammenzuleben! Eine Lilith in Maków! Und das auch noch in seinem Bett!

Ja, es gibt eine merkwürdige Verwandtschaft zwischen Frania und der Lilith aus der jüdischen Mystik, von den Männern lange Zeit als Hexe angesehen, bevor sie zur Eva der Feministinnen erhoben wurde. Warum ist sie in der Überlieferung als Frau des Teufels verfemt worden? Weil sie sich den Männern in jedem Punkt ebenbürtig zeigen wollte. Die Kabbala brandmarkt Lilith, denn sie verweigert sich dem Liebesakt in der Missionarsstellung, um nicht unter ihrem Mann liegen zu müssen – was vonseiten des beschnittenen Volkes der Heiligen Schrift gar nicht gern gesehen wurde! Ich weiß nichts über das Privatleben meiner Großeltern (außer dass sie vier Kinder bekamen). Eins ist sicher, meine Großmutter ließ sich von niemandem auf die Füße treten, schon gar nicht von einem Mann. »Nehmt das dumme Zeug von Papa nicht so ernst«, schreibt sie unumwunden in einem Brief an ihre Kinder in Belgien. »Es ist immer das Gleiche mit ihm. Er kann nie etwas Interessantes schreiben, es muss immer dasselbe sein.«

Mein Vater ist also die Frucht aus der Vereinigung eines frommen, traditionellen, bibeltreuen Juden mit einer Lilith, dem Weibsdämon der Kabbala. Und da will man mir weismachen, er sei nichts weiter gewesen als ein friedliebender, braver Apotheker?

DIE VERSUNKENE STADT

Wie sah Maków, wie sah das Leben seiner Bewohner an den Tagen aus, wenn die Blaskapelle einmal nicht marschierte? Auf einem bräunlich-verblichenen Foto ist mein Großvater zu sehen, wie er, aufgestützt auf einem Brückengeländer – darunter fließt wahrscheinlich die Orzyc –, direkt in die Kamera schaut. Es ist das einzige Bild, das ich von ihm besitze. Und zugleich das einzige, auf dem vage die Umrisse Maków zur Zeit der Berenbaums zu erkennen sind, bevor es im Krieg endgültig zerstört wurde. So zumindest glaubte ich, bis ich dann eines Tages unter den vielen Papieren, die ich in der Wohnung meiner Mutter fand, ein Bündel von Briefen meiner Großmutter Frania entdeckte, adressiert an ihre beiden nach Brüssel ausgewanderten Kinder Chaïm und Esther. Darin beschreibt sie das Leben, das mich erwartet hätte, wäre mein Vater im Dorf seines Vaters und seines Großvaters geblieben und ich dort geboren – vorausgesetzt natürlich, Hitler wäre österreichischer Künstler und kein deutscher Schnauzbart geworden.

Meine Großmutter schrieb ihren Kindern auf Polnisch (mein Großvater fügte dann ab und zu ein paar Zeilen auf Jiddisch hinzu). Durch die geduldige Übersetzungsarbeit zweier polnischer Studentinnen ersteht nun nach und nach aus den mit »Frania, Eure Euch liebende Mutter« unterschriebenen Karten und Briefen eine völlig unbekannte Welt vor mir. Gleich jenen in einem Stausee versunkenen Dörfern, die plötzlich wieder auftauchen, wenn das Wasser zur Wartung abgelassen wird. Und so erwachen mit Lektüre der Briefe die Straßen, die Häuser, die Geschäfte, vor allem jedoch das Leben der Bewohner des Vorkriegs-Maków zu neuem Leben. Ein ganzes Schattentheater entsteht da. Der Vorhang geht auf und dann Magie, die reine Magie… Warum bloß habe ich sie nicht schon früher übersetzen lassen?

Der erste Brief, den mir meine Übersetzerin zuschickt, führt mitten in den Winter vom Februar 1937. Es schneit ohne Unterlass. Selbst beim Psalmenrezitieren in der Synagoge klappern einem noch die Zähne. Hört Gott denn nicht all die Nebengeräusche in der Leitung, während er den Gebeten der Juden Maków lauscht, die bis zu ihm hinaufsteigen? Unerschütterlich entlädt er weiter Eimer um Eimer des weißen Pulvers auf das arme polnische Schtetl. Und so führt auch der Weg zu Frania zunächst durch Schneeverwehungen hindurch, will man, möglichst ohne auszurutschen, unversehrt das *Magazuyn Towarow Ganateryjnych*, Rynek Nr. 31, erreichen. Vor dem Übertreten der Schwelle schüttelt man murrend die Schultern, denn trotz des großen Wollschals kriecht einem der Schnee den Nacken hinunter, und ängstlich befühlt man sich die Nase, ob sie einem überhaupt noch im Gesicht sitzt. Doch ist einmal die Ladentür aufgestoßen, werden alle Anstrengungen belohnt. Die milde Wärme des Kohleofens mischt sich mit dem direkt aus der Küche strömenden betörenden Duft von Gänsefett und Gewürzbrot.

»Während wir in den letzten Tagen vor den Festlichkeiten auf den erhofften großen Kundenandrang warteten, hat uns ein eisiger Winter überrascht. Der Schnee fiel über einen Meter hoch. Selbst in der Stadt war es unmöglich, das Haus zu verlassen, und niemand konnte zum Einkaufen zu uns kommen. Jetzt ist zwar fast kein Schnee mehr da, aber es ist immer noch sehr kalt.

Was habt Ihr an den Festtagen gegessen? Wir jedenfalls haben uns Gewürzbrot mit zwanzig Eiern gebacken, und es hat exzellent geschmeckt! Da wir kein Schmalz fürs Fest hatten, haben wir Frau S. darum gebeten, uns ein Huhn mit wenigstens einem Kilo Fett vorbeizubringen. Jafa hat ein genauso großes Huhn für 4 Zlotys gekauft, und damit sind wir jetzt gut bedient! Jafa ist eine ausgezeichnete Köchin, sie hilft mir viel und ist sehr tüchtig. Ich habe ihr übrigens einen Pullover geschenkt.«

Obwohl milderes Wetter angekündigt ist, bleiben im Laden weiter die Kunden aus. Seit Monatsbeginn wachsen die Schulden, man hofft auf bessere Zeiten.

»In diesem Monat haben wir nur sehr wenig Geld. Die Kunden zahlen nicht. Alles Geld wird für Kohle ausgegeben, und wir verlieren dabei... Diese Woche ist Markt. Es wird trotzdem nicht leicht sein, Geschäfte zu machen, alle leiden unter der Situation.«

Wie Frania schon befürchtete, enden die Markttage mit enttäuschenden Ergebnissen. Die Geschäfte gehen weit schlechter als in den vergangenen Jahren, als der Markt mit dem Frühlingsbeginn zusammenfiel.

»Mittwoch war Markt. Doch zu uns kamen mehr Verkäufer als Kunden. Das Wetter ist einfach gegen uns. Und der Markt war viel zu früh angesetzt. Selbst wenn es nicht mehr friert, es ist immer noch zu kalt... Die Geschäfte gehen eher schlecht. Postepska schuldet uns nach wie vor 150 Zlotys. Dabei hat sie uns versprochen, noch in diesem Monat zu zahlen. Wer weiß? So oft schon hat sie ihr Versprechen gebrochen.«

Die Geldprobleme bedrücken sie so sehr, dass sie ihre Tochter fragt, ob die Zahnärztin, die die Begleichung der Rechnung anmahnt, nicht vielleicht bezüglich des Umfangs ihrer Zahnbehandlung einige Monate zuvor in Polen gelogen hat:

»Kannst Du Dich daran erinnern, wie viele Plomben Dir Loskinowa eingesetzt hat? Sie sagt, sie könne sich nicht mehr erinnern, ob es drei oder vier waren, und verlangt jetzt Geld für vier von mir. Aber bevor du nicht geantwortet hast, will ich nichts zahlen.«

Auch zum Ende des Winters 1937 wird die Lage nicht besser:

»Die Geschäfte laufen immer noch nicht besonders. Bis zu den Festtagen kann ich Euch noch kein Geld schicken. Die 100 Zlotys, die ich für Euch auf die Seite gelegt hatte, muss ich für Waren aus Warschau ausgeben, denn wir haben kein Geld mehr. Am Samstagabend kam Janowska vorbei und fragte, ob sie ihre Kartoffeln bei uns im Keller lagern könne. Im Gegenzug hat sie mir versprochen, unser Haus durchzuputzen. Ich nahm ihr Angebot gern an, denn ich hatte gerade niemanden für den Haushalt.

Wenn ich abends eine Stunde frei habe, schalte ich zum Stopfen und Nähen den TSF-Sender ein. Ich mag es, wenn alles ausgebessert ist. Und dabei Radio zu hören tut mir gut.«

Als sich die Situation langsam verbessert, beschließt meine Großmutter, eine Hausgehilfin anzustellen, die ihr bei allem zur Hand gehen soll. Während mein Großvater Aba seine Tage damit verbringt, Gottes Mysterien in den Worten der Heiligen Schrift zu entwirren und auf die Ankunft des Messias zu warten, steht Frania im Laden, leitet die Bestellungen weiter, empfängt Kunden und verhandelt mit den Lieferanten. Dazu führt sie den Haushalt, hält überhaupt das ganze Haus in Schuss, bereitet die Mahlzeiten zu, und nebenbei hat sie in all den Jahren vier inzwischen erwachsene Kinder großgezogen. Sie schafft es sogar, immer wieder ein wenig Geld auf die Seite zu legen, das sie dann Chaïm für die Aussteuer seiner Schwestern schickt.

»Was das Geld betrifft, so wollte ich Euch eigentlich 85 Zlotys schicken, denn der Pelzmantel und das Kleid werden einiges kosten. Doch kann ich diesmal nicht mehr als 50 Zlotys aufbringen. Im nächsten Monat wird es dann hoffentlich wieder mehr sein.«

Aber auch von meinem Vater erwartet sie sich etwas, immerhin ist dessen Ruf als Wunderdoktor inzwischen bis über die Oder-Neiße-Linie vorgedrungen: Er soll ihr schwarze Pinienharzbonbons gegen Husten als nichtkommerzielle Sendung schicken. Aba wird noch weit mehr als diese Bonbons benötigen, auch wenn sie mit dem Zauberstab meines Vaters hergestellt wurden.

»Papa ist heute in aller Frühe nach Warschau aufgebrochen. Zwar hat er hier schon Bäder genommen, aber ohne besondere Wirkung. Deshalb hat er beschlossen, gemeinsam mit einigen anderen Leuten aus Maków, zu den Thermen nach Ciechocinek zu fahren. Er klagt oft über Gichtschmerzen. Und es heißt, man könne dort vollständig davon geheilt werden. Er hat sich sogar neue Kleidung dafür gekauft. So hat er endlich etwas Ordentliches zum Anziehen!«

Unter der Feder Franias defilieren die Nachbarn, Tanten, Cousinen alle im schönsten Sonntagsstaat, damit für ihre Kinder die Erinnerung an früher wachgehalten wird.

Wenn sie dann später nach Maków zurückkehren, werden sie die kleine Welt wiederfinden, von Frania so unverändert für sie bewahrt, wie sie den Kohleofen im Laden warm gehalten hat. Denn sie werden, davon ist sie überzeugt, nur kurze Zeit in Belgien bleiben. Eine kleine Reise ins Ausland? Gut. Warum nicht? Die Jugend muss sich austoben. Nicht einmal im Traum kann sie sich vorstellen, dass Esther und Chaïm nie wieder nach Polen zurückkehren werden und dass im Gegenteil sie es sein wird, die am Ende aus ihrer verwüsteten Heimat zu ihnen kommt, nachdem sie wie durch ein Wunder der Apokalypse entfliehen konnte.

»Ich habe eine Postkarte von Tante S. erhalten. Sie schreibt, dass es R. gut geht und sie Arbeit hat. Akenachem! Auch eine Unterkunft in einem Schlafsaal hat sie gefunden. Jetzt verrate ich Euch ein Geheimnis. Als Tante S. letztens in Maków war, hat sie mir in aller Verschwiegenheit anvertraut, denn sie ist sich nicht zu hundert Prozent sicher, dass R. bald Mutter sein wird. Wenn Ihr meine Meinung hören wollt, auch ich glaube, dass es tatsächlich so ist und sie sogar schon im fünften Monat ist.

Cousine Estusia hat uns geschrieben, dass sie hofft, eine Stelle als Lehrerin zu bekommen, denn sie hat gerade ihr Examen abgeschlossen und ist schon der Gewerkschaft beigetreten.

Wie Ihr seht, erzähle ich Euch alle Neuigkeiten (wem sonst könnte ich sie erzählen?). Aber ich möchte, dass auch Ihr mir alles aus Eurem täglichen Leben erzählt, jede Einzelheit. Die unbedeutendsten Dinge aus Eurem Alltag interessieren mich weit mehr als die wichtigsten Nachrichten von Unbekannten. Zum Schluss wünsche ich Euch fröhliche und angenehme Festtage, von denen wir noch einige vor uns haben!«

Ja, meine liebe Frania, gerade noch zwei kurze Jahre lang. Zwei Jahre vor der Katastrophe. »Wann macht Ihr Ferien?«, fragt sie ihre Kinder, nachdem sie ihre neue Garderobe beschrieben hat. Mit jeder Einzelheit vervollständigt sie die Landschaft, die sie mit ihrem schönsten Stift von Brief zu Brief weiter zeichnet, damit sie fest in ihren Gedächtnissen bewahrt bleibt.

»Ich habe jetzt ein elegantes Sommerensemble; das Problem ist nur, dass mir die Gelegenheit fehlt, es zu tragen. Bei schönem Wetter werde ich es zu den Feiertagen in der Synagoge anziehen.

Für heute und morgen habe ich schon das Essen vorbereitet. Eine Gemüsesuppe mit Knochenmark, Schnitzel mit Karotten und ein Kirschkompott. Ein paar Schnitzel und Karotten habe ich für morgen zurückgelegt. Und als Beilage zum Fleisch gibt es dann noch marinierte Gurken.«

Manchmal übernimmt auch Sara, Chaïms zweite Schwester, die zu Hause geblieben ist, das Briefeschreiben.

»Ist Chaïm zufrieden mit Dir als Hausherrin?«, fragt sie ihre Schwester Esther, die meinem Vater nach Brüssel nachgereist war. »Mag er Dein Essen? Bist Du froh mit ihm? Ich nehme an, Ihr teilt Euch alle Aufgaben, und niemand nutzt den anderen aus, wie das manchmal geschieht. Aber ich denke, Chaïm ist wohl trotz allem der Chef: Er hat mehr Erfahrung als Du.

Die Ferien haben schon begonnen. Zum Glück ist die Zeit schnell vergangen, und es kamen ziemlich viele Kunden in den Laden. Du weißt ja, wie das Leben hier ist. Ich gehe nicht mehr in den Klub, ich finde die Atmosphäre unsympathisch. Einmal bin ich doch zufällig hineingeraten, und da lungerten dann nur ein paar alte Zionisten herum, die Karten spielten. Es ist immer das Gleiche, andere Attraktionen gibt es nicht.

Am Montag war ich mit Fela auf der Verlobungsfeier von Sara Laszer und habe mich aufs Beste amüsiert. Die Gäste waren eher schlecht ausgewählt, und so bildeten wir zu Recht die Creme der örtlichen Gesellschaft! Der Verlobte von Sara Laszer ist ein ziemlich gewöhnlicher Bursche, er sieht aus wie ein Ladendiener. Hattest Du nicht auch schon denselben Eindruck gehabt?

Gestern bin ich wieder bei den Rekants gewesen, die ein Fest für die Brautleute organisiert hatten. Wir haben die ganze Zeit nur *pączki* * gegessen. Das war schön! Kurz, es lebt sich gut in Maków.

Masza ist noch in Warschau. Es scheint, dass man sie mit N. verheiraten will, einem Burschen aus Przasnysz. Und es heißt, sie soll sich schon bald mit ihm verloben. Ihre Mutter besteht darauf, und sie würde sich in Gefahr bringen, wenn sie sich weigern wollte!

---

* Mit Marmelade gefüllte Krapfen.

Wie gehen die Geschäfte, Chaïm? Bist Du inzwischen schon ein Rothschild geworden? Oder musst Du Dich noch ein bisschen gedulden? Es scheint, Ihr führt ein ›königliches‹ Leben in Brüssel... aber Ihr erklärt uns nicht, wie Ihr das alles finanziert! Schreibt uns, wenn Ihr Geld braucht, und wir schicken Euch welches. Passt auf Euch auf und seid glücklich. Sara.«

Es folgt ein herrlicher Sommer. Noch sieht niemand die schrecklichen Wolken, die sich am Horizont zusammenballen, das alles vernichtende Unwetter, das bald losbrechen, den Sturm, der Jahrhunderte von Zivilisation wegfegen wird. Hingegen werden dank des milden Wetters im Dorf mehr Hochzeiten denn je gefeiert.

»Es gab ein großes Ereignis bei uns. Vergangene Woche hat Fräulein Szulc geheiratet. Sie hat einen sympathischen Mann gefunden, der viel jünger ist als sie. Obwohl er schon dreiunddreißig ist, wirkt er viel jünger. Die Juden, dies auserwählte Volk, haben einfach in allem Glück.«

Das schreibt Sara fast auf den Tag genau zwei Jahre, bevor die ersten Nazipanzer nach Polen rollen.

In diesem Monat März 1938 berichtet meine Großmutter, die unerschöpfliche Chronistin – jedoch gleichgültig oder blind gegenüber den politischen Umwälzungen, die bereits Europa spalten und auch einen Teil Polens mit faschistischem Gedankengut vergiften –, für Sohn und Tochter in der Ferne unbeirrt weiter aus dem

Maków land, aus dem nur wenige Monate später sämtliche Verwandten, Nachbarn, Freunde, absolut alle, verschwinden sollten. Frania verbannt alles aus ihrem Bericht, was ihre Kinder beunruhigen könnte. Mitten im erschütterten Polen wird Maków so zu einer rosaroten Enklave. Im Königreich der Optimistenfamilie werden nur die guten Nachrichten verbreitet.

»Wir haben ein paar kleine Änderungen im Laden vorgenommen. Er ist jetzt schöner geworden. Wir achten viel mehr auf die Präsentation der Waren. So haben wir einige Glasregale hinzugefügt, was das Angebot noch appetitlicher und einladender für die Kunden macht. Noch besser wäre es natürlich, die Schaufenster tiefer zu legen und eine Auslage wie in den Großstädten herzurichten, aber das ist zu teuer. Die Werbung ist eine ganz wichtige Sache geworden. Ich habe immer schon gedacht, dass eine schöne Schaufensterauslage mehr Kunden anzieht. Jedes Mal, wenn wir Neues besonders präsentiert haben, wurde es sofort verkauft.«

Langsam tritt das Dorf aus dem Mittelalter heraus, jenem Stillstand, in dem es jahrhundertelang vor sich hin brütete, jenem erstickenden Nest, aus dem mein Vater und seine Schwester geflohen sind, getrieben vom Wunsch, die wirkliche Welt zu entdecken, die Bewegung, kurz, ihr eigenes Jahrhundert.

»Heute habe ich Lust, ins Kino zu gehen«, schreibt Frania. »Es wird der schöne Film gezeigt: *Eine vergessene*

*Sinfonie**. Vier Tage vor den Feiertagen kann ich mir diesen Luxus erlauben. Von Motek erfuhr ich, dass wir jetzt Sendungen des belgischen Rundfunks empfangen können! Hört Ihr manchmal den polnischen Rundfunk? Es scheint im Ausland des Öfteren polnische Übertragungen zu geben.«

Mit dem Einzug neuer Gedanken und der modernen Welt überhaupt in Maków gab es auch die ersten Emigrationsversuche von Nachbarn und sogar von Familienmitgliedern ins Gelobte Land. Die Briefe enthielten nur implizite Anspielungen dazu, dass einige aus ihrem Umfeld ihre Siebensachen packten, weil sie verstanden hatten, dass es an der Zeit war, ihr Land zu verlassen – das Land, wo ihre Familien seit nunmehr Jahrhunderten lebten. Ohne länger auf das Zeichen zum Aufbruch zu warten, das dieser verdammte Messias geben sollte – angekündigt seit zweitausend Jahren und immer noch nicht da. Trotz der Widerstände meines Großvaters und seiner Freunde, die schockiert waren über solchen Verrat an den heiligen Texten, hörte man in den Gesprächen immer öfter Berichte über das Leben in Palästina. Eine ihrer Cousinen ist fest entschlossen, dorthin auszuwandern, was Frania freut.

---

* Vermutlich eine Operette, wie sie im österreichischen Kino seit *Liebelei* von Max Ophüls Anfang der Dreißigerjahre immer mehr an Popularität gewannen.

DIE VERLORENEN BRÄUTE

Das zentrale Thema fast aller ihrer Briefe ist das Heiraten. Neben ihren Berichten, wie es um das Geschäft und die Finanzen steht, lässt Frania keine Gelegenheit aus, sich darüber zu verbreiten. Der eine ist verlobt, die andere schlecht verheiratet. Wieder eine andere sollte sich langsam sputen. Der Frühling sei so kurz, schreibt sie. Wenn du wüsstest, Frania, wie recht du damit hast...

»Von Lucia gibt es wenig Neuigkeiten. Ich glaube, es geht ihr recht gut mit ihrem Verlobten. Das hat mir jedenfalls L. gesagt, die immer über alles Bescheid weiß. Mir tut der Bursche leid. So wie ich Lucia kenne, kann ich gut verstehen, wenn er sie nicht liebt. Dies Mädchen macht nur, was ihr gerade passt. Sie ist noch eigennütziger als ihre Mutter. Doch da sind sie bei diesem jungen Mann an den Falschen geraten! So hat er sie bereits fast 15 000 Zlotys gekostet. Und dabei soll er erst in drei Jahren mit seinem Studium anfangen.

Masza L. will unbedingt einen Verlobten finden. Im vergangenen Winter hat sie mit einem reichen Alten angebandelt, aber er ließ sich nicht überzeugen. Auf seine Frage, warum sie ihn möchte, antwortete sie, dass sie in Wohlstand leben wollte.

Fela hat viel von ihrer jugendlichen Frische verloren. Man erzählt sich, dass ihr Freund, der im letzten Jahr Medizin studiert, der Sohn des Kantinenbesitzers ist, wo sie jeden Tag zum Essen hingeht.«

Aus diesen Anekdoten liest man Franias Sorge über den fehlenden Ehestand ihrer zwei Kinder im Exil. Sie fürchtet, sie könnten ledig bleiben, weil sie so weit entfernt sind von *Jiddischland*. Sie sieht, dass ihr Sohn alles für seine Karriere opfert. Von morgens bis abends denkt er an nichts anderes, als Wunderpillen zu fabrizieren und nicht etwa eine Familie. Mit dem Risiko, die eine seltene Perle zu verpassen. So nimmt sie schließlich selbst die Dinge in die Hand.

Im November 1938 ist Chaïm bereits einunddreißig Jahre alt und – offiziell – immer noch ohne Frau in seinem Leben, von den Schwestern einmal abgesehen.

»Chaïm würde mir eine große Freude machen, wenn er endlich heiratete. Ich glaube, S. wäre die richtige Frau für ihn. Alle sagen, sie hat einen guten Charakter. So realistisch wie ihre Schwester. Klug, energisch, recht hübsch, jung und intelligent. Dieses Mädchen gefällt uns, aber wir würden gern noch wissen, wie hoch die Mitgift ist.«

Chaïm hält stand. Er fühlt sich überhaupt nicht angezogen von S. Doch das soll kein Hindernis sein! Ein paar Monate später hat seine Mutter die nächste Verlobte gefunden, noch schöner, noch intelligenter. Diesmal vermeidet Frania die direkte Herangehensweise und überlässt Esther die Aufgabe, Chaïm davon zu überzeugen, dass die Zeit nun endlich reif ist, den Ring an den Finger zu stecken.

»Die Schwester von M. will sich eine Ausstellung in Paris ansehen und wird wahrscheinlich über Brüssel reisen. Ich möchte, dass Chaïm sie trifft. Frag sie nach einem Foto von sich. Ich möchte mit ihrer Familie in Kontakt treten. Alle sagen, sie sei eine perfekte Frau mit außerordentlichen Fähigkeiten. Da ich ihren Bruder sehr schätze, glaube ich das gern. Zur Vorbereitung auf Paris hat sie in wenigen Wochen Französisch gelernt. Sie studiert Chemie und arbeitet dabei gleichzeitig… Ich möchte unbedingt, dass Chaïm dieses Mädchen trifft, aber ich weiß nicht, wie ich ihn dazu überreden kann. Das Beste wäre, er käme auf einen Sprung nach Maków. Aber natürlich wäre es ebenso gut, wenn sie in Brüssel Station machte. Lasst es Euch gut gehen und seid fröhlich, Frania.«

Arme Großmutter! Chaïm ist einfach so anders als die anderen Burschen! Ein braver Jude heiratet, noch bevor er fünfundzwanzig ist, die Braut, die ihm die Mutter (eindringlich) vorgeschlagen hat. Nicht so er. Die Tradition missachtend, stemmt er sich mit allen Kräften dagegen. Sie kann noch so viele Staffeln von fatalen Schönheiten aufmarschieren lassen, jeweils mehr oder weniger abgestimmt auf seinen komplizierten Charakter – es ist vergeblich. Anstatt sich auf die Suche nach einer schönen Braut zu begeben und seine Nachkommenschaft zu sichern, scheint Chaïm mit nichts als seiner Arbeit verheiratet. Papa! Nun gib dir endlich einen Ruck! Ich bin schon ganz ungeduldig und will endlich eine fröhliche Familie kennenlernen, bevor es zu spät ist! Franias Gewürzbrot lässt mir schon das Wasser im Mund zusammenlaufen! Aber leider: Chaïm stellt sich taub. Zwar funktioniert sein Hirn auf Hochtouren, doch was den Sex angeht, ist er ein unbeschriebenes Blatt. Anstatt sich in seinen seltenen freien Momenten nach einer guten jüdischen Braut umzuschauen, was macht er? Er redet. Er palavert, hält Vorträge, debattiert mit seinen Freunden über Politik (das heißt: er redet, und die anderen hören zu). Er ahnt die Katastrophe voraus, verfolgt nervös die Nachrichten, stöhnt über die unerbittliche Verschlechterung der politischen Lage in Europa, die Ohnmacht, die Leichtfertigkeit, die Spaltung unter den Politikern. Sein Ohr ist immer dicht am Radioapparat, den sein Nazifreund Tomas gebastelt hatte, und fiebrig durchforstet er alle Zeitungen in dem Versuch, die Zeichen der Zukunft zu deuten.

Und wo bleiben also die Frauen? Ich verspreche Ihnen, weiter die Archive danach zu durchstöbern. Bis jetzt bin ich jedoch nicht fündig geworden. Aber irgendwann werde ich schon eine Spur der Frauen entdecken, die er getroffen und vielleicht auch geliebt hat, bevor er zwei Jahre später seine Prinzessin kennenlernte. Für den Moment muss ich wohl meine Ungeduld zügeln, ein paar Jahre noch. Erst muss die alte Welt völlig verschwunden sein, nichts darf mehr übrig sein, vor allem keine Zeugen. So glaubten wenigstens meine Eltern. Doch da haben sie nicht mit meiner Neugier gerechnet. Man kann noch so sehr versuchen, die Geschichte in einen hermetisch dichten Topf einzuschließen. Wenn sie auf dem Feuer vor sich hin köchelt, fliegt irgendwann doch der Deckel hoch.

DAS GEHEIMNIS DER
JÜDISCHEN FRAUEN

Je mehr Briefe meiner Großmutter ich in Übersetzung er-
halte, desto konkreter entsteht vor meinem Auge die Welt,
die mein Vater verlassen hat. Eine Welt, die er mir vorenthalten wollte. Ich sollte in belgischem Boden meine
Wurzeln schlagen, ohne jeglichen Einfluss eines untergegangenen Kontinents. Aber nun, da ich die frischen
Stimmen meiner Großmutter und meiner Tante Sara ver-
nehme, überkommen mich mit einem Mal Gefühle der
Wehmut. Mir ist, als wären diese Briefe, die ich nun nach
und nach entdecke, während ich dies schreibe, gerade
mal vor ein paar Tagen aufgegeben worden, als wären ihre
Verfasser noch am Leben und würden auf meine Antwort
warten. Begierig versuche ich, die Gedanken, Sehnsüchte,
Geheimnisse meiner Briefpartner – besser, meiner Brief-
partnerinnen, Frania und Sara – zu verstehen. Wer sind
sie? Wovon träumen sie? Was geht im Kopf einer polnischen Jüdin vor, kurz vor Ausbruch des blutigsten Krieges
der Geschichte seit Aussterben der Dinosaurier?

Der Brief einer Freundin meiner Tante sollte darüber auf besondere Weise Aufschluss geben. Er wurde von
einer gewissen Lilit (das kann man nicht erfinden) verfasst und an Esther, die Schwester meines Vaters, nach
Brüssel gesandt. Von wann ist er? Es muss wohl 1936 gewesen sein, wenn ich die darin genannten Begebenheiten mit jenen in den Briefen meiner Großmutter ver-
gleiche.

Lilits Äußerungen haben nur wenig gemein mit denen Franias, obwohl sie beide in unmittelbarer Nachbarschaft lebten. Man sieht nicht mehr die schönen Damen an den Schaufenstern der Rue des Marchands vorbeidefilieren, sondern erfährt nun die geheimsten Gedanken der Verfasserin:

»Meine liebe Esther,

ich denke oft und viel an Dich. Letzte Nacht habe ich sogar von Dir geträumt. Du hast mich so fest gedrückt und geküsst, dass ich davon Bauchweh bekam und aufgewacht bin. Du warst reifer und schöner denn je. Ich fühle mich ganz sonderlich gerührt, wenn ich an Dich denke, und möchte Dich neben mir haben. Beim Nocheinmal-Durchlesen merke ich, dass mein Brief sich fast wie ein Heiratsantrag anhört, und ich fühle mich ein bisschen lächerlich. Dabei sind wir ja schon seit Langem aus dem Alter heraus, wo man sich Überspanntheiten hingibt. Ich habe mich sehr verändert. Ich bin jetzt gleichgültiger und stärker geworden. Ich habe viel gelebt, und doch sind die Gefühle aus der Kindheit nur noch stärker geworden. Im letzten Jahr bin ich nicht wie geplant nach Zakopane, sondern nach Warschau gefahren, wo ich einem jungen Mann begegnet bin. Schön wie ein Gott. Ein französischer Jude. Wir haben uns um 19 Uhr 40 kennengelernt, und um 20 Uhr sind wir schon in *La Traviata* gegangen.

Er ist mit zu mir gekommen und hat mir sein ganzes trauriges Dasein seit seinem vierzehnten Lebensjahr erzählt. Jetzt ist er fünfundzwanzig. Er hat eine gute Stelle bekommen und mich gefragt, ob ich mit ihm gehen wolle.

In jenem Moment konnte ich nur dazu lächeln. Aber nachdem wir uns dann mehrmals getroffen hatten, kam er eines Tages ganz aufgeregt zu mir und bat mich, ihn zu heiraten. Wenn nicht, sagte er, könnten wir uns nicht mehr sehen. Ich habe abgelehnt. Frag mich nicht, warum. Ich weiß nicht, ob ich ihn liebte, und wenn ja, dann war es tatsächlich nur für kurze Zeit! So konnte ich auch sagen, dass ich ihn nicht wirklich wollte.

Diesen Sommer hat mich noch ein anderer Bursche geküsst. Ich habe ihn gewähren lassen, weil ich ihn mochte. Danach bereute ich es und war traurig. Hat er mich geküsst, weil er mich wirklich gern hatte, oder nur, weil ich ein junges, gesundes und sauberes Mädchen bin und es ein schöner Sommerabend war?«

»Meine liebe Esther,

ich sitze an einem Tisch zusammen mit der Mutter von jenem Anwalt, mit dem wir einmal im Wald spazieren waren, erinnerst Du Dich? Damals flirtete er ständig mit uns, lachte, erzählte Witze und rezitierte kurze Reimsprüche. Ich falle immer wieder auf die gleichen Lumpen rein. Ich glaube, ich ziehe diesen Typ Mann an. Auf ihn folgte dann Szmidt. Ich bin mit zu ihm gegangen, weil er mir ein Foto mit seinem Autogramm versprach. Er war wahnsinnig süß, sanft und so bescheiden. Ich muss einen ganz verängstigten Eindruck gemacht haben, aber in Wirklichkeit tat ich nur so.

Er versuchte mich zu beruhigen, indem er mir versicherte, dass er nicht bösartig sei und sich gar nicht den Anstrich eines großen Künstlers geben wolle und keiner von der Sorte sei, die vor dem Reden erst hüsteln. Kurz, ich bin mehrere Stunden bei ihm geblieben, er hat für mich gesungen und mir lauter Geschichten erzählt. Dann zeigte er mir noch ein paar Zaubertricks. Das hat mich alles stark beeindruckt. Du weißt, wie sehr ich Musik und Gesang liebe. Wenn ich reich wäre, würde ich ein Kind mit lauter Talenten bekommen. Weißt du, Szmidt war wirklich ganz gerührt. Stell dir vor, er sagte mir, ich wäre die erste Frau, die einfach so zu ihm gekommen sei. Gewöhnlich würde man nur zu ihm kommen, um ihn nach seiner Meinung über einen Film zu fragen oder um Unterstützung zu bitten. Aber du bist ganz anders, sagte er mir, ein echtes junges Mädchen, das gut nach Wald und Feldern riecht. Dann versprach er mir noch, mir sein Foto mit Widmung nach Maków zu schicken.«

Und was ist aus Lilit geworden? Obwohl ich alles genau durchsuchte, war keine einzige Spur mehr zu finden, bis ich schließlich in einem Umschlag eine kleine Karte entdecke: »Lilit de Flatan und Dawid Rojzen freuen sich, ihre Hochzeit bekanntzugeben, am 29. April 1937 in Maków Maz. Warschau.«

Ich hoffe, dass Lilit noch ihr so ersehntes Liebesglück erfahren hat, bevor sie zwei Jahre später von der Geschichte verschlungen wurde.

DIE SPRACHE ABAS

Bis hierhin haben wir viel von Frania und Sara gehört, den unermüdlichen Chronistinnen. Und sehr wenig von Aba, der eher furchterregend gewesen sein musste, wenn man den beiden Frauen Glauben schenken will, die mit ihm zusammenlebten. Von Aba habe ich nicht mehr als fünf oder sechs kurze Briefe gefunden, deren Sinn ebenso undurchdringlich ist wie das Leistungsverzeichnis für den Turmbau zu Babel, eines der gelungensten Schelmenstücke Gottes! Abas Sprachmauer ist sogar hermetischer und unüberwindlicher als die zwischen Israel und Palästina.

Abgesehen von belgischen Behördenformularen und ein paar Notizen sind alle Briefe aus der Familie meines Vaters, die meine Mutter in Kartons aufbewahrte, auf Polnisch oder Jiddisch verfasst: beides Sprachen, die meine Eltern tunlichst vermieden mir beizubringen. Mein Vater bestand darauf, dass ich Französisch und Flämisch sprechen sollte. Und Polnisch? Er fand: eine völlig unnütze Sprache für mein weiteres Leben sowie für den Fortgang der Geschichte überhaupt. Jiddisch? Eine auf immer und ewig untergegangene Sprache. Und für meine Mutter, die sich weigerte, es zu sprechen (und vorgab, es gar nicht zu kennen), die verachtenswerte Sprache der Proletarier und Vagabunden (während mein Vater dessen Poesie und Ausdrucksfülle liebte). Und Hebräisch? Aramäisch? Es würde immer noch genügend Zeit sein, mich mit den jüdischen Sprachen vertraut zu machen, falls ich mich einmal für meine Ursprünge interessieren sollte oder, schlimmer noch, für die Religion meines Großvaters...

Aus diesen Briefen, Postkarten und Aerogrammen mit polnischem Absender setzte sich die Geschichte meiner Eltern zusammen, erzählt von ihnen Nahestehenden, es waren frische und unverfälschte Zeugnisse, die weder von den Zeitläuften noch der Erinnerung verfremdet waren – etwas anderes als die Behördenformulare, die zunächst nichts als ein Gerippe ohne Fleisch waren. Aber es war unmöglich, diese Dokumente zu entziffern. Ich, der ich mir etwas darauf einbildete, Schriftsteller zu sein, fühlte mich plötzlich wie ein Analphabet, der kein einziges Wort mehr verstand, ob nun von meiner Großmutter, meinen Tanten oder meinem Großvater. Ihre Zeugnisse waren für mich so rätselhaft wie die Schrifttafeln auf Kreta oder auf den Osterinseln.

Bis mir die Übersetzerin endlich Franias Briefe auf Französisch schickte, fühlte ich mich regelrecht auf die Folter gespannt. Mehr als sechzig Jahre hatten sie in den Schachteln gelegen, ohne dass ich sie weiter beachtet hätte, und jetzt konnte mir es nicht schnell genug gehen, die Stimmen meiner Großmutter und meiner Tante Sara, gleichsam untertitelt, zu vernehmen! Ich verging fast vor Ungeduld, doch es half nichts, ich musste die Rückkehr meiner Studentin aus den Ferien oder das Ende ihrer Prüfungen abwarten.

Was die Sprache Abas betraf, erwies sich das ganze Unternehmen als noch weit schwieriger. Ein Professor für Jiddisch biss sich die Zähne schon an dem ersten Doku-

ment aus, das ich ihm vorlegte, einem Brief meines Großvaters an seine Kinder aus dem Jahr 1938.

Ach je! Was schreibt mein Großvater da bloß? Unmöglich, diese Schrift zu entziffern, und seine Sprache ist
nahezu unübersetzbar. Es gibt so viele Varianten des Jiddisch wie Schtetls, erklärte der erste Übersetzer, an den
ich mich gewandt hatte.

»Ich glaube nicht, dass ich in der Lage bin, Ihnen
eine zufriedenstellende Übersetzung liefern zu können«,
schrieb er mir. »Das Jiddische selbst ist einfach, aber es
lässt sich trotzdem nur sehr schwer entziffern. Viele Wörter, sogar ganze Satzteile bleiben mir unverständlich. Die
Sprache ist zu anspielungsreich. Mehr als eine Stunde
habe ich benötigt, um den Satz ›Die Kunden sind wie-

der zurück‹ zu erkennen. Auf der Suche nach einem geeigneten Lektüreschlüssel wandte ich mich schließlich an einen befreundeten Lexikografen in Boston, der, auf ähnliche Schwierigkeiten stoßend, seinerseits den Text an einen Freund weitergab, dem diese Art der Schreibweise schon eher vertraut war. Dieser nun hat eine perfekte Transkription der ersten Seite für mich angefertigt, die so komplett übersetzt werden konnte. Doch leider gelingt es mir auch anhand dieser Übersetzung nicht, den gesamten Text zu dechiffrieren. Einzig die im Umgang mit alten Manuskripten versierten Hochschullehrer (wobei Jiddischstudien nicht zu den privilegierten Fächern der europäischen Universitäten gehören), die gebildeten Angehörigen der Jiddisch sprechenden alten Generation und vielleicht noch einige Orthodoxe sind in der Lage, diese Art von Schriftbild zu lesen.«

Konnten die Mitteilungen von Aba Berenbaum vielleicht ausschließlich von einem Juden verstanden werden, der ebenfalls in Maków geboren und aufgewachsen war, dieselbe Synagoge besucht und die deutsche Besatzung überlebt hatte? Wo würde dieser seltene Vogel leben – der außerdem heute über hundert Jahre alt sein müsste? Mit anderen Worten, ohne einen »Stein von Rosette« war das ganze Unternehmen zum Scheitern verurteilt.

Also machte ich mich erneut auf die Suche nach einem Jiddischprofessor, der mir helfen sollte, herauszufinden, ob mich mein Großvater in seinen Briefen aus Maków vielleicht um Beistand anrief. Und am Ende konnte ich dann tatsächlich den seltenen Vogel aufspüren, eine litauische Studentin, die mir auf einer Konferenz von Jiddischgelehrten an der Brüsseler Universität empfohlen wurde (die Konferenz fand in einem dunklen, fensterlosen Saal, mit sorgfältig gewachster Holztäfelung und voller Bücher statt, der an die Studierstube einer Synagoge von einst erinnerte).

Im ersten undatierten Brief an Chaïm und Esther kündigt Aba die Belgienreise eines gewissen David an, dem er ein Paket für seine »lieben Kinder« anvertraut hat.

»Schreibt mir ohne Verzug, was Ihr am dringendsten benötigt. David ist ein Gentleman, und ich bin sicher, er wird Euch alles vertraulich zukommen lassen (auch wenn seine Familie nicht besonders feinsinnig ist). Wir danken Euch für all die guten Sachen, die Ihr uns geschickt habt, die schwarzen Bonbons, die beiden Vichy-Flaschen, die kleine Flasche Fasflatsit und den Stift. Soll ich Euch auch weiterhin die Zeitungen zuschicken? Eure Mutter wird Euch ohnehin die wichtigsten Nachrichten schreiben. Aber eins muss ich Euch gleich mitteilen: Es gab ein Attentat gegen Oberst Koc, den Gründer des OZN*. Die Bombe explodierte vorzeitig, und der Attentäter wurde auf der Stelle von ihr zerrissen. Ich habe die Nachricht heute morgen im Radio gehört.«

---

* Oberst Adam Koc gründete 1937 die nationalistische, rechtsextreme Partei OZN mit gewalttätiger, antisemitischer Ausrichtung und allseits großem Echo (ein Jahr nach ihrer Gründung zählte die Partei bereits einhunderttausend Mitglieder). Koc erklärte: »Bis zur Realisierung der Auswanderung aller Juden müssen ihnen zuerst die zivilen Rechte entzogen und ihre Guthaben beschlagnahmt werden.« Koc überlebte das erwähnte Attentat; 1969 starb er friedlich in New York und wurde in Oxford begraben.

Obwohl er schon seit fast zehn Jahren in Belgien lebt, hat mein Vater noch nicht alle Brücken nach Polen abgebrochen. Denkt er vielleicht an Rückkehr? Zögert er noch? Auf der einen Seite sammelt er alle Dokumente, die aus ihm bald einen Herrn Janssens machen, der noch belgischer als ein Belgier sein wird, andererseits ist er begierig auf Nachrichten aus Warschau. Die Lage beunruhigt ihn. Er glaubt nicht mehr den beruhigenden Worten seines Vaters und all jener anderen, die den Kopf in den Sand stecken.

»Lieber Chaïm, Du bist sehr besorgt aus Polen abgereist. Aber ich möchte Dich beruhigen«, schreibt ihm sein Vater. »Gott sei Dank herrscht nicht nur bei uns hier in Maków Ruhe, sondern überhaupt im ganzen Land ist die Atmosphäre friedlich. Alles ist vollkommen verändert, und Gott gib, dass es für lange Jahre so bleiben möge!«

Was erzählt Aba da? Sieht er nicht, was ringsum geschieht? Die Lage der Juden wird immer bedrohlicher: an den Grenzen die vorstoßenden Nazis und im Innern seiner Heimat ein grassierender Antisemitismus, der sich im gleichen fiebrigen Rhythmus wie im benachbarten Deutschland ausbreitet. In Brisk und Tschenstochau finden blutige Pogrome statt, nationalistische Parteien und faschistoide Militaristen ziehen in die Regierung ein.

Chaïm verschlingt geradezu die polnischen Zeitungen, die ihm sein Vater jede Woche schickt. (Liest Aba etwa die Nachrichten anders als sein Sohn?) Chaïm beobachtet, wie sich die Lage von Berlin bis Warschau, von Lemberg bis Bukarest zunehmend verschlechtert.

Die verheerenden stalinistischen Säuberungsaktionen lassen zudem nicht auf Hilfe von den östlichen Nachbarn hoffen, die sich ihrerseits daranmachen, Polen zu zerstückeln.

Doch davon will Aba in seinem heilen Nest in Maków nichts wissen und nichts sehen. Nur in einem Satz zeigt sich plötzlich ein bedrohlicher Schatten. Auf Chaïms Vorschlag, ihm Ware aus Belgien zu schicken, antwortet Vater Aba verärgert:

»Deine Pläne sind zwar sehr interessant, aber unrealistisch, denn es geht uns nicht darum, zu vergünstigten Preisen einzukaufen. Es fehlt den Kunden hier nicht an günstiger Ware; es sind vielmehr die Kunden, die uns fehlen. Wir spüren die Krise. Doch sieht man die Armut ringsum, so können wir mit unserer Situation schon zufrieden sein.«

Aber gleich unterdrückt er die dunklen Zwischentöne und beeilt sich, seinen Sohn wieder zu besänftigen, der sich bedauerlicherweise nicht mehr von Gottes Wort beruhigen lässt.

»Liebe Kinder,

ich sende Euch meine herzlichen Grüße und wünsche Euch ein neues Jahr voll Freude und Gesundheit. Möge es Euch bald gelingen, das Land Israel aufbauen zu helfen! Euer euch liebender Vater.«

Aba, der (offensichtlich) nichts von der heraufziehenden Katastrophe ahnt, ist bemüht, von Maków aus seine Autorität gegenüber seinen Kindern in Brüssel zu wahren. Das geht so weit, dass er ihnen nahelegt, wie sie sich kleiden sollen, und natürlich die Notwendigkeit, zu heiraten.

»Liebe Kinder,

ich kann Euch ja leider keine Ratschläge erteilen. Aber für Dich, Chaïm, hatte ich große Pläne. Du hast so viel gearbeitet bisher – nicht weniger als beispielsweise ein Arzt. Warum solltest Du eine Frau ohne Mitgift heiraten – ich spreche hier natürlich nicht von Liebe… Außerdem bist Du nicht mehr ganz jung und müsstest verstehen, dass man zum Leben auch Geld braucht. Man kann nicht immer nur für die anderen arbeiten, gerade in diesen Zeiten nicht.

Was Sara betrifft, so weiß ich nicht, ob es vernünftig ist, dass sie noch weiter studiert. Das ist derart teuer, und sie hat doch schon genug Diplome! Also entscheidet unter Euch, aber denkt daran, was ich Euch gesagt habe.

Esther, ich habe mir die Fotos von Dir genau angesehen. Du siehst sehr gut aus in dem beigen Mantel, aber ich mag die braune Mütze nicht, sie steht Dir nicht. Ich habe das alles genau unter die Lupe genommen.

Auf Wiedersehen, meine Kinder, möge der Herr Euch den rechten Weg zeigen. Euer Vater, Aba.«

Bei Sara achtet er ebenfalls auf ihre Einkäufe, was für ihn ein guter Vorwand ist, ihre Unabhängigkeitsanwandlungen zu unterbinden.

»Sorele, wenn Du nach Maków kommst, musst Du hier unbedingt ein Brotmesser mit Kerbe und eine gute Schreibfeder kaufen. Und, Sorele, bist Du so stolz auf das schöne Foto von Dir, dass es unter Deiner Würde ist, uns ein paar Zeilen zu schreiben? Bist Du dermaßen beschäftigt?«

Trotz des strengen und verärgerten Tons klingt Abas grenzenlose Liebe für seine Kinder zwischen den Zeilen durch. Seine ungeschickte Ausdrucksweise und sein Bemühen, die politische Realität auszublenden, können kaum seine väterliche Zuneigung verbergen, die ebenso tief wie seine Liebe zu Gott ist.

Ganz langsam beginnt auch Aba sich Gedanken zu machen. Ihm dämmert endlich – spät, sehr spät –, dass die Zukunft des jüdischen Volkes nicht mehr in Europa liegt. Die Auswanderer nach Palästina werden nicht länger als Außenseiter und Abenteurer betrachtet, auf die die Dorfhonoratioren mit dem Finger zeigen.

»David ist aus Palästina angekommen«, schreibt Frania. »Man erzählt sich, dass er auf der Rückreise Tania Margules mitnehmen will. Das wäre ein weiterer schwerer Schlag für die Perlows, weil sie sie überhaupt nicht mögen. Schon für ihre andere Schwiegertochter haben sie nichts übrig! Man kann wirklich nichts im Leben vorhersehen. Bei manchen Menschen läuft einfach alles verkehrt. Die Perlows sind ein trauriges Beispiel dafür. Gott möge uns davor bewahren, je zu dieser Sorte von Leuten zu gehören.«

Auch Aba spricht nun vom Gelobten Land, ohne dass dies zuvor den Ruf des Messias erfordert hätte.

»Mach die nicht zu viele Gedanken über uns, Chaïm. Wir brauchen keine Hilfe. Es wäre gut, wenn Du Efroïm einen Brief schriebest. Er kennt Israel sehr gut. Vor Kurzem haben wir sehr gute Neuigkeiten diesbezüglich gehört. Die jüdische Agentur hat in Hula 70 000 Dunam Land gekauft. Das ist extrem bedeutsam, denn das Land befindet sich nah der syrischen Grenze. Jabotinsky und Ben Gurion haben einen Friedensvertrag geschlossen*. Ich schreibe Dir das alles, denn es gibt ja kein jüdisches Milieu um Dich herum, und so kannst Du natürlich nichts darüber wissen.«

Können seine Kinder in Abas Herz hineinhören, oder sehen sie nichts als seine raue Schale? Sara, die ihrem Vater stets am nächsten gestanden und zugleich die Folgsamste war, leidet sehr unter Abas ewigen Nörgeleien und begehrt immer wieder dagegen auf. Doch am Ende unterwirft sie sich, hasserfüllt und zugleich voller Schuldgefühle.

Dennoch gelingt es Aba, trotz Saras Hass und Chaïms und Esthers Weggang (oder eher Flucht), die Familie zusammenzuhalten. Er ist es, der die DNA weitergibt: die Familienkultur, die sich vom Kurzwarengeschäft Bern-

---

* Zeev Jabotinsky war der Führer der zionistischen Rechten (dessen Erbe später Begin antrat) und Befürworter terroristischer Aktionen gegen die britischen Besatzer, zugleich ein ebenso heftiger Gegner von David Ben Gurion und der zionistischen Linken.

baum in Maków auf die Berenboom-Apotheke in Brüssel überträgt und weiter bis zum Schreibtisch des hier sitzenden Anwalts und Schriftstellers.

Die Stimmen von Frania, Aba und Sara vermischen sich. Der Durst nach Freiheit meiner nur schemenhaften Tante, unterlegt von Melancholie und Sanftheit; die ungeheure Kraft meiner Großmutter; die Moralpredigten und die von seiner Gottesfurcht kaum gemilderte Angst meines Großvaters. Die Furcht vor allem Neuen des einen, die Sehnsucht nach besseren Zeiten der anderen, die Versuchung durch linkes Gedankengut. Dieser Schmelztiegel, in dem so viele widersprüchliche Zutaten köcheln, macht mich ganz wirr. Von wem habe ich meine Gefühle, meine Wünsche, meine Ängste und meine Sehnsüchte geerbt? Und was hat mir dabei mein Vater, was meine Mutter mitgegeben? Gar nichts weiß ich von ihnen. Weil sie mir so gut wie nichts erzählt haben, verspürte ich nie die Neugier, sie näher zu befragen. Und nun durchforste ich ihre Archive, als wollte ich mir beim Anheben ihrer Grabsteine die Nägel ausreißen. Und Sara, was hat sie mir vererbt?

SARA

Meine Tante Sara daheim in Maków ist ebenso unwillig, den Erstbesten zu heiraten, wie ihr Bruder Chaïm. Über ihrem eigenwilligen Charakter wachsen Frania graue

Haare. Sarusia, so ihr Spitzname, hat von ihrer Mutter die innere Unabhängigkeit, vom Vater dagegen den Sinn für Gehorsam geerbt. Diese paradoxen Einflüsse sollten später ihr Schicksal tragisch bestimmen. Jetzt, im August 1934, herrscht fürs Erste eine angespannte Atmosphäre in der Familie.

»Wir haben eine Karte von den W. erhalten. Sie schlagen Sarusia vor, zu ihnen in eine Pension nach Przetycz zu kommen, nahe Długosiodło, wo sie jedes Jahr hinfahren. Ich habe Frau W. gesagt, dass ich jemanden für Sarusia suche. Einen intelligenten und tüchtigen Mann. Gleich, ob arm oder arbeitslos. Er könnte ja im Geschäft arbeiten. Ein geschäftstüchtiger Bursche wäre mir eine große Hilfe. Offenbar kennen die W. in ihrem Umkreis einige passende junge Männer. Doch ich fürchte, Sarusia wird sie leider nicht treffen wollen. Ich würde es so gern sehen, wenn sie sich verlobte. Es würde auch ihren Charakter ändern, wenn sie Verantwortung übernehmen müsste. Und vor allem ist es höchste Zeit, dass sie endlich heiratet!«

Wann immer sich ein Aspirant vorstellt, ahnt Frania schon, dass die Dinge einen ungünstigen Verlauf nehmen werden, wofür sie mal die Launenhaftigkeit ihrer Tochter verantwortlich macht, mal ihre Eigensinnigkeit und das stumme Aufbegehren gegen ihr Milieu.

»Sarusia ist jetzt mein größtes Problem. Frenkel würde sie gern heiraten. Auf den ersten Blick ist er ein guter Junge, gut aussehend und energisch – doch nicht sehr intelligent. Ich werde noch mehr Auskünfte über ihn einholen, bevor ich entscheide, ob ich versuchen soll, sie zu überreden. Trotz meiner vielen Bemühungen geht alles nur sehr schleppend voran, und manchmal fehlt es mir an Energie. Sara selbst ist schrecklich apathisch.«

Was für eine Familie! Frania rauft sich die Haare (ihre eigenen, denn sie weigert sich, wie bei orthodoxen Frauen eigentlich Pflicht, eine Perücke zu tragen). Dass sie es einfach nicht schafft, ihre Kinder zu verheiraten! Alle wehren sie sich dagegen, Sara, Chaïm, Esther, sogar deren Bruder Motek, der ebenfalls in Maków geblieben ist. Frania kann sich noch so abmühen und ihnen die besten Partien vorschlagen, ihre vier Kinder rümpfen nur die Nase darüber.

Unter der eisernen Hand des Vaters und der Fuchtel Franias erstickt Sara geradezu in der familiären Enge von Maków, während Chaïm und Esther in die Ferne geflohen waren, um die Luft der Freiheit zu atmen.

»Ich habe den Besuch von Masza genossen, die ein wenig Warschau mit nach Maków gebracht hat«, schreibt Sara. »Sie hat uns über die neuesten Moden informiert, und weil sie mehr weiß als die Warschauer selbst, kennen wir jetzt jeden Klatsch aus der Hauptstadt! Ich bin zu einer zehntägigen Exkursion nach Gdingen eingeladen worden. Aus diesem Anlass habe ich mir ein gestreiftes weißes Leinenkleid genäht und mit einem blauen Volant verlängert. Um ehrlich zu sein, es sieht nicht besonders schön aus, aber ich hatte keine andere Wahl, denn es ist unmöglich, andere Stoffe aufzutreiben. Wenn ich erst noch die weiße Seidenbluse und das malvenfarbene Kostüm fertig habe, bin ich bereit für den Aufbruch in die große Welt! Zua möchte mich begleiten. Sie redet schon unentwegt von der Reise und stört mich selbst jetzt, während ich schreibe. Die Vorstellung, Journalisten und hebräischen Schriftgelehrten zu begegnen, bringt sie ganz aus dem Häuschen, mehr als die Reise selbst.«

Von allen, die dem Naziterror zum Opfer fielen, war seine Schwester Sara für meinen Vater der schmerzhafteste Verlust: die hinreißende und unberechenbare Sarusia, die Franias Heiratsplänen so hartnäckig widerstand.

Wie groß war da meine Überraschung, als ich von der Kommunalverwaltung in Schaerbeek, wo ich nach Einträgen zu meinen Eltern in den Melderegistern der Vorkriegszeit gefragt hatte, erfuhr, dass eine gewisse Sara Berenbaum am 22. Januar 1937 unter der Adresse meines Vaters eingetragen war. (Die Archive der belgischen Staatssicherheit sind unverwüstlich.) So war es also auch der Lieblingsschwester meines Vaters gelungen, vor ihren Eltern nach Brüssel zu entfliehen, wo sie sich nach Auskunft unserer hochgeschätzten Informanten der Fremdenpolizei an der Universität einschrieb, um französische Literatur zu studieren.

Was hatte Sara dazu bewegt, nun ihrerseits das heimische Nest zu verlassen, dieses kleine Paradies, das von dem Wahnsinn darum herum verschont geblieben war, wie Frania behauptete? In einem Brief, den Sara an einem Dienstag im Jahre 1936 an Esther schickte, offenbart sie ihre ganze Verzweiflung. Vor allem aber zeichnet sie darin ein Porträt des Lebens in Maków mit Frania und Aba, das weit weniger idyllisch ausfällt als jenes, wie es meine Großmutter in ihrer sonnigen Chronik eines kleinen polnisch-jüdischen Dorfes so gewissenhaft skizziert. Ein schwerer Schlag jedenfalls gegen das traditionelle Bild der jüdischen Familie, geeint von der allumhüllenden Liebe liebender Eltern.

»Meine geliebte Schwester,

endlich habe ich ein wenig Zeit gefunden, um Dir zu schreiben. Seit einer Woche bin ich jetzt schon in Warschau. Jeden Tag denke ich an Dich, aber mir fehlt einfach die Kraft, Dir zu schreiben. Ich fühle mich so lethargisch. Nichts geht weiter, dabei wollte ich mir ein Kleid nähen und noch ein paar Sachen umändern. Mir ist alles egal. Ob ich jetzt elegant aussehe oder wie ein Lumpensammler, das ist mir völlig gleich.

In Warschau bin ich seelisch vollkommen erschöpft angekommen. Ich hoffte, eine andere Umgebung und Atmosphäre würden meine Stimmung heben, aber das ist nicht der Fall. Bei der kleinsten Kleinigkeit gerate ich außer mir. Die meiste Zeit bin ich zu Hause, und du weißt, wie ausgesprochen nett es da ist… Sich ständig dieselben Geschichten anhören müssen, manchmal auch Streitereien. Wann immer ich kann, flüchte ich zu Tante Fela. Manchmal, aber seltener, auch zu Masza, die eine langweilige, ehrgeizlose Bourgeoise geworden ist. Bei den H.s ist es auch nicht gerade lustiger. Ihre Schwiegertochter Pola ist vor Kurzem gestorben. Die Töchter sind ziemlich niedergeschlagen und wie immer derart von sich selber absorbiert, dass sie für ihren Besuch keine Zeit haben.

Kurz, ich drehe mich nur im Kreis und irre wie ein Gespenst durch Warschau. Esther, du glaubst nicht, wie mühsam das Leben hier im Augenblick ist. Mein Leben hat kein Ziel. Die Jahre ziehen vorüber, und nichts ändert sich. Ich bin ganz scheu geworden und mag überhaupt keine Menschen sehen. Es fällt mir schwer, ihre Gesellschaft zu ertragen. Zum Beispiel auf der Hochzeit von Masza, alle haben sich da bestens amüsiert. Fela war geradezu euphorisch, während ich den ganzen Abend lang den Tränen nah in einer Ecke saß. Alle haben meine bedrückte Stimmung bemerkt und sich darüber gewundert, wie ich auf der Hochzeit einer so guten Freundin deprimiert sein kann. Da wurden sicher ausgiebige Kommentare über mein Verhalten gemacht. Das war mir schon klar, aber wie sollte es mir besser gehen, wenn ich meine Gefühle einfach nicht beherrschen konnte?

Ich habe nur den einen Wunsch, eine Arbeit zu finden und mich selbst zu versorgen, damit ich nicht nach Hause zurückkehren muss. Ich mag unser Zuhause nicht, ich hasse es geradezu. Es hat viel zu meinem Unglück beigetragen. [...] Ich weiß, dass meine Eltern wegen mir leiden, und ich leide selber darunter. Am liebsten würde ich davonlaufen, um nicht mehr ständig das bedrückte Gesicht unseres Vaters sehen zu müssen und nicht mehr die endlosen Klagen von Mama anhören zu müssen.

[...] Dein letzter Brief hat mir viel Freude gemacht. Die Idee, zu Euch zu kommen, könnte genau die richtige Lösung sein. Und für ein paar Tage habe ich mich wie neugeboren gefühlt. Ich habe sogar schon angefangen, Zukunftspläne zu machen. Mit einem Mal schien mir alles so leicht und einfach zu sein. Aber dann habe ich nachgedacht. Was passiert, wenn ich keine Arbeit finde, was zu 99 % der Fall sein wird? Dann würde ich Euch nur zur Last fallen, und davor habe ich Angst. Ein paar Hundert Zlotys habe ich schon zur Seite gelegt, womit ich etwas vor Ort erlernen könnte. Oh, wie gern ich gleich aufbrechen würde! Eine solche Veränderung würde meinen ganzen Charakter umkrempeln. […]

Ich merke gerade, dass ich wie nie zuvor nur über Kummer und Sorgen rede, und schäme mich ein wenig, diesen Brief abzusenden. Nimm Dir bitte nicht allzu sehr zu Herzen, was ich Dir schreibe. Ich bin so entnervt, dass ich auf einmal alles nur noch schwarz sehe. Wie geht es Chaïm? Ist er mit seiner Arbeit zufrieden? Zeig ihm diesen Brief nicht, er soll meine Dummheiten gar nicht lesen. Zerreiß ihn einfach, wenn Du ihn gelesen hast. Du kannst mir nach Warschau schreiben, ich bleibe noch für eine Woche hier.«

Aber anstatt ihn zu zerreißen, hat Esther den Brief gleich ihrem Bruder zu lesen gegeben. Worauf beide Sara umgehend ermutigten, Polen zu verlassen. Mein Vater, der schon eine Schwester versorgte, sollte also bald für drei arbeiten.

Doch in Brüssel angekommen, gelingt es Sara einfach nicht, die schmerzende Nabelschnur endgültig zu durchtrennen. Nach zwei Jahren kehrt sie nach Polen zurück. War es Sehnsucht nach ihrer Heimat? Waren es Schuldgefühle gegenüber ihrem Vater und ihrer Mutter? Melancholie des Exils in Brüssel? Anpassungsschwierigkeiten in Belgien, Schwierigkeiten mit der französischen Sprache?

Ein Brief meines Großvaters vom 28. November 1938 gibt einen ganz anderen Grund für ihre Rückkehr an. Der nichts mit dem zu tun hat, was ich vermutete:

»Meine lieben Kinder,

ich wende mich zunächst an Sara, um ein wenig mit ihr zu diskutieren. Chaïm schreibt, er könne Deine Absicht, nach Hause zurückzukehren, nicht verstehen, solange Deine Zukunft nicht gesichert ist. Was ist das für eine Logik? Kann man eine Sache in Abwesenheit der anderen Parteien beschließen? Wir haben mit Gottes Hilfe ein wenig Geld für Deine Mitgift zurückgelegt, und Du bist wahrlich kein Ramsch zum Verschenken. So Gott will, bin ich sicher, dass Du ebenso gute Heiratsanträge bekommen wirst wie Deine Freundinnen. Du wirst es sehen, sobald Du wieder zu Hause bist. Wir erhalten übrigens gute Heiratsanträge für Dich, die ich wegen Deiner Abwesenheit dann leider jedes Mal unter einem anderen Vorwand zurückweisen muss. Also, liebe Sorele, lass Deine Launen jetzt und denk an Deine Zukunft, solange Du jung bist und wir noch leben. Wir wollen Dich nicht unglücklich sehen. Wozu soll es gut sein, noch ein weiteres Jahr dort zu bleiben, und dann womöglich noch eins und noch eins? Ich glaube, das Leben hat Dir schon gezeigt, dass man nicht alles berechnen kann. Wir entscheiden nicht alleine über unser Schicksal. Ich bin sicher, dass Du nach diesen Worten verstehen wirst, was mein Herzenswunsch ist. Und so wünsche ich mir, Dich rasch hier wiederzusehen.«

Um seinem Wunsch mehr Nachdruck zu verleihen, redet er erneut auf Chaïm und Esther ein, sie sollen Sara zur Rückkehr drängen.

»Lieber Chaïm, liebe Esther,

ich bitte Euch, lest meinen Brief genau, auch zwischen den Zeilen. Ihr kennt mich ja, mir fällt es nicht leicht, zu schreiben, was ich fühle. Lieber Chaïm, ich hätte über vieles mit Dir zu reden, doch leider sind meine Gedanken nicht klar und können nicht all das ausdrücken, was ich Dir aus dem Grunde meines Herzens sagen wollte. Ich möchte Dir nur nochmals wiederholen, dass Du Dich nicht für die Zukunft der anderen verantwortlich fühlen musst. Denk an Dich selbst! Du bist kein Kind mehr. Sonst ist alles verloren, und davor behüte uns Gott. Ich bin sehr besorgt über all diese Dinge, über die ich mit niemandem sprechen kann. Also auf ein Wiedersehen. Setzt Euch ein wenig zusammen, beredet das alles gut, und schreibt mir unverzüglich eine konkrete Antwort, keine Fantasterei. Mit allen guten Wünschen für Euch,

Euer Vater Aba.«

Aus diesen dringenden Ratschlägen meines Großvaters lässt sich ungefähr rekonstruieren, was geschehen war. Chaïm und Esther hatten gegen den Widerstand ihres Vaters Sara dazu überredet, wie sie den Absprung zu wagen und nach Brüssel zu kommen, um ihre geliebte Literatur zu studieren. So etwas Verrücktes konnte in Maków nur Anstoß erregen. Für Aba ist es unerträglich, dass Sara an der Universität studiert und in einer westlichen Stadt, umringt von gottlosen Gojim, ihre Zeit vergeudet. Wie soll er die Launen seiner Tochter seinen Freunden in der Synagoge erklären, die ihn mit Fragen bedrängen und nicht verstehen, wie er so nachgiebig und unseriös sein kann. Um den häuslichen Esstisch sind sie nur mehr zu zweit, und Aba ringt die Hände und stößt Flüche aus, während er den Herrn anruft, mit Frania als Zeugin. Warum nur erlegt ihm sein allgeliebter Gott solche Prüfung auf? »Warum ich? Das ist auch deine Schuld, Frania. Alles lässt du durchgehen bei deinen Kindern. Und jetzt sehen wir, wohin das geführt hat!«

Wenn er schon seine beiden Ältesten, Chaïm und Esther, nicht mehr überzeugen kann, dann soll nun wenigstens Sara schleunigst zurück ins Schtetl. Die Ferien sind zu Ende! Es ist Zeit zu heiraten, einen Haushalt zu gründen und sich um Mann und Kinder zu kümmern. Außerdem werde sie nicht jünger, schimpft er. Also zurück nach Polen, bevor sie noch als alte Jungfer ohne einen würdigen Bräutigam endet!

Welch fataler Irrtum! Aba holte seine Tochter in die Heimat zurück, kurz bevor die deutschen Panzer einrollten, und so warf er sie nicht etwa in die Arme eines liebevollen Verlobten, sondern direkt in die Höhle des Löwen.

Die sanfte und gehorsame Sara. Sara, die zarte und offenherzige. Wie sehr habe ich um diese Tante getrauert, die die Deutschen von mir wegrissen! Von ihren Briefen und dem Bild her, das mein Vater und seine Schwester Esther von ihr zeichneten, weiß ich, dass ich sie geliebt hätte. Sie hatte nicht die übertriebene Schamhaftigkeit meines Vaters und nicht die aristokratische Distanziertheit meiner Mutter. Bei ihrer Rückkehr in Polen sollten sich die Versprechungen ihres Vaters dann als bloßer frommer Wunsch erweisen. Da gab es keinen eleganten Verlobten mit sorgsam pomadisierten Haaren, der am Bahnsteig gestanden hätte. Keine große Hochzeit in der Synagoge und auch kein Umzug mit Blaskapelle durch die Dorfstraßen. Vielleicht war der Mann, waren die Männer, die sich mein Großvater erträumt hatte, ja nicht nach dem Geschmack seiner Tochter. All die bärtigen Bleichgesichter und Streber, die direkt aus der *schul* kamen. In Wirklichkeit war Sara, verwöhnt durch die Gene ihrer Mutter, weit unabhängiger, als ihr Vater glaubte.

Laut polizeilichem Fremdenregister ist das »tatsächliche oder angenommene Datum« von Saras Abreise der 20. September 1939. Der Einmarsch der deutschen Truppen in Polen geschah am 1. September 1939, und innerhalb eines Monats hatten sie Polen so besetzt, wie es mit den Sowjets abgesprochen war. Am 27. September kapitulierte Warschau.

Demnach wäre Sara also zur gleichen Zeit in Warschau eingetroffen wie die deutschen Panzer?

Entsetzt über die bedrohliche Lage, der seine Lieblingsschwester nun ausgesetzt war, glaubt mein Vater noch an die Möglichkeit, die verhängnisvolle Anordnung Abas ungeschehen machen zu können. Monsieur Optimist! Gleich nach der deutschen Kriegserklärung schreibt er ihr flehentliche Briefe, sie möge unverzüglich nach

Brüssel zurückkehren. Aber Sara scheint die Unruhe ihres Bruders und auch die Gründe dafür nicht zu verstehen. In welcher unglaublichen Verblendung lebte damals bloß die Mehrheit der Polen und Juden? Ahnten sie wirklich nichts von der über sie hereinbrechenden Apokalypse?

Am 24. Januar 1940 schreibt meine Großmutter einen Brief an meinen Vater. Nachdem sie ihn zu seiner Heirat beglückwünscht hat (»Wir hoffen, uns noch für lange Zeit über Euer Glück freuen zu können«), informiert sie ihn über die von Sara unternommenen Schritte für die Rückreise nach Belgien: »Sara ist in Warschau. Ich weiß nicht, warum das Konsulat ihr kein Visum ausstellen will, obwohl doch ihr Pass bis zum 28. Januar gültig ist. Vielleicht wird sich das noch regeln lassen. Wir sind alle bei guter Gesundheit.«

Noch ist die ganze in Polen verbliebene Familie am Leben – auf Gnadenfrist, doch das weiß niemand; Sara in Warschau, die Eltern in Maków und Motek (der Bruder meines Vaters) in einem anderen Dorf der Umgebung. Doch es sind nur mehr letzte Signale, die meine Mutter wie Reliquien aufbewahrt hat. So kann ich Woche um Woche Saras verzweifelte Versuche verfolgen, wieder aus Polen herauszukommen.

Am 2. Februar versucht meine Großmutter, ohne mit einem Wort die Besatzung zu erwähnen, meinen Vater zu beruhigen:

»Sara ist zum Konsulat gegangen. Doch man sagte ihr, sie solle am 21. Februar wiederkommen. Wenn alles gut geht, ist sie noch vor dieser Karte bei Euch. Morgen werden wir

Näheres zu ihrer Abreise erfahren. Wenn wir Euch erst jetzt schreiben, so deshalb, weil noch nichts zu ihrer Reise entschieden worden war. Wir glaubten, sie sei schon abgefahren und hätte Euch mittlerweile unsere Grüße weitergegeben.«

Am 6. Februar hatte sich die Lage zunehmend verschlechtert. Sara war inzwischen nach Maków zurückgekehrt.

»Die Straße von Maków nach Warschau ist sehr mühsam. Im Augenblick will ich kein Risiko eingehen und wohne hier bei Tante Wajnsztok. Alle aus Raciaz sind jetzt in Warschau.«

Sara ist klar geworden, dass es kein Entkommen mehr gibt, wenn sie in Maków zurückbleibt. Trotz der Gefahren und der allgegenwärtigen deutschen Soldaten im Land beschließt sie (doch spät, so spät), erneut in die polnische Hauptstadt aufzubrechen.

Es ist der 14. Februar:

»Meine Vielgeliebten,

ich habe Eure Karte erhalten. Ich bin zur belgischen Botschaft gegangen, aber ich habe nichts erreichen können, denn das Sekretariat bleibt bis zum 21. dieses Monats geschlossen. Sobald ich etwas Genaueres weiß, werde ich Euch sofort schreiben. Um keine Zeit zu verlieren, falls mein Visumsantrag genehmigt wird, werde ich versuchen, bis zur nächsten Woche alles andere zu erledigen.«

Am 21. Februar antwortet Sara auf das Drängen Chaïms, Himmel und Erde in Bewegung zu setzen, um wieder glücklich auf belgischen Boden zu gelangen (ahnt er noch nicht, dass die Deutschen bald auch hier einfallen sollten?):

»Heute war ich also erneut auf der belgischen Botschaft. Und auch diesmal habe ich nichts erreichen können, denn der Sekretär hält sich gar nicht in Warschau auf. Man erwartet ihn in den nächsten Tagen zurück. Da kann man nichts machen. Ihr regt Euch umsonst auf. Morgen werde ich wieder hingehen. Sobald ich alles geregelt habe, komme ich zu Euch. Lasst es Euch gutgehen, ich küsse Euch.«

»Regt Euch nicht umsonst auf!«, ruft sie meinem Vater, meiner Mutter und ihrer Schwester Esther zu. Spürt sie denn nicht den Atem des Monsters im Nacken? Da sind die belgischen Behörden schon hellsichtiger, die selbst dabei sind, die polnische Hauptstadt zu verlassen.

Am 8. März: »Ich habe von Neuem eine schlechte Nachricht für Euch.« Sie schreibt »für Euch«! Sie ist bereit, Polen zu verlassen, aber nur, um meinem Vater einen Gefallen zu tun! Ohne sein Drängen wäre sie, wie der Rest ihrer Familie und Glaubensbrüder, auch gern in Maków geblieben.

»Gestern bin ich wieder zur Botschaft gegangen, wo an der Tür zu lesen war: ›Botschaft bis auf Weiteres geschlossen.‹ Ich weiß nicht, was ich jetzt tun soll. Es heißt, der Vizekonsul sei vorerst in Belgien. Er sollte zwar am 21. Februar zurück sein, doch bis jetzt ist er noch nicht wieder aufgetaucht. Er heißt Champelier oder Champetrier. Könnt Ihr herausfinden, ob er einen Vertreter hat? Vielleicht muss ich einen Bescheid der belgischen Botschaft in Berlin abwarten?«

Dabei ist für sie nicht etwa ihr unerbittlich sich zuspitzendes Schicksal das Wichtigste, sondern das Wohlergehen ihrer Schwester und ihres Bruders:

»Was gibt es Neues bei Euch? Wie sieht Euer Leben aus? Ist Esther froh über ihre neue Stelle? Warum ist sie weg aus Lüttich, wo sie eine gute Arbeit hatte?«

Zwischen den Zeilen klingt die Sorge um das Wohl ihrer Eltern an:

»Ich warte auch auf Neuigkeiten von zu Hause. Ich hoffe, heute kommt Post von ihnen. Lasst es Euch gut gehen. Ich umarme Euch fest.«

Dann, am 14. März, endlich ein Lichtblick: Sie hat die Ausreisegenehmigung erhalten. Doch es ist nichts als ein Täuschungsmanöver. Die belgische Botschaft hüllt sich weiter in Schweigen, und ohne Visum ist jede Ausreise unmöglich.

»Meine geliebten Lieben,
    ich habe die Genehmigung der Staatssicherheit erhalten. Doch bekomme ich hier kein Visum, weil die Bot-

schaft geschlossen ist. Habt Ihr auch wirklich meine Adresse in Warschau weitergeleitet? Ich sollte einen Bescheid von Berlin erhalten, der es mir erlaubt, mein Visum abzuholen. Sonst bekomme ich keinen Ausreiseschein. Ich warte noch ein paar Tage ab, und wenn der Bescheid dann immer noch nicht kommt, werde ich persönlich an die Botschaft schreiben. Meine Adresse nach wie vor: Zamenhof 27/8.

Lasst es Euch gut gehen. Ich umarme Euch ganz fest.«

Belgien hat Warschau endgültig aufgegeben, auch wenn es sich noch nicht mit Deutschland im Krieg befindet. Am 24. März schreibt Sara, immer noch völlig ahnungslos, dass sie plant, nach Berlin zu reisen:

»Diese Woche habe ich einen Bescheid der Botschaft in Berlin erhalten. Ich werde gebeten, mein Visum persönlich abzuholen. Das ist aber im Moment sehr schwierig, denn ich brauche eine Genehmigung, um nach Berlin fahren zu können. Und das benötigt Zeit. Ich möchte Euch so schnell wie möglich wiedersehen, aber ich kann die ganzen Prozeduren leider nicht beschleunigen. Ich hoffe, dass es am Ende klappt.«

Aus dem Abstand heraus erscheint Saras Plan ganz unvorstellbar: Eine polnische Jüdin, die bald in einem Vernichtungslager umkommen wird, denkt ernsthaft daran, den Zug von Warschau nach Berlin zu nehmen, um dort ihr Einreisevisum nach Belgien zu erhalten, mitten in der Reichshauptstadt, wo ein paar Hundert Meter entfernt der Führer und seine Schergen die Endlösung vorbereiten…

Auch im folgenden Monat, während der Krieg immer näher rückt, gehen die Briefe weiter hin und her. Der letzte Brief Franias ist datiert vom 14. April, kurz bevor die Verbindung dann endgültig abbricht.

»Ich weiß nicht, wie es Sarusia körperlich geht, denn ich habe sie seit Januar nicht mehr gesehen. Sie hat immer den Nervenkitzel gesucht, und jetzt hat sie ihn!«

Im Anschluss fügt mein Großvater noch zwei Sätze hinzu, es sind die letzten Worte, die seine Kinder von ihm erhalten werden.

»Ich grüße und umarme Euch von ganzem Herzen, meine Liebsten. Ich wünsche Euch schöne Festtage und das Allerbeste. Euer euch liebender Vater, Aba.«

Und dann, am 20. April, der letzte hoffnungsvolle Brief Saras.

»Chaïm, ich habe Deinen Brief bekommen. Anfangs war ich verärgert, dass Du alles selbst in die Hand nehmen willst. Dabei wollte ich alles allein regeln, um Geld zu sparen. Vielleicht war das ja falsch. Ich hoffe jedenfalls, es wird jetzt nicht mehr allzu lange dauern. Ich werde alles nur Mögliche dafür tun. Ich habe an die Botschaft geschrieben. Ich wusste nicht, dass sie alles so genau erklärt und begründet haben wollen. Auf dem Bescheid steht keine Eingangsbestätigung des Visums. In der Zwischenzeit habe ich mir einen Paletot genäht und bereite mich auf die Abreise vor. Ich umarme Euch fest. Sara.«

Ironie des Schicksals: Die Abreise findet zwar statt, aber unglücklicherweise nicht nach Brüssel. Und hier verliert sich ihre Spur.

Tag für Tag verfolge ich nun das Schicksal meiner Helden, seitdem ich mich in diese Chronik vertieft habe. Dabei schien im Inventar all der Briefe und Karten von Sara, die ich meiner Übersetzerin geschickt hatte, jener Brief vom 20. April 1940 ihr letztes Lebenszeichen zu sein. Doch unversehens erhielt ich jetzt von der Übersetzerin einen Brief vom 15. April 1941, den ich schlichtweg übersehen hatte.

Im Übrigen muss ich an dieser Stelle erneut den Hut ziehen vor der Organisation der damaligen Dienststellen. Daran könnten sich die europäischen Beamten von heute ein Beispiel nehmen! Nachdem die deutsche Obrigkeit mit grausamer Effizienz die polnischen Juden erfasst und sie in den Großstädten in Gettos gesperrt hatte, durch Mauern von der restlichen Bevölkerung getrennt, unterernährt und in Elendshäusern zusammengepfercht, begann sie nun mit der systematischen Vernichtung jener Überlebenden, die noch nicht an Hunger, Kälte oder Krankheiten gestorben waren. Der Postdienst hingegen blieb davon völlig unberührt! Heute werden immer mehr Postämter geschlossen, Briefträger entlassen. Im Jahr 1941 hingegen wurde der Brief einer im Warschauer Getto gefangenen Jüdin, kurz vor ihrem Abtransport ins Todeslager, gewissenhaft vom Nazipostdienst an ihren Bruder und ihre Schwester im besetzten Brüssel weiterbefördert. Wie als Echo auf die so zuvorkommende Behandlung, die meine Mutter anlässlich ihrer Kofferverlustanzeige durch die französische Eisenbahngesellschaft erfuhr, mitten im Chaos einer in Flammen stehenden Stadt. Von ihrem Zimmer in der Nowolipki 14/10 aus schreibt meine vor Kälte zitternde Tante an ihre Schwester Esther. Ihr Ton hat sich verändert. Die Schwester von Monsieur Optimist weiß, dass sie am Ende ist:

»Ich habe Deine letzte Karte erhalten. Sie muss sich mit meinem Brief gekreuzt haben, der jetzt sicher schon bei Dir angekommen ist. Ich bat Dich darin, mir ein dunkles Kleid zu schicken. Er macht nichts, wenn es beschädigt ist, ich könnte es jedenfalls sehr gut gebrauchen. Es wäre auch schön, wenn Du meinen grauen Paletot in einen Blazer umändern könntest – das heißt eine kragenlose, hinten abgenähte, sportliche Jacke mit Taschen, passend zu meinem dunkelblauen Rock. Mein Kostüm ist schrecklich eng. Wenn Du ihn nicht mehr brauchst, könntest Du mir auch Deinen Dreiviertelmantel schicken, denn ich habe keinen Paletot mehr. Ich habe meinen Sommermantel vom letzten Jahr in einen Wintermantel umgeändert, weil mir mein Pelzmantel gestohlen wurde. Die Eltern wissen es nicht. Wenn es zu schwierig ist, mir das alles zu schicken, mach Dir nichts draus, ich kann auch darauf verzichten, obwohl ich die Sachen wirklich dringend benötige.«

Bei alldem findet sie noch die Kraft, sich um ihre Schwester und ihren Bruder Gedanken zu machen:

»Wie geht es Dir, meine Liebe? Wie hast Du die Feiertage verbracht? Ich hoffe doch wenigstens, dass Du bei Chaïm warst. Ich umarme Dich ganz fest, Sara.«

Und dann schließlich die allerletzte Karte an Esther, datiert vom 29. Juli 1942 (der Sommer, in dem die Deutschen in Warschau die Endlösung durchführen – die Deportierung ins Lager von Treblinka).

»Meine Liebe,
Du wirst Dir schon Sorgen um mich gemacht haben. Obwohl ich es fest vorhatte, konnte ich Dir bis jetzt nicht schreiben. Was immer auch geschieht, meine Liebe, mach Dir um mich keine Sorgen. Ich bin jung, gesund und voller Hoffnung. Also beunruhige Dich nicht. Mein liebes Schwesterchen, geh zu Chaïm und sag ihm meine Grüße. Ich kann es nicht selber tun, weil ich keine weitere Karte mehr habe. Und grüß bitte Ania von Felka, die ich gestern getroffen habe. Und schreib auch ein paar Zeilen nach Hause und sag, dass Du von mir gehört hast. Pass auf Dich auf. Ich küsse Dich tausend Mal.
Ich liebe Dich, Sara«

Die Küsse, die sie in all ihren Briefen mitschickt, sind nicht einfach verpufft. Ich spüre sie auf meiner Wange, während ich schreibe. Sie wärmen mich und treiben mir Tränen in die Augen, so als käme unversehens ihr Schatten in mein Büro hineingehuscht, beugte sich zu mir herab und drückte mir ihre frischen Lippen auf die Haut. Liebste Sara, die ich dich nicht gekannt habe und doch so sehr liebe.

ESTHER

Was wird aus Chaïm und Esther, während die Nazis in Osteuropa die gesamte Familie Berenbaum ausradieren? Ihre Beziehung zu schildern ist alles andere als ein Sonntagsspaziergang. Wer unter Schwindel leidet, dem wird vom Bergsteigen abgeraten. Das trifft auch auf mich zu. Sobald ich mich an die Erforschung der abgewandten Seite meines Vaters machte, fand ich heraus, dass Gletscher zwischen ihm und seiner Schwester Esther lagen. Also halten Sie sich fest, wenn Sie nicht ausrutschen wollen!

Esther kam einige Jahre später als ihr Bruder nach Belgien und zog bei ihm ein. Im Jahr 1937 folgte Sara. Zwei oder drei Jahre lang leben die drei Kinder von Frania und Aba unter demselben Dach in einer kleinen Wohnung über der Apotheke, in der mein Vater arbeitet. Chaïm und seine beiden Schwestern, »seine beiden Frauen«, bilden in Brüssel ein symbiotisches Trio. Während Chaïm im Erdgeschoss seine Pillen und Wundersirups fabriziert, lernen die beiden Mädchen im ersten Stock für ihr Studium. Abends nach dem Essen hören sie zusammen Radio und lesen die Zeitungen. Das heißt, mein Vater nimmt die belgischen Tageszeitungen und polnischen Magazine (sofern Aba sie geschickt hat) zur Hand, um laut daraus vorzulesen. Nach jedem Artikel gibt er seine eigenen Kommentare dazu: »Schau dir diese Politiker an, die nach Berlin gerannt kommen, um Hitler die Füße zu lecken und ihm ihren Schund zu verkaufen.«

»Lies vor, Chaïm, lies vor!«

Auf allgemeines Drängen liest er weiter, bis eine weitere Nachricht ihn erneut wütend macht: »Verdammte Idiotenbande! Ignorantes Pack! Nur zu! Gebt ihm nur eure Gewehre und Kanonen, um morgen von euren eigenen Waffen niedergemäht zu werden!«

Nach seinen Stubengenossen in Lüttich müssen sich nun seine Schwestern seine Auslassungen über die Arroganz der Nazis anhören, die Feigheit der europäischen Machthaber, den bevorstehenden Krieg, das Schicksal der polnischen Juden …

»Hör auf, Chaïm! Wir müssen noch für die Prüfung lernen!«

Wie ernsthaft sie doch sind, diese drei! Aba fürchtete zu Unrecht, sie könnten anfällig für Fantastereien sein. Er hatte sie gelehrt, dass das wahre Leben in den Büchern stattfindet. Nicht in Bars oder Tanzsalons. Warum sollte Chaïm, bestens umhegt von seinen beiden Schwestern, irgendwelchen Mädchen hinterherlaufen? Was hätte er außerdem zu bieten? Das Trio kommt gerade so über die Runden. Und doch gelingt es Chaïm, bei seinem mageren Verdienst und der nur sporadischen Unterstützung durch seine Eltern, etwas zur Seite zu legen. Er ist wahrlich bienenfleißig. Fest entschlossen, in Belgien seinen

Weg zu machen, sich in diese moderne und weltliche Gesellschaft zu integrieren, weit weg von der trügerischen Gemütlichkeit des heimatlichen Schtetls in Polen. Belgien, das ist sein persönliches Amerika, ein kosmopolitisches Land, in dem die Juden immer in Sicherheit sein werden, eine wahre Oase auf der europäischen Landkarte.

Aber träumt eine Arbeitsbiene nicht hin und wieder von einer Königin? Verspürt er in manchen Nächten nicht eine innere Sehnsucht? Oder Lust auf Sex? Hat er tatsächlich brav abgewartet, bis die Prinzessin seiner Träume eines Morgens in seiner Apotheke auftauchte, bevor er endlich seinen Trieben nachgab? Leider gibt es nicht die leiseste Spur einer heimlichen Liebe, nicht das kleinste zweideutige Wort, weder ein Foto noch ein Medaillon mit Haarsträhne, das mir weiterhelfen könnte. Auch nicht die kleinste Anspielung in den Briefen seiner Schwestern. Kann es sein, dass Chaïm vor Rebecca keine andere Frau kennengelernt hat? Allerdings wurden die persönlichen Sachen meines Vaters von meiner Mutter aufbewahrt, was diese Lücke vielleicht erklärt …

Wenn sie müde sind, fangen die Kinder von Aba manchmal an, unter sich Polnisch oder Jiddisch zu reden. Doch lassen sie sich selten so gehen, in der Regel sprechen sie Französisch. Unbewusst haben alle drei die Disziplin ihres Vaters geerbt, der stundenlang einen Satz im Talmud auseinanderpflücken kann, um den letzten Sinn herauszuschälen – bis zur völligen Erschöpfung seiner Zuhörer.

Während mein Vater in der Apotheke arbeitet, führen seine beiden Schwestern den Haushalt, kochen und waschen ab, bevor sie sich in ihre Bücher vertiefen. Die drei jungen Leute gehen nur wenig aus. Im Frühling hin und wieder auf ein Glas in ein Straßencafé oder vielleicht einmal ins Kino. Daneben die regelmäßigen Gänge zu den Ämtern, um ihre immer nur provisorischen Aufenthaltsgenehmigungen erneuern zu lassen. Man trifft sich vor allem unter jüdischen Einwandererfreunden. Zu den schon seit mehreren Generationen Ansässigen hat man nur wenig Kontakt. Es sind inzwischen gute Bürger, die die Neuankömmlinge argwöhnisch betrachten und sich darüber beschweren, dass es bald *zu viele Ausländer in diesem Land* gibt.

Das Trio war gut aufeinander eingespielt. Bis zu dem Tag, als Sara auf Anordnung ihres Vaters nach Polen zurückkehrt. Jetzt gehört Chaïm Esther. Ihr ganz allein. Doch kaum hat sie den Haushalt wieder fest im Griff, da macht ein Orkan ihre Pläne zunichte. Und zwar in Form einer schönen jungen Frau mit glatter mattbrauner Haut, großen Augen und kastanienbraunem Haar. Wie eine Filmdiva betritt sie die Apotheke und fegt alles beiseite, was ihr im Weg liegt. Und im Nu hat sie das Herz des Apothekers erobert.

»Deshalb wird ein Mann seinen Vater und seine Mutter verlassen und seinem Weibe anhangen, und sie werden ein Fleisch sein.« (Gen. 2,24)

Und er wird auch und vor allem seine Schwester verlassen... Bald nun wird ihm Esthers Gegenwart zu viel. Doch sie ist fest entschlossen, ihren Platz nicht zu räumen! Rebecca dagegen begnügt sich nicht einfach damit, die abwesende Sara zu ersetzen und Chaïm mit Esther zu teilen. Die Atmosphäre knistert vor Spannung.

»Das ›Klima‹, in dem ich lebe, lässt mich nicht glücklich sein. Und dabei sehne ich mich so sehr nach Ruhe. Für mich ist das Glück ein einfaches Gut, wo es keinen Platz gibt für Intrigen und wo vielmehr Aufrichtigkeit, Freundlichkeit, Herzlichkeit und gemeinsame Interessen herrschen. Leider ist nichts von all dem um mich herum zu spüren. Mein Bruder (unglücklicherweise mein Bruder) ist schrecklich egoistisch, trotz seines ›guten Herzens‹. Er erträgt es nicht einmal, dass ich seine zukünftige Frau wie eine Freundin behandle. Heute habe ich ganze Sturzbäche von Tränen geweint, nur weil er – wir waren zu dritt im Zimmer – seine Gefährtin mit in sein Büro nahm, um ihr ein neues Buch zu zeigen, und dabei wie wild die Tür hinter sich zuschlug. Das hat mich sehr gekränkt, und ich fühlte mich richtig schlecht danach. Jeden Tag passieren neue Vorfälle dieser Art, was mich körperlich und geistig ganz entkräftet. Ich kann in dieser Atmosphäre nicht mehr leben. Gestern gerade bat er mich um 5 Francs, die ich jedoch nicht hatte, was ich ihm auch sagte. Als Antwort bekam ich dann zu hören: ›Gib mir 5 Francs, du kriegst 100 zurück.‹ Er wollte mich tatsächlich bestechen, ausgerechnet mich ...«

Die ganze Aufregung Esthers kurz nach dem Auftauchen Rebeccas spiegelt sich in diesen Zeilen, die ich zwischen den Papieren meiner Mutter fand. So also sah sie jetzt das neue Leben zu dritt, nachdem der Eindringling Rebecca, die Fremde – nennen wir sie Kuka, wie alle sie nannten –, in ihr Leben getreten war.

Doch wie weit kann man ihren Klagen Glauben schenken? Haben sie nicht etwas Wahnhaftes? Litt sie vielleicht unter Verfolgungswahn? Sicher darf man das alles nicht zu wörtlich nehmen. Was man seinem Tagebuch anvertraut, ist immer eine Mischung aus ein wenig Realität und viel Frustration. Wie sollte man im Übrigen auch aufgrund der einen Aussage Esthers meinen Vater verurteilen, ohne ihn selbst angehört zu haben? Oder Kuka? Und, vor allem, ohne Sara dazu zu hören, die das Zusammenleben des Trios zuvor mit ganz anderen Augen gesehen hätte. Ganz unverhohlen zeigt sich Esthers glühende Eifersucht in einem auf Polnisch verfassten Brief an Chaïm und Kuka. Der Brief wurde wahrscheinlich 1940 geschrieben, zu einer Zeit, da Esther, Chaïm und seine blutjunge Frau noch auf Saras Rückkehr hoffen, die in Polen festsitzt – wie ein Schmetterling in einem Zimmer, dessen Fenster für die Nacht geschlossen wurde.

»Meine Liebsten,

ich fühle mich, als hätte ich Fieber. Ich weiß, ich sollte mich beruhigen, doch ich schaffe es nicht. Ich habe viel darüber nachgedacht, wie wir Sara am besten unterbringen. Ich möchte dazu zwei Zimmer mieten. Das eine würde als Küche und Essraum dienen und das andere als Arbeitszimmer. Für das Arbeitszimmer könnte ich ein Sofa mit Bücherschrank auf Raten kaufen, dazu einen runden Tisch, zwei Sessel und Stühle, ganz wie bei Euch.

Dann bräuchte ich auch einen Schrank. Für die Küche, lieber Chaïm, würde ich gern den Tisch nehmen, der in unserem früheren Esszimmer stand, außerdem noch die Stühle und das Bettkanapee von oben, denn wir brauchen zwei Schlafgelegenheiten. Eine von uns würde auf dem Sofa schlafen, die andere auf dem Bettkanapee. Auch einen Küchenschrank würde ich kaufen (das alles auf Raten). Auf keinen Fall kann Sara bei Euch wohnen. Oben auf dem Bettkanapee zu schlafen ist unmöglich – das wäre zu direkt mit Eurem Schlafzimmer verbunden, und unten ist es auch nicht gut, ganz unmöglich. Sagt mir, wie Ihr darüber denkt. […] Ich möchte, dass wir alles schon vor Saras Ankunft entscheiden, damit sie sich nicht als Last fühlt. Ah, ich kann es kaum erwarten, dass sie kommt! […] Sie hat mir eine Karte geschrieben und wundert sich, noch nichts von Chaïm gehört zu haben. Sie fragt sich, ob Ihr wohl überhaupt ihre Karten bekommt. Das ist schon seltsam, denn bei mir kommen sie alle an! Ich habe ihr geantwortet und gesagt, dass hier alles gut geht. Ich habe ihr geraten, in Warschau zu bleiben und so schnell wie möglich ihre Angelegenheit zu regeln, denn alles hängt jetzt allein von ihr ab. Antwortet rasch. Ich umarme Euch. Esther«

In den Postkarten Saras aus dem besetzten Polen ist dagegen nichts von den Spannungen zwischen Chaïm und Esther zu merken. Haben sie ihr ihre Konflikte verheimlicht, oder hat Esther sie nur übertrieben und hatte gerade einen besonders melancholischen Tag, als sie sich ihrem Tagebuch anvertraute?

»Liebste, wie ergeht es Dir? Wie waren die Feiertage? Ich hoffe doch wenigstens, dass Du bei Chaïm warst«, schreibt Sara im April 1941 an Esther. Unbeugsame Sara, die aus dem hintersten Winkel des Warschauer Gettos von Glück spricht! Und wie sehr unterscheidet sie sich doch von der unruhigen, nervösen Esther. Hier ihr Tagebucheintrag:

»Ich bin so verletzlich, wer weiß, vielleicht bin ich sogar krank. Ich habe solch ein starkes Bedürfnis nach ein wenig Freundlichkeit und Herzlichkeit: Ich wünschte, jemand kümmerte sich um mich, ja, dass sich jemand kümmert … aber ich bin völlig allein. Ich bin gern in Gesellschaft, doch was mich so mitnimmt, ist der Mangel an Freundschaft und ehrlichen Gefühlen. Ich bin unfähig, zu lieben, wer auch immer es sei, und weise jeden Freier zurück. Nicht einmal flirten kann ich. Überhaupt bin ich nicht in der Lage, etwas mit Leichtigkeit anzugehen – was für ein Unglück! (Für mich ist der Flirt kein Sport, er sollte vielmehr Ausdruck tiefer Gefühle sein.) Aber wie dumm meine Weltsicht doch ist …«

Die Entbehrungen des Krieges und die verschärfte Judenverfolgung sollten den Graben zwischen Chaïm und seiner Schwester Esther noch weiter vertiefen; die Stimmen von Frania, Sara und Aba sind nunmehr verstummt. Ihretwegen hatten sie sich bisher zusammengenommen.

Während Chaïm und Kuka sich in Janssens und Janssens verwandeln, verlässt Esther Brüssel und zieht nach

Lüttich, wo sie ihrerseits mit falscher Identität bis zur Befreiung untertaucht.

Alle drei sind sie lebend davongekommen, aber erschöpft und verletzt und ohne dass ihre persönlichen Wunden vernarben konnten. Nur das unerwartete Wiederauftauchen ihrer Mutter würde sie noch einmal zwingen, eine vermeintliche Nähe vorzutäuschen. Als Frania kurz vor meiner Geburt in Brüssel ankommt, quartiert sie sich bei Esther ein, die immer noch ledig ist. Bevor sie fünf Jahre später ins Gelobte Land übersiedelt, treffen sich die Überlebenden jeden Sonntagmittag, scheinbar harmonisch, zu Rebeccas Hühnchen und Kompott.

Das Klima zwischen ihnen bessert sich, als Esther endlich ihrer Liebe begegnet. Er ist Erfinder, ein bisschen spinnös, kommt aus Bessarabien und stellt ausgefallene Gegenstände her – und zeugt mit ihr ein liebes, poetisches Kind, meinen Cousin. Abrakadabra! Der Zauberstab, der Chaïm für die Deutschen unsichtbar machte, überschüttet jetzt auch Esther mit Flitter. Ob er am Ende die überlebenden Kinder Abas miteinander versöhnen wird?

Die Missgeschicke des Magiers von Verviers hatten gezeigt, dass an manchen Abenden selbst die raffiniertesten Zaubernummern schiefgehen können. Zwischen Chaïm und Esther funktioniert der Zauber offensichtlich nicht. Ihre Beziehung ist genauso endgültig entzwei wie der Körper der Frau im Zauberkasten auf der Bühne des Grand Théâtre. Vorhang!

Einige Jahre später betreiben Chaïm und Esther, nur ein paar Hundert Meter voneinander entfernt, jeder für sich eine Apotheke, ohne sich je über den Weg zu laufen.

NUNIA

Das Überleben meiner Großmutter grenzte an ein Wunder. Was soll man da zu dem Nunias sagen, der jüngeren Schwester meiner Mutter?

Während Rebecca zum Studieren nach Brüssel aufbrach, blieb ihre jüngere Schwester bei der Mutter in Wilna und besuchte dort zunächst weiter das französische Lyzeum. Als dieses geschlossen wurde, wechselte sie auf ein polnisches Gymnasium. In ihrer Familie war man entschieden modern-weltlich eingestellt. Die in der Synagoge hockenden Bärtigen galten als Hinterwäldler, die zwischen mittelalterlicher Tradition und religiöser Fortschrittsfeindlichkeit feststeckten. Aba wären darüber die Barthaare zu Berge gestanden! Zum Glück hatten ihn die deutschen Panzer Januar 1940 in Maków festgehalten, andernfalls hätte die Hochzeit von Chaïm und Rebecca nie stattgefunden.

Der Vater von Nunia und Rebecca starb, als beide noch Kinder waren. Seine Frau Lena führte das Stoffgeschäft alleine weiter, das er im Zentrum von Wilna eröffnet hatte. Doch seit Beginn der Wirtschaftskrise ging es mit dem Laden bergab. Da hieß es für die fünfköpfige Familie den Gürtel enger schnallen. Fünf Frauen. Lena, ihre beiden Töchter Rebecca und Nunia und dazu die beiden ledigen Schwestern des verstorbenen Vaters.

Was täglich auf den Tisch kam, hing ab von den Stoffmetern, die Lena am Vortag verkaufen konnte. Nach dem Einmarsch der Deutschen wurden Lena und ihre Schwägerinnen ins Getto von Wilna gesperrt. Danach verliert sich jede Spur. Nunia, zunächst noch mit ihnen zusammen, wurde einige Wochen später nach Litauen ins Getto von Riga verlegt, bevor sie dann in das Konzentrationslager Kaiserwald kam. Dort wurde der Großteil der Überlebenden des Wilna-Gettos nach dessen Auflösung zusammengepfercht. Als die sowjetischen Truppen vorrückten, räumten die Deutschen das Lager und trieben die Häftlinge, die sie noch nicht abgeschlachtet hatten, auf Todesmärsche, bei denen viele umkamen. Bis die Rote Armee sie schließlich einholte und im Oktober 1944 das Lager Kaiserwald und weitere Außenlager befreite. In einem dieser Lager wurde Nunia dann gefunden, krank, bis aufs Skelett abgemagert, aber am Leben. Ein französischer Arzt schrieb nach seiner Rückkunft in Frankreich folgenden Bericht an meine Eltern:

»Mademoiselle Nunia Bieniakonska befand sich in Gnewin in Pommern, nahe der polnischen Grenze, wo sie von den Russen aus dem Lager Stutthof befreit worden war. Ich brauche Ihnen nicht zu erzählen, was sie erleiden musste, besonders während der letzten Monate (vierhundert von tausend waren an Hunger und Typhus gestorben). Die Zeitungen berichteten über diese Grausamkeiten. Man kann noch hinzufügen, dass die Polen von der SS noch kaltblütiger gefoltert wurden als die Franzosen. Sie war bei bester Gesundheit, als ich sie zum ersten Mal in dem Dorf traf, wo sich das Lazarett befand, in dem ich als Chirurg arbeitete. Die Russen hatten sie gut versorgt, vor allem ein Oberst, der ein wahrer Vater für all die armen Deportierten gewesen war. Um diese Unglücklichen ernähren zu können, hatten die Russen achthundert Kühe im Dorf zusammengetrieben. Sie arbeitet jetzt als Sekretärin im Lazarett, was nicht übermäßig anstrengend und eher eine leichte Arbeit ist. Sie sagte mir, ihr Traum sei es, auszuwandern, wenn die Russen es zuließen. Ich glaube, sie sprach von Amerika als einem möglichen Ziel, doch auf dem Weg dorthin wolle sie zuvor in Brüssel Station machen. Ich fürchte, es ist schwierig, sie dort zu erreichen, denn Pommern wurde von den Deutschen evakuiert, um Polen dort anzusiedeln. Außerdem wurde das russische Lazarett inzwischen geräumt. Trotzdem wollte sie aufgrund der exzellenten Verpflegung noch so lange wie möglich dort bleiben. Wenn Sie ihr schreiben, achten Sie darauf, zuerst im Konsulat nach dem polnischen Namen für die Stadt Gnewin zu fragen. Vor allem müssen Sie den Brief an Madame Catroux adressieren, unsere Botschafterin in Moskau, die sich für das Rote Kreuz um solche Angelegenheiten kümmert.«

Trotz der Freundlichkeit der russischen Soldaten, die sie richtig verwöhnen, beschließt Nunia, nicht der Roten Armee zurück in die UdSSR zu folgen. Im Lager von Riga hatte sie sich in einen Mithäftling verliebt, der sie überredet, mit ihm irgendwohin nach Amerika auszuwandern, jedenfalls sich nicht in die Arme Stalins zu werfen. Nach einigen erfolglosen Versuchen gelingt es ihnen schließlich, ein Visum für Venezuela zu bekommen, was ihnen ermöglicht, Polen zu verlassen. Auf dem Weg nach Caracas machen sie in Brüssel halt, genau zu der Zeit, als Rebecca ihrem Magier einen Sohn schenkt. Nunia bleibt vorerst bei ihrer Schwester und hilft ihr, das Baby zu verhätscheln, daneben geht sie Chaïm in der Apotheke zur Hand. Aber ihr amerikanischer Traum sollte nicht, wie der von Chaïm und Rebecca, an der Nordsee enden. Nach einem Jahr beschließen Nunia und ihr Mann, ihre Reise fortzusetzen. Sie überqueren den Atlantik und lassen sich in Toronto nieder, wo Nunia nun ihrerseits ihre Rückkehr ins Leben mit der Geburt einer Tochter feiert – meiner Cousine.

Für Chaïm und Kuka, für Esther und Nunia scheint sich so eine neue Welt aufzutun, mit Frania als einziger Zeugin der alten Welt – bis plötzlich ein letztes Familienmitglied aus der Vergangenheit auftaucht.

DAS LETZTE PHANTOM

Etwas nachlässig in einen Umschlag gestopft, fand ich einen Brief viel neueren Datums, abgefasst in polnischer Sprache, aber versandt aus Israel am 1. November 1964 an meinen Vater.

Als der Brief übersetzt ist, entdecke ich die Existenz eines Cousins meines Vaters mit dem Namen Motek. Ein weiterer wundersamer Abschnitt in der Familiengeschichte von Monsieur Optimist, das letzte Echo eines früheren Lebens, das bald zu einem endgültigen Abschluss kommen sollte – bis ich mich daranmachte, die Zeit noch einmal aufzurollen.

»Liebster Chaïm,

ich danke Dir sehr für Deinen herzlichen Brief. Verzeih mir, dass ich Dir nicht schon früher geantwortet habe. Ich war etwas krank, aber jetzt geht es mir wieder besser. Chaïm! Unsere Erinnerungen reichen mehr als dreißig Jahre zurück! Du warst ein gewissenhafter Schüler und ich ein kleiner Junge, der manchmal in jenem kleinen, dunklen Zimmer in Mława bei Dir im Bett schlief. Als ich jetzt Deinen Brief erhielt, kamen mir augenblicklich unsere guten alten Zeiten in den Sinn.

Bei Ausbruch des Krieges hielt ich mich, wie jedes Jahr zur Ferienzeit, in Maków auf. Ich bin dann nach Warschau geflohen, wo ich Deinen Bruder Motek und Deine Schwester Sara getroffen habe. Daraufhin bin ich von Polen nach Russland geflohen. Ich habe den ganzen Krieg in der UdSSR verbracht. 1946 kam ich zurück nach Polen und habe geheiratet. Gemeinsam mit meiner Frau haben wir es geschafft, nach Israel auszuwandern, indem wir als Freiwillige der Hagana beigetreten sind. Wir wurden dann gleich an die Front geschickt.

Zu unserem Glück endete der Krieg mit den Arabern schon kurz nachdem wir uns gemeldet hatten. Zu jener Zeit durfte man kein Gepäck mitnehmen, wenn man als Soldat ins Land kam. Wir mussten also unser Leben ganz von vorn beginnen.

Meine Frau heißt Chedwa. Sie arbeitet als Buchhalterin. Ich habe zunächst als Fräser gearbeitet, musste aber dann aus gesundheitlichen Gründen den Beruf wechseln und bin jetzt Verwaltungsangestellter in einen Rohrfabrik. Ich habe zwei kleine Mädchen, die viel Freude und Glück in mein Leben bringen. Ilana ist fünfzehn Jahre alt und geht schon das sechste Jahr auf das Gymnasium. Sie kann gut singen und spielt Akkordeon. Miry ist sieben Jahre alt, besucht die zweite Grundschulklasse und ist eine der Besten in ihrer Klasse.

Und jetzt, Chaïm, ein paar Worte noch zu Deiner Mama, meiner geliebten Tante.

Frania ist die wahre Perle der ganzen Familie. Ich liebe es, ihr zuzuhören, wenn sie ihre Ansichten und Meinungen äußert. Sie ist eine solch kluge und intelligente Frau! Schade nur, dass ich so weit von ihr entfernt wohne und sie nicht regelmäßiger besuchen kann. Gott möge ihr noch viele lange Jahre Gesundheit und Glück schenken! Ich habe von ihr erfahren, dass Dein Sohn Alain krank gewesen ist. Gott sei Dank, dass es ihm jetzt besser geht! Ich hoffe, mein Brief erreicht Euch alle bei bester Gesundheit! Meine herzlichen Grüße an Deine liebe Frau. Und Grüße an Alain mit dem Wunsch, dass er Dir Trost und Stärke geben möge!

Auch Chedwa, Ilana und Mira lassen Euch herzlich grüßen. Dein Motek.«

Was ist aus Motek und seiner Familie geworden? Ich weiß es nicht, doch dieses späte und unerwartete Echo aus dem verschwundenen Schtetl vervollständigt das Bild, das vor meinem Auge entstanden ist, während ich all diese verstaubten Unterlagen aus der Kiste herausholte, die meine

Mutter so sorgsam aufbewahrt hat. Auch das Bild Franias wird abgerundet durch diesen Bericht des entfernten Cousins. Wie gern hätte ich ihnen zugehört, wie sie beide die Welt neu erfanden.

NÄCHSTES JAHR IN JERUSALEM

Hatte ich Ihnen gesagt, dass Belgien in Chaïms Augen der Garten Eden war? Ich muss gestehen, da habe ich die Geschichte ein wenig beschönigt. Jetzt will ich ehrlich sein. Belgien ist erst in dem Augenblick zu seinem Garten Eden geworden, als sich die Tore des irdischen Paradieses schlossen, des wahren, des einzigen mit dem Koscher-Siegel versehenen.

Kurz nach Kriegsende beschloss mein Vater, Belgien zu verlassen und nach Palästina zu gehen. Er, der so viel Energie aufgebracht hatte, um jede Spur seines Geburtslandes wegzuwischen (außer den Wodka) und echter belgischer Staatsbürger zu werden (das Bier ausgenommen), den verließ auf einmal der Mut? Fünfzehn Jahre Plackerei, um endlich Monsieur Janssens zu werden; um Französisch und ausreichend Flämisch zu lernen, damit er dem klagenden Kunden, der ihm in der Mundart von Aalst erklärte, wo er Schmerzen hat, die richtige Tablette andrehen konnte; um zu erraten, ob sein Gesprächspartner ein Anhänger des Fußballvereins Union Saint-Gilloise, von Daring oder von Standard Lüttich war; um die

Sozialdemokraten von den Christdemokraten zu unterscheiden; um erkennen zu können, ob er einen Anhänger Leopolds III. oder einen militanten Republikaner vor sich hatte; um erklären zu können, warum die Lütticher die Einwohner von Charleroi hassen (und umgekehrt); um in der Lage zu sein, die Namen aller Politiker und ihrer Parteien zu nennen, auch wenn sie mehrmals die Partei gewechselt hatten; um erkennen zu können, wer während des Krieges das richtige Lager gewählt hatte oder wer sich zwar geirrt, aber noch rechtzeitig seine Weste umgedreht hatte, und schließlich, wer den richtigen Zeitpunkt dazu verpasst, aber es trotzdem noch geschafft hatte, wieder auf die Füße zu kommen. Wie konnte mein Vater nach all seinen Anstrengungen, diese geheimen Codes zu entschlüsseln, die noch rätselhafter waren als die Kabbala, wie konnte er da einem Land den Rücken kehren, dessen sonntägliches erst Hühnchen, dann Kompott er zu lieben gelernt hatte, so wie die Glanzleistungen seiner Radsportprofis und seinen Sinn für Spott? War ihm nicht klar, dass die nach Israel ausgewanderten Juden ihren Humor vergessen hatten mit einzupacken – es stimmt allerdings, dass die meisten von ihnen ganz ohne Gepäck reisten. Dieser polnisch-jüdische Humor ähnelt verblüffend dem Brüsseler Humor, der *zwanze*. Besonders die Völker, die unter fremder Besatzung leben mussten, haben diese Eigenheit, über sich selbst zu lachen. Der *zwanze* entspricht auch das traditionell belgische Gericht *waterzooï*, eine Art Eintopf mit Sahne, in dem die typischen Zutaten all jener vermengt sind, die sich hier als Eroberer niederließen und die Belgier zu dem gemischtesten Volk Europas macht, den *zinnekes*, wie man sie in Brüssel nennt – zugleich auch die Bezeichnung für Straßenköter.

Wie kann man sich den Wunsch meines Vaters erklären, das Mittelmeer zu überqueren, kaum dass sein geliebtes Belgien befreit war? Das bittere Heimatland zu verlassen, um ein neues Leben unter einem Himmel ohne Krieg anzufangen, das war der Wunsch auch vieler anderer, ebenso braver Belgier wie er, die nach den Demütigungen, dem Eingesperrtsein und der für manche so schweren und bangen Folgezeit nach der Befreiung nur noch weg wollten.

Auch Hergé stellte, kaum dass er von den Plänen meines Vaters erfuhr, ein Auswanderungsgesuch. War der Schöpfer von Tim womöglich versucht, Chaïm in das Gelobte Land zu folgen? Dabei wurde er doch, aufgrund einiger zweifelhafter Zeichnungen und seiner Treue zu Freunden, die der Kollaboration nahestanden, von so manchem verdächtigt, mit den Antisemiten zu sympathisieren. In einem Brief an einen seiner Freunde erklärt Hergé, dass er Belgien endgültig verlassen wolle, um nach Brasilien oder Argentinien auszuwandern. Das jedenfalls behaupten seine Biografen. Aber ist Südamerika nicht vielleicht eine ausgelegte falsche Fährte, wie es schon das Visum für Venezuela war, das Nunia, die Schwester meiner Mutter, am Ende nicht nach Caracas, sondern nach Toronto führte? Kaum war der Krieg zu Ende, schickte Hergé seinen Helden nach Israel auf eine neue Abenteuerreise und nicht etwa nach Brasilien oder Argentinien. Ist das nicht ein Zeichen? Eine Art und Weise, das Terrain zu sondieren? Ich wette, Hergé wollte meinem Vater auf das

Mitte: »Chef!... Er ist angekommen!... Ich habe ihn gesehen!...« – »Wer?... Der, auf den wir gewartet haben?...« Rechts: »Seien Sie gegrüßt!...« – »Salomon Goldstein!!!... Sie!!!... Na so was...«

Karmelgebirge folgen und mit ihm einen Klub von Exbrüsselern gründen, die dann rückblickend herzhaft über die *zwanzes* von Quick und Flupke wie auch über die Tiraden des Milchmanns Tewje gelacht hätten, welche verblüffend jenen der fröhlichen *kets* von Brüssel ähneln.

Als Tim in Haifa an Land geht, wird er zuerst von zionistischen »Terroristen« und dann von arabischen »Terroristen« gekidnappt, die ihn für einen Juden, einen gewissen Salomon Goldstein, halten.

Goldstein, der wie ein Bruder Tim ähnelt...

Mein Vater stellte seinen Auswanderungsantrag bei der Jüdischen Agentur. Zwei Personen würden ihn begleiten, präzisierte er, seine Frau Rebecca und seine gerade aus Warschau heimgekehrte Mutter Frania.

In dem unter britischem Mandat stehenden Palästina gab es Einwanderungsbeschränkungen für Juden. Die Schiffe mit Einwanderungswilligen, wie die *Exodus*, welche die Seeblockade zu durchbrechen versuchten, wurden *manu militari* abgewiesen. War ihm der Spruch *Nächstes Jahr in Jerusalem*, den er auf Geheiß seines Vaters Aba täglich rezitieren musste, am Ende doch noch zu Kopf gestiegen? Also bitte! Wer hätte sich angesichts der Bilder aus den Lagern je mit Jahwe aussöhnen können? Nach Palästina aufzubrechen war der Akt eines Ungläubigen, das Zeichen einer Übertretung. Es gab niemanden, der die Rückkehr der Juden nach Israel strenger verurteilte als die orthodoxen Rabbiner und frommen Juden. Allein der Messias durfte in ihren Augen das verstreute Volk zurückführen und die Mauern des durch die Römer zerstörten Tempels wieder hochziehen. Seinem Geheiß zuvorzukommen war ein gottloser Akt, ein Akt des Ungehorsams gegenüber den Geboten des Herrn. Das war einer der Gründe, weshalb es meinen Vater nach Palästina trieb und meine Großmutter dazu bewegte, ein für alle Mal das orthodoxe Joch ihres Mannes abzuschütteln.

Vor allem aber war es das zionistische Ideal, das meinen Vater anzog. Noch ganz jung war er bereits in linksextremen Jugendbewegungen aktiv gewesen, »Rowdys«, wie sie mein Großvater und seine Freunde nannten, die einhellig Theodor Herzl, den Begründer des modernen Zionismus, verwünschten – nicht weniger als Jesus Christus und Zar Nikolaus II. Während die traditionsverbundenen Juden brav auf die Ankunft des Messias warteten, strebten diese jungen Aktivisten, überdrüssig, weitere zweitausend Jahre untätig die Arme zu verschränken, begeistert die Gründung eines weltlichen jüdischen Staates an. Nur dass niemand sonst ihn wollte: weder die orthodoxen Juden noch die Antisemiten, noch die Araber, noch die Großmächte, noch irgendwer mit Vernunft! Also war es ganz folgerichtig, meinen Vater inmitten dieser Bande von Schwärmern wiederzufinden. Intellektuelle, Handwerker, Krämer, alles Stadtratten, die entschlossen waren, Bauern zu werden und Milch und Honig in einem entlegenen Wüstenwinkel fließen zu lassen, dem einzigen im gesamten Mittleren Osten, dem Gott vergessen hatte Öl zu schenken. Pioniere und Pionierinnen wollten sie sein, Jungen und Mädchen, die auf gleichem Fuße stehen – was ihren Eltern einen weiteren Tritt versetzte –, mit Spaten und Schaufel in der Hand, wohingegen ihre Vorväter die Tage eingeschlossen in muffigen Studiersälen verbracht hatten und jedes einzelne Wort der Heiligen Schrift auseinandernahmen, während ihre Frauen die Familie ernährten.

Mitgerissen vom Sog, der den Mittleren Osten umwälzte, wünschten sich Chaïm und seine Mutter Frania nichts sehnlicher, als an diesem jahrhundertealten Traum teilzuhaben, der wie durch Magie wieder auferstanden war. In diesem völlig neuen Land wollten sie sich niederlassen und damit zugleich das Gedächtnis von Jahrhunderten des Leidens, das Gedächtnis des Krieges auslöschen. Aber da hatten sie die Rechnung ohne die dritte Schlüsselfigur in der familiären Gleichung gemacht: Rebecca, die Prinzessin von Wilna.

Während ihr Mann und ihre Schwiegermutter eine gemeinsame Zukunft in Palästina planten und mit einem Stift in der Hand Fotos vom Gelobten Land studierten, wo sie sich schon unter der heißen Sonne in Shorts herumspazieren sahen, eine Schaufel auf der einen Schulter und das Gewehr auf der anderen, scheuerte sie mit wachsendem Zorn das Kochgeschirr. Nichts und niemand hätte sie dazu überreden können, sich in ein Bauernmädchen zu verwandeln, Hühner zu füttern oder Bananen zu ernten, bevor sie dann vor Müdigkeit in einer Baracke voller Mücken niedersinken würde, ständig in Angst, von Arabern beschossen zu werden. Nach mehr als vier Jahren Besatzungszeit durch die Nazis, wo sie ständig auf der Hut sein musste, ständig die Wohnung wechseln musste, um der Gestapo zu entkommen, wollte sie jetzt endlich den neuen Frieden und modernen Komfort genießen. Sie wollte sich in einem richtigen Badezimmer in einer Badewanne aalen, um sich dann aus ihrem brandneuen, frisch aus den USA importierten Elektrokühlschrank einen Drink zu holen. Und dann wünschte sie sich auch ein Kind, ohne die Angst, es könnte im nächsten Augenblick von einer Kugel getroffen werden. Vor allem aber nie wieder die Koffer packen müssen. Schon zweimal hatte sie ihre komplette Garderobe verloren. Es reichte!

So heftig waren die Diskussionen in der Wohnung, dass man das Geschrei vermutlich bis hinunter in die Apotheke hören konnte. Ich weiß nicht, wie mein Vater es schließlich schaffte, Rebecca ihre Unterschrift für das Auswanderungsgesuch abzuringen. Doch sicher war diese neuerliche Wendung nicht gerade förderlich für die Beziehung zu ihrem Mann und ihrer anstrengenden Schwiegermutter.

Was hatte mein Vater nach seiner Ankunft in Israel vor? Eine Apotheke in Tel Aviv oder Haifa eröffnen? Sich dem Cousin seiner Mutter in einem Kibbuz in Galiläa anschließen? Die Begeisterung, mit der er mir später von den Kibbuzim erzählte, war zweifellos echt. Mit bewegter Stimme lobte er den hohen Grad an Zivilisation in diesen Siedlungen, den Idealismus ihrer Bewohner, das Gleichgewicht zwischen intellektuellem Leben und Landarbeit, während sie die Wüste in einen Garten Eden verwandelten. Wenn er mit mir dann die Fotobände durchblätterte, auf denen junge Leute mit umgehängtem Gewehr bei der Feldarbeit, beim Essen und Schlafen in Wellblechschuppen und bei der gemeinschaftlichen Kindererziehung zu sehen waren, so rief das in mir wieder die ersten Seiten der Genesis wach, die er mir einst vorgelesen hatte. In seinen Augen hatten die Kibbuzim ein kleines Stück irdisches Paradies verwirklicht – angereichert mit ein wenig marxistischem Ideal, bevor es dann von Lenin und seinen blutrünstigen Gefolgsleuten vereinnahmt wurde. Rückkehr in den verschwundenen Garten Eden kurz vor der Erbsünde und der Oktoberrevolution.

Trotz seiner Überzeugungskraft und trotz meines blinden Vertrauens in seine Ansichten und Meinungen habe ich nie wirklich seinen Enthusiasmus teilen können. Als ich auf sein Auswanderungsgesuch stieß und dann auf den negativen Bescheid durch die Jüdische Agentur, mit der Weigerung der britischen Behörden, die Berenbaums das Land betreten zu lassen, welches noch Protektorat des Vereinigten Königreichs war, da machte ich einen Seufzer der Erleichterung (wie ihn wohl schon meine Mutter gemacht hatte, als Chaïm ihr enttäuscht den Ablehnungsbescheid zeigte). Lieber Gott, ich danke dir, dass du meinem ungläubigen Vater die Rückkehr versperrt hast! Schon in meiner Kindheit, die ich mit den schönen Bilderbüchern von Benjamin Rabier verbrachte, voll niedlicher Tiere auf appetitlichen Bauernhöfen, konnte ich mich nicht recht mit der Feldarbeit anfreunden. Selbst die friedfertigsten Tiere versetzten mich in Panik. Kuhaugen waren für mich eben Kuhaugen, und ich hatte eine Heidenangst vor Hunden – woran mein Vater schuld war, der mir erzählte, dass die Polen sie dazu abrichten, Juden zu beißen.

Ich danke dem Britischen Empire und seinem König, Stotterer wie Moses, dass er es mir ersparte, Bauer, Soldat und vor allem israelischer Politiker zu werden!

DIE BRÄUCHE DER NEUEN HEIMAT

Nach dem gescheiterten Aufbruch nach Palästina wird mein Vater wieder überzeugter belgischer Staatsbürger. Belgischer als je zuvor. Und entschlossener denn je, den Zauber des kleinen Königreichs zu rühmen. Sein eben geborener Sohn durfte nicht den geringsten Zweifel an seiner Identität haben. Aber war er noch derselbe Mann wie sechs Jahre zuvor (ein gefühltes Jahrhundert), als er auf seiner Hochzeit vor den Gästen überschwänglich sein Gastland rühmte und dabei seine geliebte Kuka, die Liebe seines Lebens, an sich drückte – die er ohne den Umweg über Brüssel nie kennengelernt hätte?

Anscheinend unversehrt hatte er gemeinsam mit seiner Prinzessin den Krieg überlebt. Doch was passiert mit einem, wenn man jahrelang von den Nazis und ihren Schergen verfolgt wird und dann entdecken muss, dass die eigene Familie und die Mehrheit seines eigenen Volkes ausgelöscht sind? Wird man zum Rebellen? Verbittert man? Oder wird man im Gegenteil nur stärker dadurch, wie aufgeladen durch all die Schicksalsschläge? Nach der Befreiung fühlten sich die Widerständler und Verfolgten völlig in die Enge getrieben – all die einfachen Männer und Frauen, die Unvorstellbares durchgemacht, ständig ihr Leben riskiert und gelernt hatten, der Obrigkeit die Stirn zu bieten: Sollten sie sich wieder in den Alltagstrott eingliedern oder für immer Ausgeschlossene bleiben? Paria oder Abenteurer? Mein Vater hatte mit seinem Auswanderungsgesuch nach Palästina das Abenteuer gewählt. Er wollte damit die Jahre der Treibjagd in einen edlen und gerechten Kampf umwandeln, der ihm seine Unschuld zurückgeben würde. Er war davon überzeugt, der Staat Israel würde das Verlorene Paradies verwirklichen, irgendwo zwischen dem farbenprächtigen Reisekatalog Theodor Herzls und jenem Trotzkis.

Doch schon nach wenigen Monaten ist der Traum vom Abenteuer verflogen. Nach der Ablehnung der Einreise durch die Briten (sicher von meiner Mutter vorgewarnt über die schrecklichen Risiken, welche die Einreise von Chaïm und Frania mit sich gebracht hätte!), verzichtet er schließlich auf dieses neue Exil. Einige Monate später, nach der Unabhängigkeit Israels, wäre es ihm erneut möglich gewesen. Von meiner inzwischen schwangeren

Mutter dazu gedrängt, hatte er sich wieder eingereiht. Er wurde der brave Apotheker des Viertels an der Seite seiner guten Hausfrau.

Er, der nach all den schweren, ihm seit nunmehr sechs Jahren von Gott auferlegten Schicksalsprüfungen nicht resigniert hatte – er gab jetzt auf. Wie anders sollte man seine Entscheidung interpretieren? Blockiert zwischen seiner Frau und seiner Mutter und bald auch einem Baby, welches noch bedürftiger als die beiden Frauen sein würde, verbannte er seinen Lebenstraum in den Besenschrank und nahm dafür den weißen Kittel heraus, der fortan seine tägliche Kluft war. Und was wurde aus dem zionistischen Ideal, für welches er den Glauben seines Vaters aufgegeben hatte? Er sollte dessen Realisierung am Radio und in den Zeitungen verfolgen. Und nicht zuletzt auch in den neuen Briefen Franias, die das Gelobte Land auserwählt hatte, um ihre Reise auf Erden abzuschließen. Und mit mir zusammen sollte er später auch die zweifelhaften Kompromisse beklagen, zu denen sich die folgenden Regierungen Israels im Namen des Realismus hinreißen ließen.

Ich erinnere mich noch an jenen Tag 1977, an dem – ein undenkbares Ereignis für meinen Vater – Begin und seine neonazistische Partei (wie er sie bezeichnete) die Wahlen gewannen und zum ersten Mal seit der Unabhängigkeit die Mitglieder der Arbeiterpartei, die Begründer und Bewahrer des Staates Israel und seines sozial-zionistischen Ideals, in die Opposition verwiesen. »Für die Juden ein noch schlimmerer Moment als die Machtergreifung Hitlers!«, rief er unter Tränen aus.

Wer weiß, ob die Geschichte nicht anders verlaufen wäre, wenn mein Vater nach Palästina gelangt wäre? Hätte Mosche Dajan sich vielleicht mit der tatkräftigen Unterstützung von Chaïm Berenbaum den mörderischen Angriffen des Faschisten Begin widersetzen können?

Auf seinem an den Justizminister adressierten Brief weht die schwarz-gelb-rote Nationalflagge, doch kann der mal offizielle, mal lyrische – wenn nicht gar emphatische – Ton seiner Worte nicht ganz den düsteren Unterton und die in ihm nagende Bitterkeit verbergen. Wer da spricht, ist ein Mann voller Zorn angesichts des von seinem Volk und seiner Familie erlittenen Unrechts. Unfähig, wieder bei Null anzufangen und wie seine Freunde und Nachbarn sich mit allem abzufinden. Zwar stammen die Worte von meinem Vater, die schöne Schrift ist aber die meiner Mutter (jene meines Vaters erinnert eher an Stacheldraht). Ich sehe ihn vor mir, wie er energisch im kleinen Wohn-Ess-Raum über der Apotheke auf und ab geht und mit rollender Stimme diktiert – gleich den Wellen des Roten Meeres, die wütend die ägyptische Armee überrollen, während meine Mutter, am Tisch sitzend, den Text sorgfältig in Schönschrift niederschreibt. Dabei korrigiert sie sein etwas unsicheres Französisch und mildert den Ton. Ich kann ihn hören, wie er gegen die belgischen Kollaborateure der Nazis wettert, ihre Komplizenschaft bei der Deportation und Tötung der Juden und die Passivität all jener anprangert, die sich lieber unterordneten und der Résistance misstrauten, die sich zum großen Teil aus Ausländern wie ihm zusammengesetzt hatte. Schreib, Kuka, schreib, dass ich Zeuge war all der Feigheit und

Kollaboration von so vielen unserer Nachbarn! Nenn die Namen! Schreib, Kuka, schreib, dass Paul-Henri Spaak, der sich heute so wichtig tut, als hätte er allein Europa befreit, 1940 nur auf ein Zeichen seines Kumpels, König Leopold III., wartete, um ihm in den Schutz der Kanonen und der Naziwürdenträger zu folgen. Ah!, all diese feurigen Sätze, die meine Mutter vermutlich geduldig ausließ, um nur das Wesentliche, oder jedenfalls der Sache Dienliche, stehen zu lassen. Sie brauchten viele Tage zum Abfassen ihres Gesuchs, endlose Diskussionen, um meinem Vater klarzumachen, dass sein Anklageton und seine Verwünschungen, die einem biblischen Propheten angestanden hätten, nicht auf das geringste Entgegenkommen seitens der Behörden stoßen und ihm sicherlich keinen Staatsbürgerausweis verschaffen würden.

»Mein Name ist Chaïm Berenbaum. Ich bin geboren am 8. Juli 1907 in Maków Mazowiecki, als Sohn der Eheleute Aba und Frania, geborene Lewartowska. Ich wohne in Schaerbeek, Rue des Pâquerettes, wo ich den Beruf des Apothekers ausübe. Mein Vater, der in Maków (Polen) wohnhaft war, ist 1942 deportiert worden. Meine Mutter Frania, geborene Lewartowska in Maków 1882, polnischer Staatsangehörigkeit, konnte vor den Deutschen entkommen. Sie wohnt seit März 1946 in Belgien, 16 Rue des Menuisiers in Woluwe-Saint-Lambert; sie ist nicht berufstätig. In Polen hatte ich einen Bruder und zwei Schwestern, alle polnischer Staatsangehörigkeit. Mein Bruder Motek und meine älteste Schwester Sara wurden von den Deutschen an einen unbekannten Ort verschleppt, und ich habe keine

Nachricht mehr von ihnen. Meine jüngere Schwester Esther wohnt in Woluwé. Seit 1928 habe ich meinen ständigen Wohnsitz in Belgien und war nie im Ausland ansässig.

Nach Abschluss meiner Gymnasialzeit in Maków und nach Ableistung meiner Wehrpflicht in Polen bin ich 1928 nach Belgien gekommen, um an der Universität von Lüttich Pharmazie zu studieren.

Ich bin seit 1928 ohne Unterbrechung fest ansässig in Belgien; ich wohnte in Grivegnée, Lüttich, Bressoux, Fleurus und Schaerbeek. Als Referenzen erlaube ich mir anzuführen: die Herren Börsenmakler Navarre, Lagache und Noël sowie Frau Apothekerin Flament.

Meine Frau heißt Rebecca Bieniakonski, geboren am 22. Juni 1915 in Wilna. Sie ist polnische Staatsangehörige und seit dem 6. Januar 1940 verheiratet. Sie ist wohnhaft in der Rue des Pâquerettes und übt keinen Beruf aus. Wir haben noch keine Kinder.

Während der Besatzungszeit erhielt ich am 25. Juli 1942 eine Vorladung der deutschen Dienststelle; ich bin ihr nicht nachgekommen und musste mich zwei Jahre lang verstecken. Zweimal hat die Feldgendarmerie versucht, mich festzunehmen. Ich war aktiv in der belgischen Résistance tätig, insbesondere als Mitglied des Mouvement National Belge. Mein Mitgliedsausweis trägt die Nr. 14239. Ich war Angehöriger der 9. Sonderbrigade von Uccle mit der Matrikel-Nr. 9191. Darüber hinaus stand ich in ständigem Kontakt zu Mitgliedern der Organisation Pol, der Patriotischen Miliz und der Groupe Général de Sabotage. Ich beschaffte gefälschte Ausweispapiere (Kennkarten, Waffenscheine, Bescheinigungen, Arbeitskarten) für Fahnenflüchtige und andere von den Deutschen gesuchte Personengruppen. Ich gab außerdem militärische Informationen weiter.

Ich habe also seit achtzehn Jahren meinen festen Wohnsitz in Belgien. Von Anbeginn meines Aufenthalts in diesem Land habe ich mich zutiefst mit seinen Institutionen, seinen Sitten und mit der belgischen Mentalität in Einklang gefühlt. Im Laufe der Jahre hat sich dieses Gefühl weiter verstärkt und ist zu einer grenzenlosen Verbundenheit geworden, vereint mit meinem aufrichtigsten Respekt für die Nation, die mir Gastlichkeit gewährte.

Ich versichere aufrichtigst, dass ich mit Herz und Verstand Belgier bin und dass Belgien das einzige Land ist, mit dem ich mich geistig tief verbunden fühle. Immer bemüht, die Gesetze und angestammten Bräuche dieses Landes zu verstehen und zu assimilieren, habe ich zahlreiche Freunde unter den Belgiern gefunden. Sie haben sich bereit erklärt, mein Gesuch vollstens zu unterstützen. Und sie alle bezeugen meine Loyalität und Treue gegenüber Belgien.

Brüssel, den 30. September 1946.«

Das angekündigte Kind – »wir haben *noch* keine Kinder« – war bereits unterwegs. Es wird drei Monate später auf die Welt kommen und zum Belgier durch Geburt erklärt. Belgier durch Erziehung, durch Überzeugung seiner Eltern und immer belgischer in dem Maße, wie die belgische Nation zugleich in Stücke fiel. Meine Eltern sollten noch sechs Jahre warten müssen, bevor ihnen die Ehre zuteil wurde, dieselbe Nationalität wie ihr Kind zu erhalten, eine Nationalität, der sie wie nur wenige ihrer Landsleute ihre Liebe bekundet hatten.

Wenn beim Einbürgerungsgesuch auch zum Teil Kalkül und eine übertriebene Ehrerbietigkeit mitspielten, die ich später nie bei ihm wahrnehmen konnte, so war die Liebe meines Vaters für »die Nation, die ihm Gastlichkeit gewährte«, doch weit aufrichtiger, als man hätte denken können. So betonte er auch in aller Offenheit, dass erst »Jahre verstreichen« mussten, bevor diese Liebe entstand.

Er hätte noch hinzufügen können, dass er es nicht mehr ertrug, Pole zu sein. Denn wie sollte es auch anders sein? Zu den bitteren Erinnerungen an ein Leben als Bürger zweiter Klasse, an die Schläge, die er von Kameraden einfing, denen er zu jüdisch war, kam das Schicksal seiner Familie hinzu, die dort ausgelöscht wurde, wo sie jahrhundertelang gelebt hatte. Und was soll man sagen zum Wiederaufflammen der Pogrome gegen die wenigen Überlebenden im Chaos der Befreiung? Die polnischen Opfer der Nazis, die sich dafür an den jüdischen Opfern rächten. Jene, die noch offiziell seine Landsleute waren, hatten sie denn gar nichts verstanden, nichts dazugelernt? Von alten Vorurteilen und politischen Streitereien getrieben, machten sie erneut Jagd auf Juden und überließen zugleich den Stalinisten die Macht im Land.

Für den Rest seines Lebens sollte Chaïm – Hubert für seine Kunden – seinem Gastland leidenschaftliche Treue halten, obwohl es auch ein anderes hätte sein können. Er wollte, dass ich Belgier werde, nicht dass ich die Fackel aufnehme und sie an seiner Statt nach Israel trage. Wieder einmal hatte meine Mutter gewonnen. Nachdem sie ihn dazu gebracht hatte, ihre Küche zu lieben, hatte sie endgültig auch »die Landesbräuche« in ihm verankert.

DAS THERMOGEN-MÄNNCHEN

Durch die Küche meiner Mutter (Hühnchen und Kompott, Buletten mit Tomatensauce, flämische Karbonaden mit Pommes frites) sind die exotischen Gelüste ihres Mannes erst mal besänftigt. Und mit der Befreiung scheint er auch seinen Glauben an die Zukunft wiedergefunden zu haben. Es fehlt nicht an Zeichen der Erneuerung: die lang herbeigesehnte Gründung des Staates Israel, die Schaffung einer internationalen Organisation zur Wahrung des Weltfriedens, die Aussöhnung zwischen Frankreich und Deutschland, die die Grundlage einer europäischen Union bilden sollte. Auch er selbst baut sein Leben neu auf: ein Kind, eine neue Apotheke, in der er jetzt allein regiert, und bald auch ein belgischer Personalausweis. Ist Monsieur Optimist also wieder an Deck, sind die Kriegswunden verheilt? Nein, es ist nichts als eine Täuschung, Monsieur Optimist ist nur noch eine Maske zur Beruhigung der Kundschaft. Das Lächeln des Zauberers beim Betreten der Bühne. Tief in seinem Innern grollt ein neuer Zorn. Ein furchtbarer Zorn, den er zu verbergen sucht, damit nicht seine Frau, sein Kind, seine Mutter und seine liebe Kundschaft von ihm mitgerissen werden. Aber nicht immer kann er diese Wut zurückhalten. Manchmal bricht sie wie ein Orkan aus ihm heraus. Doch das geschieht selten. Für gewöhnlich ist es eine kalte, unterschwellige Wut, die so selten ausbricht wie der Vesuv. Doch wenn die Lava einmal ins Fließen kommt, dann Gnade Gott den armen verirrten Touristen!

Wenige Monate nach der Befreiung muss meine Mutter auf Kur in die Schweiz fahren. Der einfachste Weg führt über Frankreich. Doch der französische Konsul verweigert ihr das Visum. Es kommt gar nicht infrage, dass diese Fremde den heiligen Boden der Republik betritt. Mein Vater explodiert förmlich, während er zur Feder greift: »Ich habe die Ehre, Ihnen mitzuteilen, dass die Kranke mit dem Flugzeug in die Schweiz gebracht werden musste, da sie nicht die Möglichkeit hatte, über Frankreich zu fahren. Sie ist mitten in der Schneeschmelze angekommen. Sollte meiner Frau irgendetwas zustoßen, werden Sie dies zu verantworten haben«, schreibt er, bevor er den letzten Satz wieder durchstreicht und neu ansetzt: »Es ist ein regelrechtes Verbrechen gegen die Menschlichkeit, einer Kranken zu verweigern, zur Behandlung in die Schweiz zu fahren. Ich habe umso mehr das Recht, darüber verärgert zu sein, als ich ein aufrichtiger Freund Frankreichs bin und die Krankheit meiner Frau eine Folge der feindlichen Besatzung ist.«

An dieser Stelle konnte er sich noch rechtzeitig zurückhalten. Denn gern hätte er hinzugefügt: »Und ihrer französischen Kollaborateure.«

Wenn seine üble Laune durch nichts mehr zu beruhigen ist und sein Mund Feuer spuckt, wie der des Thermogen-Männchens auf dem Reklameschild am Eingang seiner Apotheke, dann flüchtet er sich in sein Labor im Hinterzimmer und schlägt die Türen laut hinter sich zu. All seinen Groll lässt er dann in seine Flaschen, Fläschchen oder Phiolen strömen, auf dass sie sich in Wundermittel verwandeln.

War Zorn vielleicht ein notwendiges Hilfsmittel für einen Zauberer?

DER TAG, AN DEM ICH JUDE WURDE

Auch nach Jahren noch hatte sich der Zorn Chaïms nicht gelegt, vor allem nicht, als er entdeckte, dass das wiedergefundene Paradies, welches er mit großer Emphase gefeiert hatte, nicht wenige Schattenseiten enthielt. Und ich unwissendes Kind, vor dem er alles verbarg, was ihn verletzt hatte, wollte mich nun dort hineinwagen ...

André wohnte einige Häuser weiter. Jeden Morgen klingelte er bei mir, und dann gingen wir zusammen durch den Josaphatpark zum Gymnasium. Alle beide waren wir redselig, streitlustig und rechthaberisch in unserem jugendlichen Halbwissen, gespeist von Tausenden Informationen, Spielen und Radioserien. An Streitpunkten fehlte es dabei nicht. Sollte die belgische Armee im Kongo eingreifen, das seit der Unabhängigkeit im Chaos versank? Würde Zappy Max endlich Kurt von Straffenberg, genannt »das Faß«, besiegen, seinen dicken und zwielichtigen Feind – und natürlich Deutscher? Würde es der neue

Kandidat in der Quizsendung *Quitte ou Double* heute Abend bis ins Finale schaffen? Würde Anquetil auch dieses Jahr wieder verhindern, dass endlich einmal ein Belgier das gelbe Trikot der Tour de France gewinnt? War Salvatore Adamo, der neueste Schwarm der Mädchen im Viertel, wirklich ein Junge oder, wie ein paar Ältere in der Schule munkelten, nur ein verkleidetes Mädchen?

An diesem Tag, während wir gerade am riesigen Taubenhaus im Park vorbeigingen und uns wieder mal über irgendetwas gestritten hatten, fiel ihm nichts Besseres mehr ein, als mir an den Kopf zu werfen: »Im Grunde haben meine Eltern recht. Du bist nichts als ein dreckiger Jude! Hau ab, dreckiger Jude!« Dann lief er weg und ließ mich völlig verblüfft stehen. Ja, verblüfft. Weder verärgert noch verletzt, nichts dergleichen. Einfach nur erstaunt. Unfähig zu verstehen oder zu reagieren. Ich hätte es verstanden, wenn er mich mit »dreckiger Neger!« beschimpft hätte, weil ich Lumumba verteidigt hatte und das Eingreifen der Belgier in ihrer alten Kolonie skandalös fand. Aber »dreckiger Jude«? Also nein, wirklich, was wollte er damit sagen? Bei meiner Erziehung war gewissenhaft jede Spur von Judentum ausgeklammert worden, so sehr, dass ich mir kaum bewusst war, Jude zu sein. Am Abend erzählte ich meinen Eltern, was vorgefallen war. Und am folgenden Tag zeigte der Lehrer (Französischlehrer, glaube ich) mit dem Finger zuerst auf André, dann auf mich. Er musste wiederholen, was er mir auf dem Schulweg gesagt hatte. Mit hochrotem Kopf stieß er schließlich ein paar Worte zwischen seinen Zähnen hervor und schaute betreten auf seine Füße. Na gut, er fühlte sich schlecht, aber was sollte ich da erst sagen? Dass André mich vor ein paar Dutzend Tauben, darunter sogar Brieftauben, beleidigt, geht ja noch an. Aber dass er es vor der gesamten Klasse wiederholt, was für ein Albtraum! Es folgte eine lange Rede des Lehrers über den Krieg, den Holocaust, die Lager und so weiter. Doch hörte überhaupt jemand zu? Sechs Millionen anonyme Juden sind von den Nazis vernichtet worden, aber die waren nun tot. Während ich am Leben war und weiter jeden Tag zusammen mit meinen fünfzehn Schulkameraden verbringen musste, jetzt plötzlich mit dem gelben Stern gebrandmarkt, dem ich doch entkommen war.

Ich habe lange nicht verstanden, warum meine Eltern sich dem Direktor anvertraut hatten, anstatt mich in meiner Verwirrung zu beruhigen und mir selbst zu erklären, was in André gefahren war. Warum wollten sie, dass der Französischlehrer unsere Kabbelei als Vorwand für eine Geschichts- und Morallektion nahm und mich damit vor versammelter Klasse in die Rolle des Opfers drängte? Ebenso lange dauerte es, bis ich begriff, dass mein Vater wie meine Mutter nach dem Ende des Krieges unfähig waren, darüber zu sprechen. Und dass sie bis zu ihrem Tod unfähig blieben. Und dass der Zorn meines Vaters, an dem er fast erstickte, ihn für immer daran hindern würde, mir seine Geschichte zu erzählen.

DAS SONDERBARE JUDENTUM
MEINES VATERS

Von Frania hat mein Vater den Religionshass, von seinem Vater dagegen die Liebe zur Bibel geerbt. Welch famoser Cocktail!

Zu Beginn des 20. Jahrhunderts unterschied sich das Leben der Einwohner in Maków kaum von dem ihrer Vorfahren im Mittelalter. Auch ihre Sorgen waren ähnliche. Die Männer blickten von ihren heiligen Texten nur auf, um von Zeit zu Zeit durch das Fenster nach der Ankunft des Messias zu spähen. Um alles Übrige kümmerten sich die Frauen. In Erwartung des Messias betete man täglich, dass »Der, dessen Namen man nicht ausspricht«, sich doch ein wenig beeilen möge. Nach Wortlaut der heiligen Texte sollte der Messias eines schönen Morgens auf seinem Esel dahergeritten kommen, dann, wie Moses es schon in Ägypten tat, die Juden um sich versammeln und sie alle auf direktem Weg zum Gelobten Land führen, Kost und Logis im Pauschalangebot inbegriffen. Als Vorsichtsmaßnahme, um eventuellen Hochstaplern das Wasser abzugraben, hatte Gott die Juden davon unterrichtet, dass der Messias – ich will sagen Sein Messias – leicht daran zu erkennen sei, dass seiner Ankunft schreckliche Ereignisse und entsetzliche Katastrophen vorausgehen würden. Entsetzliche Katastrophen? Schreckliche Ereignisse? Das gehört zum täglichen Los der Juden Zentraleuropas. Massaker, Pogrome, Krankheiten, Vertreibungen. Muss man sich da noch wundern, dass sie dann bei jeder neuen Verfolgungswelle sich von falschen Messiassen haben täuschen lassen, die ihnen den Himmel auf Erden versprachen – oder vielmehr den Wiederaufbau des Tempels – im Tausch gegen ein paar Gaben? Ihren Appellen folgend, sind Tausende begeisterter junger polnischer, russischer oder deutscher Juden nach Palästina aufgebrochen, um sich dort niederzulassen. Eine der bekanntesten Gestalten unter ihnen hieß Schabbtai Zvi. Als Mann von ausgezeichneter talmudistischer Bildung wurde er von vielen Rabbinern als der wahre Messias anerkannt. Als genialer Kommunikationsspezialist, wie man heute sagen würde, hatte er den schlauen Einfall, im Jahr 1666 zu erscheinen, der Jahreszahl, die laut Tradition die Apokalypse ankündigt. Sein Erscheinen löste einen messianischen Taumel aus, der sich von Ägypten und der Türkei, wo er lebte, bis an die Grenzen Osteuropas ausbreitete. Seine Reise durch die Schtetls und Städte Polens, Ungarns und Österreichs rief eine derartige Begeisterung hervor, dass Tausende von Juden, die nur auf ein Zeichen gewartet hatten, um aus ihren Dörfern zu fliehen – und den zu jener Zeit grassierenden entsetzlichen Pogromen zu entkommen –, von heute auf morgen alles verkauften. All ihre Güter, Schmuck, Geschäfte und Ländereien, nur um in seinem Gefolge ins Heilige Land aufzubrechen und das Königreich Israel neu zu begründen. Doch nachdem Schabbtai Zvi sich einmal im Land von Milch und Honig niedergelassen hatte, hielt er nicht etwa, wie es die heiligen Schriften versprachen, den Lauf der Geschichte an, sondern schwor dem Judentum ab und konvertierte zum Islam, bevor er irgendwo im entlegensten

Teil von Montenegro unweit der albanischen Grenze verstarb.

Doch ließen sich seine entflammten Anhänger durch den entlarvten Schwindel nicht entmutigen. Und so nahmen andere die Fackel mit demselben Erfolg wieder auf. Der Zauberkünstler kann noch so viele seiner Tricks verraten, das Publikum wird nur eine neue Nummer von ihm verlangen. Genauso wie das tägliche Brot brauchen wir auch Illusionen und Lügen. Es gab nicht wenige talentierte Künstler, die sich in der Rolle des Messias gefielen und sich dabei auf die heiligen Schriften beriefen. Jakob Frank (der schließlich zum Katholizismus konvertierte) oder auch Mordecai Mokia. Vor diesem noch Abraham Aboulafia, Nissim ben Abraham, Moses Botarel und andere mehr. Einer meiner Favoriten ist David Reubeni, der sich als Botschafter und Bruder des Königs von Chaibar, einer arabischen Oasenstadt, ausgab. Dort sollen sich, wie er erzählt, die Nachkommen zweier verschollener Stämme Israels niedergelassen haben, nämlich die von Ruben und von Gad. Diesem Schwindler gelang sein Gaunerstück so gut, dass er sogar vom Papst und von König Johann III. von Portugal empfangen wurde, von dem er Kanonen und Waffen für den Kampf gegen die Muslime forderte, die die Vereinigung der Juden auf beiden Seiten des Roten Meeres, in Arabien und Palästina, verhinderten!

Könnte man nicht sagen, dass sich in diesen großartigen Gestalten bereits die Ankunft von Monsieur Optimist ankündigte? Waren sie doch halb Trickspieler, halb Schwindler, völlig überzeugt von sich und ihrer Fähigkeit, die letzten Einfaltspinsel bekehren zu können, und vor allem überzeugt von ihrer Macht, das tragische Schicksal der Juden zum Guten wenden zu können (denn für ein derart waghalsiges und riskantes Spiel muss man sich schon von der eigenen Mystifizierung anstecken lassen). Der einzige Unterschied zwischen meinem Vater und Reubeni besteht darin, dass dieser arme Teufel, wie so viele seiner portugiesischen Religionsgenossen, auf dem Scheiterhaufen endete, während mein Vater gerade noch der Gaskammer entkommen konnte – auch wenn es knapp war.

Ich habe meinen Vater in Verdacht, dass er sich in gewisser Weise diesen falschen Messias-Gestalten verbunden fühlte, deren Geschichte er mir mit einer Mischung aus Bewunderung und Ironie erzählte und mit einer Zuneigung, die weit größer war als jene für die biblischen Propheten. Über nichts wäre er mehr erfreut gewesen, als in seinem Stammbaum einen dieser falschen Zauberer wiederzufinden, die für einen Augenblick Licht in das harte, traurige und oft blutige Leben der armen Juden in den Schtetls gebracht und ihnen ein wenig von ihrer Ehre und ihrem Stolz zurückgegeben hatten. Wie ihm, so gefiel es auch mir, davon zu träumen – und manchmal gar zu behaupten –, dass Botarel, Aboulafia oder Reubeni mein Urururgroßvater war.

Es war die Magie der Bibel, und mehr noch die Magie des Überlebens des jüdischen Volkes, die meinen Vater faszinierte. Nicht dessen Liebe zu Gott. Wie schaffte es ein kleines Volk, das von den Römern in die letzten Winkel Europas, Nordafrikas und des Orients auseinandergejagt worden war, zu überleben, ohne sich mit den örtlichen Bevölkerungen zu vermischen, mit der Kultur und vor allem der Religion ihrer Gastgeber? Warum waren sie bereit, tausend Tode zu sterben, entsetzliche Verfolgungen zu ertragen, wo sie doch in Frieden hätten leben können, wären sie nur hier Katholiken, dort Muslime geworden? Dabei hätten sie ja ihre vermaledeite Bibel weiter lesen können!

Sogar diejenigen, die so taten, als wollten sie sich assimilieren, um dem Tod zu entgehen, wie die spanischen oder portugiesischen Juden, scheuten nicht das Risiko, verbrannt zu werden, nachdem sie über Jahrhunderte hinweg ein Doppelleben geführt hatten: äußerlich katholisch, im Innern jüdisch. Ein doppeltes Leben, das so tief, unbegreiflich und mysteriös war wie der doppelte Boden in den Schränken der Zauberkünstler.

Ist es nicht ein Paradox, dass mein Vater einerseits alles daransetzte, um einen perfekten kleinen Belgier aus mir zu machen, belgischer noch als meine Kameraden (die zumeist Flamen oder Wallonen, selten einmal Belgier waren), einen richtigen Brüsseler *ket*, und zugleich mir seine Liebe zur Verschiedenheit weitergab? Wie kann man sich anpassen und zugleich jene bewundern, die sich jeder Anpassung verweigern? In diesem Paradox bin ich erzogen worden. Und vielleicht rührt daher auch meine eigene Ambivalenz.

Was hat er mir noch über das Judentum beigebracht? Nicht gerade viel. Er redete lieber über das jüdische Volk. Dieses Volk, misshandelt, gefoltert und verhöhnt von seinem Gott, welchen es dennoch nicht aufhört zu verehren.

Wenn man unzufrieden ist mit einem Verkäufer, einem Arzt oder Arbeiter, geht man zu einem anderen. Nicht so das auserwählte Volk, das mit Besessenheit weiter einem unfähigen, mürrischen und böswilligen Gott dient. *Schma Jisrael* ... Hin und wieder überkommen den etwas aufgeklärteren Juden Zweifel. So viele Verfolgungen und Massaker, so viel Elend; je mehr wir beten, je mehr wir Seinen Geboten gehorchen, umso mehr werden wir bestraft. Ist das nicht ein Paradox? Der Rabbiner hat schnell eine Antwort parat: »Wie kommt es, dass Israel betet und nicht erhört wird? Weil er nicht weiß, wie er fragen soll.« Anders gesagt: Das ist die Antwort, aber wie lautet überhaupt die Frage?

Das alles nur, um deutlich zu machen, dass mein Hass auf die Rabbiner und Geistlichen von meinem Vater stammt, genauso wie mein Misstrauen Gott gegenüber – aber auch meine Leidenschaft für die Bibel.

MEIN BUCH DER GENESIS

Die Bibel war die große Aufregung meiner Kindheit.

Jeden Sonntagmorgen, sobald ich meine Marmeladenbrötchen (ein guter Belgier nennt sie »Pistolen«) verschlungen hatte und dazu ein Glas Milchkaffee (von meiner Mutter »russische Milch« genannt), rannte ich ins Wohnzimmer, wo mein Vater schon auf mich wartete. Er saß in seinem Sessel und ließ sich Zeit, bis ich auf dem

Sofa Platz genommen und aufgehört hatte, mit den Beinen zu hampeln. Dann begann er mit seiner Bibellesung. Sein Exemplar hatte einen etwas abgewetzten schwarzen Einband, dessen Bindung sich bereits auflöste. Der Text war von einer protestantischen Buchgemeinschaft herausgegeben (übersetzt von Louis Segond, herausgegeben in Paris, gedruckt 1930 in Großbritannien) und enthielt auch das Neue Testament – ein wahres Sakrileg, das meinen Großvater in Zorn versetzt und bei Frania ein hämisches Grinsen ausgelöst hätte.

Zu Beginn hörte ich immer brav zu und saß relativ still. Ich genoss es, mit meinem Vater zusammen zu sein, seine Stimme zu hören, den ernsten Tonfall, seinen rauen, holprigen Akzent, seine gerollten *r*, als würden Steine den Berg hinunterrollen. Seitdem haben die Stimmen von Adam, Hiob, Noah, Abraham, von Josef, Moses, von David, von Jeremias und all den anderen in meinem Ohr den Akzent von Maków. Bis heute höre ich sie so, wenn sie hin und wieder zu mir sprechen. Doch meist ließ nach einer Stunde meine Aufmerksamkeit nach, während die Lesung sich weiter in den Vormittag hineinzog. Oft spielte ich dann für mich allein (wallonischer) Räuber und (flämischer) Gendarm. Hatte mein Vater erst einmal losgelegt, ließ er sich durch nichts mehr aufhalten, da konnte sein Junge noch so sehr um seinen Sessel herumtoben. Denn er war überzeugt, dass die Bibel in jedem Fall »irgendwo« einen Weg in mich hineinfinden würde.

Seitenlang den Herrn loben und zugleich die Rabbiner und Geistlichen verachten, allsonntäglich die hebräischen Kriegsführer feiern und zugleich die jetzigen Militärs kritisieren, darin sah ich nie einen Widerspruch. Wer sonst, wenn nicht ein Ungläubiger, ist fähig, die Bibel zu lieben? Arme fromme Kinder! Wenn man an Gott glaubt, muss einem das Lesen der Heiligen Schrift doch so monoton erscheinen! Wenn alles schon festgeschrieben ist, worauf soll man dann noch hoffen? Wenn wir den Händen des Allmächtigen ausgeliefert sind, gebeutelt von seinen geheimnisvollen Plänen, wozu dann noch kämpfen, um die Barbarei zurückzudrängen? Trotz des Krieges hat mein Vater immer an den Fortschritt der Zivilisation geglaubt, selbst wenn dieser im Tempo der Prozession von Echternach erfolgte.

Bei den Lesungen der Bibel – jedenfalls in der von meinem Vater arrangierten Version – deutete alles darauf hin, dass Gott nicht existiert. Ein Beispiel: Wenn Jahwe wirklich der liebe Gott ist, wie kann es sein, dass er Moses an die Spitze des jüdischen Volkes setzte? Hatten wir unter all den Mitgliedern unserer Gemeinschaft nicht einen repräsentativeren Anführer als einen Stotterer für unser erstes großes kollektives Abenteuer? Stellen Sie sich vor, de Gaulle würde so sprechen wie der stotternde Komiker Pierre Repp (beide arbeiteten zur selben Zeit für dieselben Radiosender) und den Franzosen ra-ra-raten, mit j-j-j-ja zu stimmen für die Unhäng-Unabkei-Unheiab… ich meine für ein frei-freies Alge-ge-rien? Ein stotternder Moses, welcher Rabbiner kann ohne zu lachen behaupten, dass Gott der Schöpfer so etwas erfunden hat? Ein Schriftsteller, ja. Aber ein Gott, also bitte!

Und dann der Tod Moses', etwa ein weiteres Werk Gottes? Nur ein Schriftsteller, das heißt ein grausames und perverses Wesen, konnte eine derartige zerbrechliche und ergreifende Figur erschaffen, von seinem eigenen Bruder verraten; nur ein Schriftsteller konnte ihn unter den Augen seines Lesers so liebenswert gestalten und ihn dann bei seiner Ankunft kaltblütig umbringen.

Und was ist mit dem Nachfolger von Moses? Eine weitere verschwommene Gestalt, die ein wirklich heiliger Text niemals den guten Seelen zum Vorbild hätte geben können. Der schüchterne und eher glanzlose Josua vereinigte alles in sich, um weder seinem Volk noch seinen Lesern zu gefallen.

Gewiss, die Lage hat sich ein wenig vereinfacht, als er nun die Dinge in die Hände nimmt: Der Stotterer ist eliminiert, das Goldene Kalb geschmolzen, also man erwartet keine neuen Spezialeffekte mehr wie die inmitten dichter Wolken den Berg herabkommenden Tafeln und ähnliche Albernheiten. Mit Josua nimmt die Geschichte eine neue Wendung. Jetzt gibt es nichts als Berichte über traditionelle Eroberungen und langweilige Schlachten mit schon im Voraus bekanntem Ausgang. Bis zur Affäre von Jericho. Nach ihrem triumphalen Einzug in das Gelobte Land umzingeln die hebräischen Truppen die Stadt von Jericho. Mithilfe des Himmels oder von Gottes Finger, der den tapferen jüdischen Soldaten einen Schub geben würde, stellt man sich auf eine rasche Eroberung ein. Doch dann kommt die Geschichte ins Schleudern. Bis schließlich Mel Brooks (ein koscherer Regisseur) den Sessel von Cecil B. DeMille einnimmt (ein Goi). Und augenblicklich stürzen die Stadtmauern von Jericho unter den Posaunenstößen eines grässlich schräg spielenden Orchesters ein. Es erforderte schon eine ordentliche Dosis spöttischen Humors, um sich solch einen Gag auszudenken! Nicht etwa eine schlagkräftige und entschlossene Armee erobert Jericho, sondern eine Künstlertruppe, die die Stadtmauern bersten lässt wie die Castafiore die Kristallgläser. Da ist es kein Wunder, dass Hollywood von Juden begründet wurde: die Überquerung des Roten Meeres, die Arche Noah, Rambo-Samson, die zehn Plagen von Ägypten, die Zwölf Tafeln, das erbärmliche Orchester von Jericho – lauter Stoff für Filmproduzenten, und noch dazu rechtefrei!

AM ANFANG WAR DIE BIBEL

»Am Anfang…« Während im Französischen das erste Wort der Genesis mit dem ersten Buchstaben des Alphabets beginnt, wird der Originaltext mit dem Buchstaben B (*beth* im Hebräischen und Aramäischen) eröffnet und nicht mit A *(aleph)*. »Am Anfang« heißt dort *Berèshit*.

Es ist kein Zufall, erklären die Ausleger, wenn die Thora mit dem zweiten Buchstaben beginnt. Gott zeigt damit, dass der Anfang, den er uns erzählt, nicht der Beginn der Geschichte ist. Vor dem Anfang gab es bereits etwas anderes, das wir nie wissen werden – genauso verhält es sich für mich mit der Geschichte meiner Eltern, von der das Wesentliche, das meinen Kindheitserinnerungen Vorausliegende, für immer verloren ist. Vor dem Beginn der Geschichte, die uns Gott erzählt, existierte eine andere Geschichte, die wir nie erfahren werden. So wie eine Geschichte meiner Familie in Maków und in Wilna existierte, die der kleine Belgier, der ich sein sollte, nicht kennen konnte.

Für die Bibelausleger wurden die Buchstaben nicht planlos auf die Seiten des Buches geworfen, das der Große Taschenspieler den Juden schenkte. Jeder einzelne Buchstabe hätte demnach einen offensichtlichen Sinn und einen verborgenen Sinn. Ganz so wie die von meiner Mutter aufbewahrten Unterlagen.

Dass der Anfang nicht wirklich der Anfang sein soll, gibt zu denken. Wenn A nicht den Anfang bezeichnet, wird davon die ganze Hierarchie umgestürzt. Seit meiner Entdeckung dieses Umstands betrachte ich die Wörter, die mit dem ersten Buchstaben des Alphabets beginnen, mit einem skeptischen Auge.

Im Licht dieser Wahrheit ist dann *assassin*, Mörder, kein erstes Wort, da ihm *crime*, Verbrechen, vorausgeht. *Affreux*, abscheulich, ist wie die anderen. Und das erste Verb im französischen Wörterbuch, *abaisser*, niederdrücken, bezieht sich auf jemanden, der zuvor aufrecht gestanden ist.

Bedeutet das etwa, dass es niemals einen Anfang gegeben hat? Ein Roman kann mit seinem Ende beginnen. Und das Leben? Wie das meiner Eltern, das immer wieder von Neuem beginnt. Ist es die Genesis, von der ich meine Liebe für die Wörter, das Staunen über die Buchstaben habe und die mir Einblick in deren Magie gab? Oder ist es vielmehr meine Familie, die zwischen den Sprachen und Alphabeten jonglierte?

Meine Mutter kam aus Wilna, einer Stadt, die ihre ganze Jugend hindurch den Status wechselte. So wurde Rebecca in einer russischen Stadt geboren, die in der Folge Polen angegliedert wurde und nach einer erneuten kurzen Annexion durch die Sowjets schließlich die Hauptstadt Litauens wurde. Mit jeder Grenzänderung wechselten für die Schüler die Sprache, das Schulprogramm, die Kultur und sogar das Alphabet. Meine Mutter lernte das Lesen auf Kyrillisch, das Zählen auf Russisch, Geometrie auf Polnisch und Algebra auf Litauisch. Bevor sie dann mit ihrem Latein am Ende gewesen wäre, haben sie ihre Eltern dann ins französische Lyzeum gesteckt.

Mein Vater sprach zu Hause Jiddisch und Hebräisch oder Aramäisch, wenn sein Vater ihn mit in die Synagoge nahm. In der Schule musste er Polnisch sprechen, abgesehen vom Deutschen während der vierjährigen Besatzungszeit durch die Truppen des Kaisers. An der Universität von Lüttich musste er sich innerhalb weniger Monate die französische Sprache aneignen. Jedes neue Wort bewahrte er sorgfältig auf, genauso wie er es mit jedem Geldstück tat, das er mit seinen Studentenjobs verdiente.

Ich fand eine Wörterliste, die eine seiner Freundinnen zusammengestellt hatte, damit er sie auswendig lernen konnte. In alphabetischer Reihenfolge hatte sie in Schönschrift alle Wörter aufgeschrieben, die sie wichtig fand für das Überleben in Belgien: *affection*, Zuneigung; *attachement*, Anhänglichkeit; *amabilité*, Liebenswürdigkeit; *bonté*, Güte; *courage*, Mut; *confiance*, Vertrauen; *douceur*, Sanftheit. Abgeschlossen wurde die Liste von *velouté*, samtig. Es gab nur einen einzigen Abweichler auf der Liste: *idiotysme*, Spracheigenheit (merkwürdigerweise mit *y*). Eine unterschwellige Botschaft dieses Mädchens an meinen Vater?

Was für eine komische Zeit. Heute würde man einem Immigranten beibringen: »Hau ab, Arschloch! Verpiss dich! Scheiße! Pass auf, die Bullen!«

Doch zurück zur Genesis. Mit dem Vorlesen kamen wir nur langsam voran, denn mein Vater gab sich die größte Mühe, mir alles zu erklären. Er hatte seine eigene Art, die Bibel zu lesen. Jeden Sonntagmorgen schrieb er den Talmud neu, er ganz allein.

Also am Anfang gab es keine Juden. Man muss einige Kapitel weiterblättern, bevor man auf einen merkwürdigen Umstand stößt: Wie immer man die Bibel auslegen mag, vor Abraham gab es noch weniger Juden auf Erden als im Berlin von 1944. (Bedenken Sie, dass Abraham mit einem A anfängt, was so viel heißt, dass vor ihm …)

Was unterscheidet Adam, Noah, Abraham, Moses oder David von den anderen Gestalten der Geschichte? Die Beschneidung! Mein Vater versuchte mir die Sache zu erklären, aber bis heute komme ich ganz durcheinander dabei.

Eins ist sicher, Adam gehört noch nicht zum jüdischen Volk, jenem »selbstsicheren und gebieterischen Volk«, wenn man General de Gaulle Glauben schenken will. Tatsächlich macht Adam eher den Eindruck eines dummen Goi und Eva den eines Flittchens. Doch im weiteren Verlauf der Geschichte stellt man fest, dass die Zahl dummer Juden bei Weitem jene der »selbstsicheren und gebieterischen« Juden übersteigt (wobei die dann nie lang genug bleiben, um daraus Nutzen zu ziehen), das Gleiche gilt für die Flittchen.

In diesem Zusammenhang empfehle ich die Bibel-lektüre auch jenen Kindern, die durch die Trennung ihrer Eltern traumatisiert sind und sich mit Halbbrüdern und Viertelschwestern arrangieren müssen. Loth, Abraham und viele andere treiben es mit sechs Frauen, verstreuen Kinder bis in alle Winkel Kanaans, ohne dass Gott daran Anstoß nehmen würde. »Als Lea merkte, dass sie aufge-hört hatte zu gebären, nahm sie ihre Sklavin Silpa und gab sie Jakob zur Frau.« Warum sollte Er heute strenger da-rüber urteilen, wo doch er selbst der Urheber all dieser Neckereien ist?

Ah, die Frauen der Bibel! Es gibt viele davon, und sie sind schön! Meine Kindheit war erfüllt von ihnen, viel mehr noch als meine Jugend: Weder bei Jules Verne noch bei Tim & Struppi hätte ich lernen können, sie so zu lie-ben. Rahel mit den zärtlichen Augen, Bathseba, die kei-nen Finger zum Protest erhebt, als König David, ihr Ge-liebter, den tapferen Urija, ihren Mann, an die Front schickt – eine Art, ihn loszuwerden, ohne sich die Hände dreckig zu machen. (»Setzt Urija da an der Front ein, wo der Kampf am heftigsten ist. Dann sollt ihr euch hinter ihm zurückziehen, so dass er getroffen wird und stirbt.«) Dummer Urija, dass er die militärische Laufbahn einge-schlagen hat! Delila, die durch Verführung das Geheim-nis von ihrem Mann Samson herausfindet und ihn so an seine Feinde ausliefert. Jael, die so schön war, dass der feindliche Heerführer ihr nicht widerstehen kann, als sie ihn in ihr Zelt einlädt, worauf sie ihm einen Zeltpflock in den Kopf rammt. Wie sie mich berauscht haben, die Frauen der Bibel! In meinem Gedächtnis waren sie eingehüllt in derart geheimnisvoll wohlklingende Düfte, dass diese eins wurden mit dem Geruch des Buches der Bücher. Das Exemplar meines Vaters roch nach Vanille und Mehl. Wenn er das Buch wieder einmal geschlossen hatte, stellte er es, ich weiß nicht warum, neben die Keksdose, sodass die Bibellesung vom Sonntagmorgen schon einen Vorgeschmack auf das Dessert gab. Und auf das Mittelmeer.

Die Bibel, gelesen von einem Mann, der aus der Kälte kam, ist eine köstliche, paradoxe und subtile Mischung aus der kreativen Bangigkeit des Nordens und der pikanten Süße des Südens. Es ist die kosmopolitische Seele der Juden, die den Nazis so viel Furcht einflößte... Ein erster Schritt in die Zivilisation.

Ich weiß alles über diese Frauen, die vor zwei- oder dreitausend Jahren gelebt haben, ich weiß um ihre Schönheit, die Farbe ihrer Augen, ihrer Haut, die Zahl ihrer Geliebten und sogar die süßen Worte, die sie ihnen ins Ohr flüsterten, aber von den Lieben meines Vaters und meiner Mutter weiß ich nichts. Dass Chaïm seine Rebecca geliebt hat, daran zweifle ich nicht. Aber wie hat sich ihre Leidenschaft durch die Jahre hindurch entwickelt? Wie sah ihr Liebesleben aus? Darüber weiß ich nichts. Meine Mutter hat einen Haufen Akten und Unterlagen zusammengetragen, die Briefwechsel mit der Eisenbahnverwaltung von 1941 aufbewahrt, Quittungen von Händlern, die schon seit Jahren verschwunden sind, Hunderte Postkarten von Freunden und Freundinnen aus der ganzen Welt, dann auch die Briefe, die ich an meine Eltern schrieb, jedes Mal, wenn ich verreist war. Aber nicht das kleinste Stück Papier, das mein Vater an sie adressiert hätte. Bis auf eine Ausnahme: ein wie durch ein Wunder erhaltener Brief, den er 1957 an sie geschickt hatte, als er allein nach Israel aufbrach, um seine Mutter zu besuchen. Ist das nicht seltsam? Was für gefährliche Hinweise konnten seine Briefe wohl enthalten, dass sie sie mit solcher Gewissenhaftigkeit verschwinden ließ?

Ich weiß also nichts über die Art und Weise, wie Chaïm, alias Henri, alias Hubert, seine Liebe für seine Kuka ausdrückte. In meiner Gegenwart verhielten sich meine Eltern immer extrem schamhaft und zurückhaltend, kein zärtliches Wort, nicht einmal ein keuscher Kuss. So zumindest in meiner Erinnerung.

Und wie verhielt sich der Magier dann gegenüber anderen Frauen? Ich konnte nur zwei Spuren finden, die auch nur eine sehr magere Auskunft über die Beziehungen meines Vaters zu anderen Frauen geben.

Da sind zunächst ein paar Wörter auf der Rückseite eines Fotos. Es ist das Porträt einer Unbekannten auf einem Waldweg: »Zur Erinnerung an die böse Lüticherin Madeleine.«

Ist Madeleine vielleicht die Lüticherin – wie sie sich selbst gegenüber dem polnischen Studenten bezeichnet –, die jene Wörterliste schrieb, um meinem Vater bei der Erlernung der Sprache seines neuen Gastlands zu helfen?

Das Foto ist 1930 in Lüttich aufgenommen worden, also zu der Zeit, als mein Vater dort studierte. Das Gesicht des Mädchens zeigt ein ironisch-spöttisches, vielleicht sogar provokantes Lächeln. Hielt mein Vater den Foto-apparat? War er es, den sie anflirten wollte? Ich kann mich nicht erinnern, ihn jemals mit einem Fotoapparat in der Hand gesehen zu haben. Aber man weiß ja nie. Und wie soll man diese schalkhafte Widmung deuten? Entschul-digte sich Madeleine vielleicht dafür, dass sie ihn zu lange hatte schmachten lassen? Oder weil sie geflohen war, als die Finger des jungen Fremden anfingen, ihre Kleider zu berühren?

Ich kann mir leicht seine Reaktion vorstellen, wenn ich ihm das Foto unter die Nase gehalten hätte: Sein schönes schüchternes Lächeln hätte mir gesagt, es lieber bleiben zu lassen und mich gar nicht erst auf dieses Gebiet vor-zuwagen. Über Gefühle haben wir nie reden können. Ge-schweige denn über Sex. Die Schamhaftigkeit war uns an-geboren. So wie auch die Gehemmtheit! Aber ich hätte dieses Mädchen sowieso nicht als Mama haben wollen. Da hatte meine eigene doch so viel mehr Glamour!

Der andere Hinweis darauf, welches Verhältnis mein Vater zu Frauen hatte, ist in dem Gedanken enthalten, den er auf eine Postkarte vom Mai 1957 schrieb, als er aus dem El-Al-Flugzeug stieg, das ihn – endlich! – ins Hei-lige Land gebracht hatte: »Das erste Mädchen, das uns in Israel empfing, war von einer unglaublichen Schönheit.« Das schreibt er seiner Frau – der schönsten Prinzessin in der jüdischen Welt – nach der Landung des Flugzeugs, das ihn nach Jerusalem zu seiner Mutter bringt.

Kuka interessierte sich nicht weiter für die Bibellesungen, solange wir nicht den Teppich schmutzig machten. In

Wirklichkeit nervten sie unsere Plaudereien am Sonntagmorgen, umso mehr als wir ihr, der zwanghaften Hausfrau, nur im Weg waren. Ohne dem heiligen Text zuzuhören, skandiert von den unendlichen Kommentaren meines Vaters, durchquerte sie Möbel rückend mit dem Staubsauger das Wohnzimmer. Mein Vater hatte jeden Protest aufgegeben. Außer wenn sie plötzlich Punkt zwölf auftauchte und rief: »Es reicht! Das Huhn wird kalt!« Dann ließ er einen herzzerreißenden Seufzer hören und hin und wieder auch einen kurzen Zornesaufschrei.

Denn sie hatte soeben eine »entscheidende« Szene, einen »wesentlichen« Kommentar unterbrochen, was alle Früchte seiner geduldigen Lektion zunichtemachte, die er mir an diesem Morgen zu vermitteln suchte. Und das, wo ihr Sohn endlich einmal zuhörte, ohne ständig herumzuhampeln! Ohne logischen Grund hatte mein Vater dann beschlossen, die Bibellektüre bis zum folgenden Sonntag zu unterbrechen. Es war wohl derselbe Grund, weswegen meine Mutter nicht wollte, dass das Huhn kalt wurde.

»Er küsse mich mit Küssen seines Mundes«, sagt die Hirtin im *Lied der Lieder*, »denn seine Küsse sind süßer als Wein.« War Wein süß? Ich fand ihn eher bitter, sauer, schauerlich. Ein schlechter Anfang für meine sexuelle Erziehung! Die Bibel will damit sagen, erklärte mein Vater verlegen, dass der Kuss von göttlicher Natur ist.

»Ach so, ja! Ich erinnere mich! Moses ist gestorben mit ›dem Kusse Gottes‹!«

»Ja, nein …«

Die Liebe, der Tod, mein Vater fühlte sich nie so recht wohl bei diesen Dingen. Um sich aus der Not zu helfen, zog er dann auch mal explizit die Kommentare zu Hilfe. (Wenn es ihm in den Kram passte, vergaß er, dass sie das Werk von Rabbinern waren.) »Alle Küsse sind lügenhaft, drei ausgenommen«, sagt eine Stelle im Midrasch, »der Kuss bei erlangter Größe, der Wiedersehenskuss und der Abschiedskuss.« Was konnte ich da antworten? Er ließ dann schnell das *Lied der Lieder* hinter sich, um sich den Propheten zuzuwenden, die weniger dumme Fragen bei mir hervorriefen.

Bis heute noch hallt die Stimme meines Vaters in meinem Kopf nach. Seine besondere Art, den Text zu deklamieren, als wäre er in Versen geschrieben. Seine raue, holprige Stimme erfüllte das ganze Zimmer und überdeckte alles, Möbel, Teppiche, Vorhänge, sogar den Lärm des Staubsaugers und meine Räuber-und-Gendarm-Rufe. Es war die Stimme von Jahwe selbst, synchronisiert in Französisch mit polnischem Akzent!

Seine Stimme ist verstummt. Von Zeit zu Zeit begegne ich seinem Schatten, der schweigend vor mir hergeht. Aber wenn ich seine Ausgabe der Bibel aufschlage, schwebt mit einem Mal wieder ein leichter Duft von Vanille im Zimmer. Ich schließe die Augen, ich spüre schöne Geschöpfe vorbeihuschen, frisch wie Oliven, und höre meinen Vater ihre Namen murmeln …

Die Bibel, ein Text, eine Stimme, ein Duft, meine Genesis …

DIE BOULEVARD-APOTHEKE

Zu Beginn der Fünfzigerjahre beschloss mein Vater, das ruhige Viertel, in dem wir lebten, zu verlassen und eine Apotheke im Stadtzentrum zu eröffnen, in der Nähe der großen Boulevards. Schluss mit dem Getingel durch die Provinz im Dienste anderer Künstler. Der Zauberer nahm die Hauptstadt in Angriff. Monsieur Optimist nahm wieder Farbe an. Brüssel trat ein in die Ära der Moderne. Er ebenfalls. In unsere Wohnung ließ er ein Badezimmer einbauen und einen elektrischen amerikanischen Kühlschrank, von dem seine Kuka geträumt hatte, und außerdem, über seinem Laden, ein Schild mit der Aufschrift »Pharmacie des Boulevards«, das die ganze Nacht leuchtete. Es war ein Fehler, dass er sich vom Strom der Zeit mittragen ließ. Diese Moderne würde seinem Unternehmen ein weiteres Mal den Garaus machen.

Der Boulevard, den er sich ausgeguckt hatte, schlängelte sich am Rand der Innenstadt und grenzte an ein gemütliches, volkstümliches Quartier. Das neue Theater seiner künftigen Heldentaten war umgeben von kleinen Läden und braven Handwerkern. Mit Bistros an jeder Straßenecke, vor denen sich abends ein paar Nutten tummelten, die ebenso zum Leben im Viertel gehörten wie die Schneckenhändlerinnen, die Marktschreier und die Scherenschleifer.

Jenseits des Boulevards begann die Stadt mit ihren Avenuen, die gegen Jahresende von buntem Neon erleuchtet waren, prächtig mit ihren breiten Straßencafés, wo Pianisten, manchmal sogar ganze Orchester, sich an mehreren Tagen pro Woche austobten. Zwischen der Apotheke meines Vaters und der Place Brouckère gab es ein Kino nach dem anderen, und in den Vitrinen betrachtete ich verzückt grellfarbige Plakate und die Fotos des Films der Woche und versuchte dabei zu begreifen, warum manche davon für mich verboten waren. Auf einigen der Hochglanzbilder bedeckten schwarze Balken die Brüste der Schauspielerinnen, was sie umso begehrenswerter machte. Im *Cinéac* gab es nonstop Zeichentrickfilme und Wochenschauen. Das *Crosby* gegenüber war auf deutsche Musikkomödien spezialisiert. (Unnötig zu sagen, dass wir nie einen Fuß dort hinein setzten.) Etwas weiter gab es das *Victory*, das Proletenkino, das wöchentlich einen neuen Western ankündigte, und dies in Sichtweite des *Métropole*, eines Kolosses aus rosa Marmor. In einer Seitenstraße war das *Cinémax*, wohin ich mich zitternd vor Begeisterung begab, als ich endlich alt genug war, alleine vor eine Leinwand zu schleichen, um dort die Horrorfilme der Hammer-Studios anzusehen. Und somit Dracula und Frankenstein zu meinen neuen Helden machte.

Sonntagnachmittags nahm mein Vater mich manchmal mit ins *Cinéac*, wo es sein Höchstes war, mehrere Vorstellungen lang immer wieder dieselben Wochenschauen anzusehen. Mir war das gerade recht. Zwischen den Überschwemmungen, den Einweihungen und den Kriegen konsumierte ich Zeichentrickfilme. Dann ging es wieder weiter mit politischen Reportagen, die mein Vater für mich kommentierte, trotz der »Pst!«-Rufe der anderen Zuschauer im Saal.

Wenn uns der Kopf schwirrte, kehrten wir zurück auf den Boulevard und nahmen in einem Café etwas zu uns, inmitten der Menschenmenge und der glitzernden Schaufenster. Eine schöne Bäckerei-Konditorei mit doppelter Auslage und gewölbter Vitrine thronte oberhalb einiger Stufen aus Belgischem Blaustein. Ein feiner, schlecht riechender Käseladen, ein Handschuhgeschäft, eine Fahrradreparatur. Ein Friseur namens René, ich weiß auch nicht, warum sein Name mir gerade einfällt. Das Reich des Chaïm, der zu Hubert geworden war, befand sich zwischen dem Nordbahnhof, damals noch Place Rogier, und der Endstation der Straßenbahnen, versteckt in einer düsteren Straße, in einer wahrlich finsteren Gegend. Jedes fünfte Haus im Umkreis der Apotheke beherbergte ein Café. Mein Vater behauptete, Brüssel sei die Stadt mit den meisten Cafés und den meisten Dichtern der Welt. Neben Warschau.

Was wohl Warschau für ihn inzwischen bedeutete? Eine traumhafte, für immer verlorene Stadt, in deren Nähe er aufgewachsen war und die er erst den Deutschen, dann den stalinistischen Kommunisten überlassen musste. Das Warschau, an das er sich erinnerte, war weder die Hauptstadt Polens noch die Stadt, in der er studiert, gelebt, geliebt hatte, und auch nicht die Stadt, aus der Sara ihre letzte Nachricht geschickt hatte. Es war eine Märchenstadt, unwirklich und magisch und so fragil wie ein Kartenhaus, das ein Einzelner umpusten konnte. Für meinen Vater gab es kein Polen mehr; es hatte es nie gegeben. Deshalb brauchte ich mich auch nicht dafür zu interessieren. Die Avenue des Boulevards war nunmehr seine einzige

Vergangenheit und – seine Zukunft. Sein altes Pflaster, die Kramläden, die Menschen, seine Herzensfamilie. Dieses lebendige, wuselige, unverwüstliche Viertel würde ihn schützen, für ihn und für das Glück und die Sicherheit seiner Kinder sorgen und nach ihnen für Generationen von Apothekern, die es noch nicht gibt, aber die bereits in Planung sind, allesamt mit Brille und reinweißem Kittel. Auch sie werden vor ihren Schaukästen die Kinder und Kindeskinder all dieser braven Passanten, ihrer geschätzten Kundschaft, vorbeiziehen sehen. Der Krieg war vorbei, die Zerstörer vernichtet, die Zukunft glänzend. Ach ja?

DER ANGRIFF DER KAVALLERIE

Die Apotheke meines Vaters war klein, eng, vollgestopft mit wacklig übereinandergestapelten Kisten und Schränken bis zur Decke. Eine hohe Ladentheke auf einem kleinen Podest bildete die Trennung zum Verkaufsraum, wo er seine Kunden bediente. Dazwischen gab es eine Art Durchreiche. Weil ich auf das Podest durfte, weiß ich nicht, ob das Auftauchen seines Kopfes in der Durchreiche die Kunden vor Schreck erstarren ließ oder ob er ihnen Vertrauen einflößte. Mein Vater, mein lieber Vater, der keiner Fliege etwas zuleide tun konnte, der so glücklich war, wenn er jemandem etwas Gutes, einen Gefallen, wenn er sich beliebt machen konnte – wie sollte man glauben, dass er sich einen solchen Mechanismus ausgedacht hat, um seine Kundschaft zu verjagen?

Von dort, wo ich mich aufhielt, eingeklemmt zwischen der Theke und einem schweren Schrank, war ich zu klein, um die Gesichter der Kunden zu sehen. Bis zu dem Tag, als ein Gendarm hoch zu Ross auftauchte, mit gezücktem Schwert, und direkt auf mich zu!

Von meinem Geschrei alarmiert, kam mein Vater aus dem Hinterzimmer herbeigestürmt. Mit geschlossenen Augen wartete ich auf den verhängnisvollen Stoß, der mich zu meinen Vorfahren irgendwo im Himmel schicken würde, in die Nähe von Warschau.

Nach ein paar Augenblicken, als ich mich wunderte, immer noch am Leben zu sein, riskierte ich ein Blinzeln. Der Gendarm auf seinem Pferd war immer noch da, aber das wilde Tier war genau vor der Ladentheke zum Stillstand gekommen. Das zornentbrannte Gesicht meines Vaters in der Durchreiche hatte seinen Schwung gestoppt. Kaum hatte er sich wieder gefasst, blickte der Gendarm sich um, als sei er – wie ich – soeben aus einem Albtraum erwacht, und ließ endlich seine Waffe sinken.

»Na, na, schon gut«, brummte er, als habe mein Vater ihm Vorwürfe gemacht – dabei hatte die Angst ihn verstummen lassen. »Ist ja gut, ist ja gut«, wiederholte der Gendarm trotzdem, denn er hatte seine natürliche schlechte Laune wiedergefunden. Um anschließend mit eleganter Geste sein Tier zu wenden und sich mit dem Ausdruck verletzter Würde wieder zu seinen Kameraden auf der Straße zu gesellen.

Es hatte an jenem Tag offenbar viele Verletzte unter den vorbeiziehenden Demonstranten gegeben, die sich für den Schulfrieden einsetzten. Von dieser ganzen Geschichte ist ein einziges Bild bei mir hängen geblieben, nämlich das des Gendarmen auf seinem Ross vor der riesigen Ladentheke meines Vaters, der sich wie jeder andere Kunde auch unterwerfen musste…

EIN MAGISCHER ORT MITTEN IM DSCHUNGEL

Eines späten Vormittags, als mein Vater gerade beschäftigt war, seine Pulver und Pülverchen im kleinen Hinterzimmer – großspurig »Labor« genannt – zu mixen, verließ ich die Apotheke und begab mich in Richtung Straßenbahndepot.

Anstelle eines Bahnhofs mussten sich die Trambahnen mit einem schlammigen Erdwall vor der Senne begnügen, dem Fluss, der einst Brüssel bewässerte, bevor er unter einigen Tonnen Beton weggesperrt wurde. Wenn man die Trambahn nehmen wollte, musste man durch eine schmale Gasse schlüpfen zwischen blinden Mauern ehemaliger Geschäftshäuser und verlassenen Lagerhallen; es war ein finsterer Ort, der troff vor Armut, Verlassenheit und Ratten. Es war mein Lieblingsort im ganzen Viertel. Die Fahrer, *wattmen* im Brüsseler Dialekt, hantierten mit schweren Maschinen und Weichen, um die Waggons aneinanderzukoppeln, bevor sie langsam in eine geheimnisvolle Richtung davonzogen. Die städtischen Trambahnen trugen Nummern und die Vorstadttrambahnen einen großen schwarzen Buchstaben auf einer Holztafel über dem ersten Wagen und darunter jeweils den Namen des unbekannten Zielorts: Steenokkerzeel, Zottegem, Machelen, Mollem.

An jedem Vormittag brachte ich zwei Stunden damit zu, das Hin und Her der Trams zu beobachten, als mir plötzlich ein Kobold zuflüsterte: »Na los, steig ein! Worauf wartest du?«

Angestachelt von dieser Stimme und aufgeregt wie ein Primaner sprang ich auf die hintere Plattform eines Zuges, der gerade losfuhr. Zu jenen glücklichen Zeiten fuhren die Trambahnen mit offenen Türen, was einem erlaubte, sie noch im Flug zu erwischen. Auf ins Abenteuer! Tonkin, Tanger oder Matadi? Oder vielleicht Warschau? Auf jeden Fall zu einem magischen Ort mitten im Dschungel.

Die Tram durchquerte die Stadt und dann die Vorstadt, und nach und nach stiegen die Fahrgäste aus. Nichts kündigte das Land aus *Tausendundeiner Nacht* an. Je weiter man sich von Brüssel entfernte, desto gleicher sah alles aus! Kleine Reihenhäuser wie diejenigen gegenüber der Apotheke, graue Straßen, dunkle Plätze, im Bau befindliche Häuser und dazwischen noch ein paar Felder. Schließlich kam die Tram an ihrer Endstation an. »Allemaal uitstappen!« (Alles aussteigen!), rief der Schaffner. Der magische Ort sah vor allem aus wie die Avenue du Boulevard! Die andere Seite des Planeten kam mir vor wie ein Déjà-vu. Die Leute liefen nicht mit dem Kopf nach unten. Sie trugen weder Lendenschurz noch Knochen durch die Nase. Und an wilden Tieren gab es nur ein paar Hunde, die an mir schnupperten, um missmutig wieder abzuziehen, als sei ich meinerseits auch nicht exotisch genug für sie.

Zu meinem Pech kam mein Vater gerade an der Tramhaltestelle vorbei, als ich von meiner Expedition zurückkehrte. Was mir eine ordentliche Gardinenpredigt vor allen Leuten bescherte. »Sapperlot, ich suche dich schon seit einer Ewigkeit! Wo kommst du her?«

»Von nirgendwo …«, murmelte ich mit jämmerlicher Stimme.

»Du willst mir also nicht antworten?« Und er begann zu meiner großen Schmach vor versammeltem Publikum loszubrüllen. Warum konnte er an meiner Aufrichtigkeit zweifeln?

»Aus Tonkin, aus Matadi, aus Warschau, was weiß ich? Schau doch nur!«

Meine Tram war wieder losgefahren. Aber man erahnte noch auf der bunten Holztafel ein V oder ein W.

»Siehst du, ich komme aus V oder aus W!«, beharrte ich.

Mein Vater verlor kein Wort mehr darüber, und ich vermied es sorgfältig, je wieder eine Vororttram zu nehmen. Nicht ohne Bedauern. Ich war mit dem V oder dem W in die falsche Richtung gefahren. Aber wer weiß, was mit dem Y oder dem Z gewesen wäre?

Ein paar Monate später ließ die Tramgesellschaft sämtliche Wagen mit automatischen Türen ausstatten, bevor jene schweren Züge von moderneren ersetzt wurden, die hermetisch verschlossen waren wie Sardinenbüchsen. Es waren Züge, die mich niemals mehr in irgendein Wunderland bringen sollten.

DAS ZAUBERMITTEL DER CAMPIONISSIMI

Mehr als alles liebte mein Vater es, »seine Mittelchen« herzustellen. In den Tiefen seines Labors hatte er eine Schönheitscreme entwickelt, eine Körpermilch, Dragees gegen Kopfschmerzen, ein sprudelndes durstlöschendes Getränk gegen Verstopfung, eine Vitaminmischung für schwächelnde Kinder, ein Sortiment an Sirups für alle möglichen Anwendungsgebiete, ein Dutzend unterschiedlicher Alkoholika, die er selbst im Keller destillierte, sowie extra gemixte Tinkturen für die jungen Damen, die direkt um die Ecke in den Schaufenstern der Rue du Marché arbeiteten.

Dank ihrer prachtvollen Etiketten glichen seine Erfindungen den Pharmazeutika großer Chemielabors und machten etwas her, wenn sie den Kunden diskret zugeschoben wurden. Der Schriftzug *Scarlett* wogte über das gelbe Etikett der Schönheitscreme und der Körpermilch unter der anmutigen Zeichnung eines jungen Frauenkörpers, der bereits bebte in Anbetracht des Vergnügens, sich die Haut damit zu salben. Die Zeichnung war das Werk meiner Mutter. Die Dragees hießen *Calmodor* und das

Sprudelwasser *Poto*. Der Name verdankte sich, nach anstrengenden Brainstorming-Abenden im Kreis der Familie, meinem Lateinunterricht. Trotz des gewagten Slogans, den der Drucker hinzugefügt hatte, »das Sprudelgetränk Ihrer Sommerabende«, war mein Vater nie ganz zufrieden damit. Seine Vorahnung hatte ihn nicht getäuscht. Die *Poto*-Flaschen verstaubten auf den Regalen unter dem angewiderten Blick der Kundschaft. Die Grenadine hatte rasch die ärgerliche Manie, sich vom Wasser und vom Abführmittel zu separieren, um sich auf den Boden der Flasche zu flüchten. Jedes Mal, wenn ich die Apotheke betrat, bewegte ich die Flaschen. Doch trotz meiner Bemühungen blieb die Abspaltung unausweichlich. Kaum war sie vermischt, nahm die Grenadine wieder ihren Platz ein wie ein alter Kater sein Kissen. Und der *Poto* begann einer Flasche Formalin zu gleichen, die ein klebriges Monstrum konservierte, das direkt aus einem *Cinémax*-Film entsprungen schien und rein gar nichts mit dem »Sprudelgetränk Ihrer Sommerabende« zu tun hatte.

Eines Tages im August scheuchte mich der Klang einer Glocke aus der Apotheke auf die Straße. Es gab damals viele Leute, die mit einer Glocke klingelten, der Suppenlieferant, der Eisverkäufer, der Scherenschleifer. Dieses Mal jedoch scharte sich eine ungewöhnliche Menge um den Glockenklingler.

»Es ist Walkowiak!«, rief mein Vater von seiner Ladentheke aus. »Sieh nach, was los ist, und erzähl es mir dann!«

Hinter dem Mann mit der Glocke lief ein zweiter her, mit geröteter Haut, wuscheligen schwarzen Haaren, ein

Kleinwüchsiger mit unglücklicher Statur, in seinem goldenen Trikot jedoch wie ein Gott, der auf die Avenue du Boulevard herabgekommen war. Walkowiak hatte soeben die Tour de France gewonnen, und nun drehte er seine Ehrenrunde geradewegs vor der Apotheke meines Vaters mit dem großartigen gelben Harnisch, den er Paris abgetrotzt hatte!

Ich raste auf die Straße, holte die Prozession ein, schlängelte mich durch die Zuschauerreihen, bis ich ganz nah an den Champion herankam. Der Mann mit der Glocke bahnte den Weg, indem er »Walkowiak! Walkowiak!« rief. Der Held folgte ihm mit einem abwesenden Lächeln auf den Lippen und gab unter Bravos mit gleichgültiger Miene Autogramme. Hin und wieder überreichte ihm einer seiner Bewunderer ein Geschenk, das der Mann mit der Glocke in einem Korb verschwinden ließ. Was mich auf eine glänzende Idee brachte. Ich kehrte in die Apotheke zurück, schnappte mir eine Flasche *Poto* und sah zu, dass ich, so schnell ich konnte, wieder beim Champion war. Als ich ihm den *Poto* darbrachte, fiel mir nichts Besseres ein, als ihm »Nur Mut!« zu wünschen.

Welch ruhmreicher Tag für den *Poto*! Zu schade, dass kein Fotograf zugegen war, um den Moment festzuhalten. Umso mehr, als er sehr kurz war. Walkowiak nahm die Flasche und reichte sie, ohne sie eines Blickes zu würdigen, an seinen Begleiter weiter, der sie geistesabwesend in seinen Korb stopfte, bevor das Duo unter Hochrufen seinen Weg wiederaufnahm. »Walkowiak! Walkowiak!«

Kein Mensch hörte je wieder ein Wort von Walkowiak. Als ich verzweifelt seinen Namen auf den Siegerlisten suchte, verfluchte ich den *Poto*, der bis zum Ende meiner Tage die Verantwortung für das Scheitern eines großen Champions trug.

DER WASSERTRÄGER

Ein weiteres Rennrad-Ass geisterte durch unser Viertel. Fons Van Overstraete. Laut Friseur René hatte Fons eine kurze ruhmreiche Phase zu Beginn der Dreißigerjahre erlebt, nach einem Einzelsieg auf der Etappe Vianden–Diekirch der Tour du Luxembourg für Amateure. Als er daraufhin zum Profisport wechselte, konnte er nie wieder seine Bestmarke erreichen. Bis zum Krieg hatte er als Wasserträger für den Star seiner Mannschaft, Sylvère Maes, gerackert. Für seine Aufopferung wurde er kaum entlohnt und bekam niemals die Erlaubnis, die Nase aus dem Mittelfeld zu recken. Was für eine Kraft diese Kerle an den Tag legten, die ihre Getränkedosen holten und dann im Feld wieder bis zum Anführer aufholten, das Getränk gegen die Brust gepresst.

»Fons hätte sich auflehnen müssen, wenigstens ein einziges Mal«, sagte René, »nur einen Augenblick lang die Tour de France den Favoriten abluchsen. Er hatte das Zeug dazu, der Tropf. Die Muskeln von Maes, das war sein Verdienst!« René brüllte nun seinen Unmut heraus und fuchtelte dabei gefährlich mit dem Rasiermesser nur Millimeter über dem Adamsapfel eines Kunden herum, der wie versteinert auf seinem Friseursessel saß. Genau, René, wir träumten alle vom Sieg der Entrechteten, von der Rache des kleinen Mannes.

In einer dunklen Gasse auf der Rückseite des Boulevards hatte Van Overstraete in einer leer stehenden ehemaligen Autowerkstatt eine kleine Fahrradreparaturwerkstatt eingerichtet. Tausende Metallteile undefinierbaren Nutzens rosteten auf den Stellagen vor sich hin. Fons hatte das Ladenlokal nie geputzt, zu sehr hatte ihn seine Tätigkeit als Wasserträger erschöpft. Er hatte nicht einmal das fast verblichene Schild frisch gestrichen. Seine paar Werkzeuge hatte er einfach auf eine alte Plane gelegt, als sei er gleich wieder weg. Zwischen zwei Kunden döste er in einer Hängematte, die er zwischen Eisensäulen gespannt hatte. Sie trugen das schmutzige gläserne Dach, durch das ein fahles Licht fiel. Hin und wieder, wenn man ihm ein Bier brachte (ich hatte es nie gewagt, ihm ein Glas *Poto* anzubieten), erzählte er die Etappe in den Pyrenäen, als Sylvère Maes die ganze Welt überraschte und die Tour de France 1935 oder 36 gewann; oder wie er, Fons, dafür gesorgt hatte, den wackeren Antonin Magne in die Falle zu locken, damit sein Chef Paris–Brüssel gewinnen konnte.

Wenn er sich echauffierte, kletterte Fons aus seiner Hängematte und erzählte weiter, während er schließlich die Drahtesel reparierte, die seit Tagen in der Ecke darauf warteten. Und ganz ausnahmsweise, wenn er sich richtig gut fühlte, holte er sein eigenes Fahrrad hinter dem Verhau alter Rostlauben hervor, jenes Fahrrad, mit dem er seine Siege eingefahren hatte, auf dem er gelitten und Ruhm genossen hatte, das Fahrrad, das ihn auf den höchsten Punkt des Tourmalet begleitet hatte und das ihn getröstet hatte, als er im Besenwagen gelandet war. Es war ihm gelungen, eine Methode zu finden, wie er sein kostbarstes Gut vor dem Gerümpel seiner Werkstatt schützen konnte. Er hatte es mit zwei dicken Schraubenbolzen auf einer Holzplatte befestigt, und so stand es aufrecht, als habe es soeben die Siegerlinie überquert, stolz erstarrt für die Ewigkeit, das heilige und einbalsamierte Vehikel des letzten Pharaos.

Als Walkowiak hier gewesen war, erzählte ich Fons vom Auftritt dieses letzten Siegers der Tour de France in unserem Viertel. Er verzog den Mund, nickte und holte sein berühmtes Fahrrad hervor.

»Hör mir bloß auf mit Walkowiak«, sagte er, »das ist ein unsicherer Kantonist. Der wird's nie zu was bringen! Er war auch nie Wasserträger. Der sucht eher den Weg des geringsten Widerstands. Ist nicht leidensfähig.«

Und dann fing er an, die Tour de France 1935 oder 36 zu schildern, wie er Sylvère Maes zum Sieg verholfen hat, wie der die Passhöhen des Tourmalet und des Aubisque gemeistert hatte und den Elsässer Belchen bei strömendem Regen hinuntergedonnert war. Drei Stunden später saß ich immer noch da und hörte ihm zu, bis mein Vater kam und mich abholte.

»Wir müssen nach Hause, mein Lieber. Hier, Fons, ich hab dir ein paar Bier mitgebracht. Das hast du dir verdient, warst so ein prima Babysitter.«

»Was für Zeiten«, sagte Fons und griff sich ein Bier. »Heute haben die Wasserträger Universitätsabschluss!

Meiner Ansicht nach wird das die Qualität der Champions nicht unbedingt verbessern. Die werden so nur noch größere Snobs.«

»Ja, aber deshalb kein bisschen nüchterner!«, fügte mein Vater hinzu und setzte sich mit den Flaschen neben Fons, während ich noch hinten in der Werkstatt spielte. »Los, komm jetzt!«, rief er dann irgendwann. »Und wasch dir das Gesicht, bevor du vor deine Mutter trittst, sonst bekommen wir wieder Ärger.«

Von seinem Fahrradsitz aus sah uns Fons hinterher, wie wir in die Dämmerung aufbrachen. »Soll ich Licht anmachen?«, fragte mein Vater beim Hinausgehen.

»Nein, nein«, sagte Fons und rührte sich nicht.

Als ich mich umdrehte, hatte die Dunkelheit ihn bereits verschluckt, ihn, sein Fahrrad und seine Werkstatt. Ich sah ihn nie mehr wieder.

DAS REZEPT „TÄUBCHEN AUF BRÜSSELER ART"

Ein Taubenzüchterklub bezog sein Hauptquartier im Café direkt neben der Apotheke. Mein Vater machte sich unverzüglich an die Herstellung von Medikamenten für Tauben. Innerhalb weniger Monate wurde er *der* Spezialist auf dem Gebiet. Sein Ruf machte schnell die Runde in Taubenliebhaberkreisen, und die Kundschaft strömte von überall herbei. Lange Zeit hatte ich meinen Vater im Verdacht, dass er sich von seinen Forschungsergebnissen im Zusammenhang mit dem *Poto* inspirieren ließ, um sein Wundermittel zu perfektionieren.

Eines Tages stürmte ein Taubenliebhaber aus dem Café nebenan in die Apotheke. Sein kleiner Held war von einer weiten Expedition ziemlich zerzaust zurückgekehrt. Er kauerte in der Kuhle seiner Hände mit zitternden Beinchen, der Körper von Krämpfen geschüttelt. Vor meinen angeekelten Augen griff mein Vater, ohne zu zögern, durch die Durchreiche nach dem kranken Vogel und lief schnurstracks in sein Labor; die anderen Kunden ließ er einfach stehen.

Als er wenig später wieder auftauchte, verkündete er mit leiser Stimme, dass die Taube sich jetzt erhole. In der darauf folgenden Stunde glich die Apotheke dem Vorzimmer eines Stars auf der Intensivstation. Das gesamte nachbarliche Café war auf den Beinen. Ein Dutzend Personen drängte aufgeregt flüsternd herein. Um ihre Bangigkeit zu besänftigen, wechselten sich drei Kellner ab mit dem Bierholen – so wie man sich Wassereimer weiterreicht bei einem Brand. In regelmäßigen Abständen verschwand mein Vater in seiner Abstellkammer, von wo er mit besorgter Miene zurückkehrte. Nach einer Weile bemerkte man, dass es etwas Neues gab. Mein Vater trat lächelnd aus seinem Labor, zwischen seinen Händen das Geflügel, das immer noch reglos war, aber nun mit ruhigen Klauen, einem entspannten Körper und wachem Auge. Ein großes »Ah!« erklang aus der Menge. Und nun kursierten Champagnerflaschen anstatt des Bieres. Der Besitzer des Geflügels ergriff seinen Liebling und gebot

Ruhe. Jedoch als er gerade sein Glas zu Ehren meines Vaters erheben wollte, machte er eine ungeschickte Bewegung, sodass ihm das Tierchen in Richtung Boden entglitt. Betretenes Schweigen erfüllte die Apotheke. Nichts mehr schien den Sturz des Täubchens auf den Fliesenboden aufhalten zu können, aber da geschah ein Wunder. In dem Moment, als es auf der Erde aufprallen sollte, breitete es plötzlich seine Flügel aus und erhob sich majestätisch in die Lüfte wie ein Pilot, der seine Maschine gerade noch vor dem tödlichen Looping wieder fängt. Endlose Sekunden lang kreiste das Tier über unseren Köpfen, aber da es wohl zu wenig Raum für die Entfaltung seines Talents vorfand, flog es aus der offenen Ladentür und verschwand hinter den Schildern. Alles starrte zum Himmel, aber es kam nicht zurück. Nach zwei Stunden vergeblichen Wartens gaben der Taubenbesitzer und seine Freunde auf.

Am nächsten Morgen, als mein Vater eben die Apotheke aufsperren wollte, flog die Taube plötzlich herbei und landete auf seiner Schulter. Mein Vater lachte erfreut, schob ihr eine seiner Wunderpillen in den Schnabel und kraulte sie am Hinterkopf. Sichtbar zufrieden wartete die Taube dann brav auf ihren Eigentümer.

EIN BÜRGERMEISTER VERMISST
SEINEN KANAL

Der Kanal, ein paar Hundert Meter von der Apotheke entfernt, markierte die Grenze des Viertels. Jenseits davon befand sich eine ferne, geheimnisvolle und Furcht einflößende Gegend, der Wilde Westen. Um nichts in der Welt hätte ich mich dorthin gewagt. Und warum auch? Auf der anderen Seite des Wassers war: nichts. Wie die Alten glaubten, dass die Erde eine Scheibe ist, so war ich felsenfest überzeugt, dass es kein Jenseits des Kanals gibt, dass dort ein schwarzes Loch, ein Nichts ist. Nur durch ein außergewöhnliches Ereignis ließ ich mich dorthin bewegen: das Verschwinden des Bürgermeisters von Brüssel.

In dem Bistro neben der Apotheke setzte sich jeden Tag zum Aperitif ein älterer Herr an einen Tisch, der für ihn gegenüber der Ecke der Taubenliebhaber reserviert war. Trotz seiner mürrischen Miene und seines schwerfälligen Ganges hatte er irgendwie etwas Imposantes. Man fühlte sich verpflichtet, ihn zu grüßen wie den gestürzten König eines untergegangenen Reiches. Mein Vater, genauso wie die anderen Stammkunden, versäumte es nie, ihm zuzunicken. Als Antwort erhob er unmerklich sein Bierglas, nickte leicht mit dem Haupt, schweigend, mit traurigem Gesichtsausdruck. »Das ist der Bürgermeister«, murmelte mein Vater respektvoll, »Monsieur Van de Meulebroeck.« In seinen Augen erschienen ihm sämtliche Nachfolger als Hochstapler. Er war der Einzige, dem der ehrwürdige

Titel »Bürgermeister von Brüssel« zustand. Erster Beamter der Stadt, hatte Van de Meulebroeck beherzt Widerstand geleistet, als die Deutschen die Hauptstadt einnahmen, bis er 1941 von seinen Ämtern enthoben wurde. Noch am selben Tag ließ er ganz Brüssel mit einem markanten Aufruf gegen die Nazis plakatieren. Und gegen die Kollaborateure, die zu der Zeit noch zahlreicher waren als die Widerständler und sogar als die Deutschen.

»Du wirst schon sehen«, sagte mein Vater. »Morgen werden sich die Bürgermeister Denkmäler errichten lassen, Schwimmbäder nach sich benennen und neue Boulevards, um die wichtige Rolle, die sie auf Erden gespielt haben, für immer zu verewigen. Aber selbst wenn sie ganze Städte bauen, wird man ihren Namen vergessen haben, sobald der erste Mauerstein gesetzt ist. Man sagt, die Belgier haben einen Ziegelstein im Bauch. Van de Meulebroeck hat den Beweis geliefert, dass es selbst in Belgien nicht der Beton ist, der die wahre Größe der Menschen ausmacht, sondern eine gewisse Vorstellung von Freiheit und von Respekt vor dem Einzelnen.«

Zehn Jahre später hätte ich hämisch gelacht oder gar Schlimmeres. Doch damals war ich ebenso versessen auf seine Morallektionen wie auf die Tour de France und die Rundfunkhörspiele von Radio Luxemburg.

Eines Nachmittags kam der Wirt vom Café nebenan zu meinem Vater, um ihm mitzuteilen, dass der Bürgermeister verschwunden war. Er hatte wie jeden Tag gegen Mittag das Lokal verlassen, war aber nie in seinem Büro angekommen. Seither suchte man vergeblich nach ihm. Obwohl der Kellner gesehen hat, dass er wie üblich in Richtung des Boulevard Jacqmain aufgebrochen war.

»Hatte er viel getrunken?«, fragte mein Vater nach kurzem Zögern.

Der Wirt warf mir einen Blick zu, bevor er antwortete: »Wie immer … Nicht mehr und nicht weniger …«

»So so«, meinte mein Vater leicht beunruhigt und fügte dann hinzu: »Und wenn er geradeaus weiter zum Boulevard Baudouin gelaufen ist?«

»Um Himmels willen, der Kanal!«, rief der Wirt.

Als wir beim Kanal ankamen, tummelten sich bereits zwei Feuerwehrwagen und zahlreiche Polizeiautos am Ufer des brackigen Wassers. Nun sah ich endlich also den Kanal. Anstatt die Stadt, die er durchquerte, mit Leben zu erfüllen, markierte er deren Grenze. Gesäumt von alten Industriebauten, die durch einen schmalen Weg vom Wasser getrennt waren, führte der Kanal ekelerregenden Dreck mit sich, als würden sich sämtliche Abwässer Brüssels hier ein Stelldichein geben.

»Da!«, schrie ich, »da! Schaut doch!«

Alles hob den Kopf.

»Man sieht gar nichts«, sagte mein Vater.

»Da«, rief ich, »er ist bestimmt da! Hier schwimmen mindestens zehn Flaschen Bier vorbei, genau unter unseren Füßen!«

»Sehr witzig«, sagte der Wirt, und die anderen nahmen ihre Arbeit wieder auf.

Mein Vater stürzte sich auf mich, packte mich am Arm und brachte mich sofort zurück zur Apotheke. »So etwas Peinliches«, sagte er, »also wirklich. Stell dir vor, jemand erzählt diese Geschichte dem Bürgermeister, wie würde ich dastehen?«

»Ach so?«, sagte ich und verstand überhaupt nicht, warum er so wütend war. »Und wenn man ihn dank mir auffindet? Was sagst du dann?«

Er stieß einen Wutschnauber aus und schloss sich in sein Labor ein.

Am nächsten Tag zur Stunde des Aperitifs nahm der Bürgermeister wieder seinen gewohnten Platz vor seinem Bierglas ein. Mein Vater grüßte ihn – ich auch. Ich wartete auf meine Medaille, aber der Bürgermeister reagierte nicht. Ich vermute, dass niemand ihm verraten hat, welche entscheidende Rolle ich bei seiner Rettung gespielt hatte.

DIE BOULEVARD-APOTHEKE VERSCHWINDET

Die Ankündigung einer Weltausstellung in Brüssel wurde von den Ladenbesitzern des Viertels mit Begeisterung aufgenommen. Bis sie begriffen, um was für ein Danaergeschenk es sich dabei handelte. Ein Tunnel direkt gegenüber der Apotheke, der endgültig Brüssel in zwei Teile schneiden würde, ein Viadukt auf der Höhe der Fenster des ersten Stockwerks, außerdem würden das ganze Viertel und sogar der Nordbahnhof dem Erdboden gleichgemacht, damit sich Immobilienmakler hier austoben und eine fantastische Stadt ganz aus Glas und aus Metall errichten konnten, die aussehen würde wie ein New York aus dem Comicstrip.

Die Nachbarschaft wurde aktiv und beschloss, die Urheber dieser grandiosen Projekte kennenzulernen, zwei junge Füchse der Kommunalpolitik, die vorhatten, die verschlafene Stadt in eine moderne City zu verwandeln. Man befand sich Mitte der Sechzigerjahre. Seltsamerweise sah der eine der beiden aus wie John F. Kennedy und der andere wie Richard Nixon. Aber selbst in dieser entfernten Miniaturausgabe von New York verströmte der Beton eher den betörenden Duft von Geld als den herben Geruch frischen Mörtels. Und die Methoden der Politiker, die den Anspruch hatten, die Welt zu modernisieren, glichen sich seltsamerweise – von Washington bis ins kleinste belgische Dorf.

Die Delegation kehrte beruhigt von den Verhandlungen zurück. Die beiden dynamischen jungen Politiker hatten ihnen offensichtlich das Blaue vom Himmel versprochen. Der Bau des Tunnels und auch die anderen Bauarbeiten würden dank neuester Technik in nie gesehener Geschwindigkeit realisiert. Und danach sähe der Stadtteil aus wie eine Mischung aus Byzanz, Konstantinopel und Manhattan, mit Springbrunnen und hängenden Gärten, mit schicken Wohnhäusern und Hubschrauberlandeplätzen, mit höher gelegten Straßen und Förderbändern auf den Gehsteigen. Dies war das Bild, das sie den entzückten Geschäftsleuten malten von der zukünftigen Metropole, die dort entstehen würde, wo sich bisher ihre Bruchbuden und altmodischen Ladengeschäfte drängten. Mein

Vater war weit weniger begeistert: »Ich traue dem Kleinen nicht über den Weg, diesem ehrgeizigen Gartenzwerg mit seinem Mephistopheles-Gehabe. Und der große Schlaks ist ein Technokrat, der von Brüssel keine Ahnung hat; er meint, eine Stadt am Reißbrett entwerfen zu können wie bei einem Lego-Baukasten. Ach, wenn wir nur auf Van de Meulebroeck zählen könnten ...«

Leider Gottes hatte der alte Bürgermeister aus Krankheitsgründen seine Ämter niedergelegt und kam nicht mal mehr zum Aperitif ins Café nebenan.

Und so entstand eine Baustelle nach der anderen, und der gesamte Stadtteil wurde mit der gleichen kaltblütigen Präzision zerstört, wie es die Deutschen mit Warschau gemacht hatten.

Die Boulevard-Apotheke und alles, was sie enthielt – ihre Geschichte, ihre Magie, ihre eigene kleine Welt –, all das verschwand innerhalb weniger Tage, ebenso plötzlich wie einst die Frau im Koffer des Zauberers vom Verviers-Theater. Und auf ebenso blutige Weise.

Ich war jung, so jung, und die Stadt, die mich umgab, erschien mir so alt. Die Stadt und alle ihre Bewohner. Ob ich ihr nachtrauere? Jetzt, wo sie verschwunden ist, erscheint mir ihr in ewigem Dunst erstarrtes Bild weder jung noch alt, weder schön noch hässlich. Ihre Tristesse, ihre Falten, ihre Gebrechlichkeit haben sich wie durch ein Wunder verflüchtigt. Was bleibt, ist die Erinnerung an die Emotionen, die sie ausgelöst hat: der Gendarm hoch zu Ross in der Apotheke, die dankbare Taube, die Straßenbahn auf dem Weg nach Honolulu, der verschwundene Bürgermeister, der Rennradchampion, der inmitten einer

jubelnden Menge zu Fuß die Avenue du Boulevard hin-
untergeht.

DIE ZAUBERTRÜNKE

Manchmal habe ich das Gefühl, mein Vater hat nur deshalb Pharmazie studiert, damit er ganz legal seine Arznei-
mittelchen, Pillen, Cremes, Sirups und anderen Zauber-
elixiere mixen konnte, die die Justiz als gefährliches Gift
und die Inquisition als Hexenwerk eingestuft hätten,
wenn nicht sein wertvolles Diplom ihn vor Nachstellun-
gen geschützt hätte.

Wenn er, anstatt sich in Lüttich und Brüssel niederzulassen, weitergezogen wäre nach Antwerpen oder Rotter-
dam und sich von dort nach Amerika eingeschifft hätte,
wäre er nicht in New York geblieben. Er hätte sich einen
Planwagen gekauft und wäre nach Westen gezogen, wo
man ihn auf seinen Streifzügen durch die Großen Ebenen unter dem Namen Doktor Barenboïm hätte antreffen
können, mit seinem Koffer aus gekochtem Leder, der ihn
seit Maków begleitete und vollgestopft war mit Glasbehäl-
tern voller chemischer Substanzen, Pülverchen in den un-
wahrscheinlichsten Farben, süß duftenden Cremes. Große
bemalte Schilder, beidseitig auf der Plane des Wagens befestigt, hätten das Ereignis in roten Buchstaben angekündigt: die Ankunft eines Zauberers, eines Wunderdoktors,
Erfinders revolutionärer Trünke, die die wissenschaft-

lichen Erkenntnisse des 20. Jahrhunderts auf den Kopf stellten. Schon bei Eröffnung seiner ersten Apotheke nach dem Krieg, als er sich über das Verbot von Werbung hinwegsetzte und mit der Einweihung seines Labors bereits zukünftige Kunden anwarb, ging er so weit, sich selbst als Taubenspezialist zu bezeichnen – was er dann tatsächlich auch wurde. Und der beste Hersteller von Spezialmitteln, die man natürlich nur bei ihm finden konnte.

Nichts bereitete ihm größere Freude, als eine seiner verzweifelten Kundinnen zu beraten. Er hörte ihr ohne Unterbrechung zu, wenn Madame die Liste ihrer Wehwehchen herunterbetete, mit leicht gebeugtem Kopf, um ja keine ihrer Malaisen zu verpassen. Ihr Ehemann sei verbittert, taub, aggressiv und obendrein Alkoholiker. Er verlor seine Haare, hatte Bauchkrämpfe und grässliche rote Flecken im Gesicht. Und, das Schlimmste: Sein Zustand war ansteckend. »Sehen Sie nur, Herr Apotheker, dieser Pickel auf meiner Nase, ganz zu schweigen von meinen Blähungen, und das, obwohl ich schon seit drei Tagen keine Mayonnaise mehr angerührt habe.«

Sobald sie fertig gejammert hatte, richtete mein Vater sich auf und dachte einen kurzen Moment nach. »Kommen Sie morgen wieder«, kündigte er mit tiefernster Stimme an, und sein polnischer Akzent betonte dabei, wie sehr er die Situation im Griff hatte – wie ein Guru, der aus zweihundertjähriger Lethargie erwachte. »Ich glaube, das richtige Mittel für Ihre Leiden zu haben.«

Am nächsten Tag – manchmal nach einem langen arbeitsreichen Abend – händigte er der Dame mit der Diskretion eines Dealers eine Flasche aus, die mit einer

La Pharmacie des Pâquerettes

a l'honneur de vous annoncer son ouverture pour le début du mois de janvier 1946

SPECIALITES BELGES ET ETRANGERES, ACCESSOIRES, PANSEMENTS, PRODUITS DE BEAUTE ETC.

Analyses et Recherches de Laboratoire - Préparations vétérinaires - Spécialités pour pigeons

Les ordonnances seront toujours préparées, avec les plus grands soins, par des pharmaciens diplomés.

Un pharmacien à demeure permet de répondre à l'appel du public jour et nuit.

TEL. 15.62.47

33, rue des Pâquerettes - SCHAERBEEK

eigenartigen Substanz gefüllt war, leicht glibberig und vorzugsweise rot, dreimal täglich vor den Mahlzeiten einzunehmen. »Achtung! VOR den Mahlzeiten. Andernfalls brauchen Sie sich nicht zu beschweren, wenn die Wirkung ausbleibt.«

Ich weiß nicht, ob mein Vater *Knock oder Der Triumph der Medizin* gelesen hatte, aber wie die Patientinnen von Jules Romains kam auch seine Patientin ein paar Tage später mit vor Dankbarkeit feuchten Augen zurück: »Er ist wieder gesund! Und Ihr Medikament hat ihm sogar die Ohren wieder frei gepustet!«

Mein Vater nickte lediglich und setzte ein bescheidenes kleines Lächeln auf, während er sich schon wieder der nächsten Kundin zuwandte, die dem Gespräch mit einer Aufmerksamkeit gefolgt war, als habe sie die sexuellen Geheimnisse des Königs Baudouin belauscht. Mein Vater hatte kapiert, wie wichtig Mundpropaganda ist, wenn man seine Laufbahn als Künstler verlängern und ausbauen will und als einzige Waffe nur einen Zauberstab zur Verfügung hat.

Auch ich kam in den Genuss der Mittel des Wunderdoktors. Als ich klein war und Papa mein Weinen besänftigen wollte, gab er mir einen alkoholgetränkten Korken zum Nuckeln, von einer Flasche, die er gerade für seine Freunde geöffnet hatte. Ich hatte derart Gefallen daran gefunden, dass meine Mutter, die den Methoden ihres Gatten immer kritisch gegenüberstand, behauptete, ich hätte jedes Mal, wenn er das Zimmer betrat, losgebrüllt, bis er eine Flasche entkorkte. Plop! Schon das Geräusch habe mich beruhigt. Es heißt, ich habe für mein Alter eine erstaunlich tiefe und anormal kräftige Stimme gehabt. Durchdringender als die Sirene auf dem Dach des Postamts nebenan, die jeden ersten Donnerstag im Monat in Erwartung des nächsten Krieges losheulte und dabei Fensterscheiben, Gläser und Geschirr zum Klirren brachte.

Mein Vater hatte seinen Destillierkolben in dem kleinen Labor im Hinterzimmer des Ladens aufgebaut. Dort fabrizierte, destillierte, perfektionierte er Alkoholika und Fruchtliköre mit einer Geschicklichkeit, die umso teuflischer war, als er selbst sie nie konsumierte. Er nahm immer nur einen kleinen Schluck seiner Gebräue, wie ein Koch, der seine Gerichte probiert und prüft, ob sie genügend Körper und Ausdruck haben und die erforderliche Konsistenz. Wenn er mit dem Ergebnis zufrieden war, verkorkte er die Flaschen mit energischer Geste und verteilte sie ringsum.

Die Cremes, Tabletten, Pomaden und anderen Produkte, die er entwickelte, hätten aus ihm den größten

Konkurrenten von Herrn L'Oréal machen können, wenn er sich nicht hartnäckig geweigert hätte, seine Geheimnisse den Laboratorien zu verkaufen, die bei ihm anfragten. Das wenigstens erzählte meine Mutter mit mal bewunderndem, mal bitterem Unterton, je nach Tagesform. Mein Vater hat den Behauptungen seiner Frau nie widersprochen. Er ließ sie reden, ging nicht darauf ein und quittierte die Legende höchstens mit einem kleinen Lacher.

Ich bin davon überzeugt, dass seine Begabung für Wundermittel an dem Tag entstanden war, als meine Mutter die Apotheke betrat. Wie sonst lässt sich erklären, dass die schönste Frau der Welt sich in seine Arme geworfen hat – wenn nicht dank eines Liebestranks, der eigens für die Gelegenheit gebraut worden war? Darf man glauben, dass es tatsächlich Liebe auf den ersten Blick war – *over the counter* –, die Rebecca und Chaïm einander näherbrachte?

Dass mein Vater einen elektrischen Schlag bekam, als er das wunderbare brünette Geschöpf erblickte, das für seinen Onkel Harry Medikamente abholte – daran besteht kein Zweifel. Aber um diese Spannung auf meine Mutter zu übertragen, bevor sie die Apotheke wieder verließ und für alle Ewigkeit verschwand, war ihm wohl die schönste Zaubernummer seiner Karriere geglückt. In seiner Gefühlsaufwallung war es ihm gelungen, innerhalb weniger Minuten einen Trank herzustellen, der ihn in einen Traumprinzen verwandelte, in das begehrenswerteste männliche Wesen im Umkreis. Jedenfalls schaffte er es, Rebecca zu bezaubern. Und sein Talent an diesem einen Tag wurde zum Herzstück seines Spektakels für den ganzen Rest seines Lebens.

DIE GESCHICHTE DES
SCHWARZEN HUNDES

Seit ich es auf mich genommen habe, dieses Buch zu schreiben, wache ich jede Nacht mitten in einem Traum auf, kurz vor der Auflösung. Als ob eine geheimnisvolle Hand mich festhielte, um die Vollendung meiner Geschichte zu verhindern.

Meine Erinnerung an den Traum ist verschwommen, aber das letzte Bild, kurz bevor ich die Augen öffne, ist mir ins Gedächtnis gebrannt. Ich wache immer genau dann auf, wenn ich gerade dabei bin, etwas zu tun: eine Hand zu ergreifen, die sich zu mir ausstreckt, jemanden zu umarmen, einen Ball im Flug zu fangen. Durchaus nichts Schlimmes, wie Sie sehen. Weder werde ich von teuflischen Wesen bedrängt noch von Nazis. Selbst wenn sein Inhalt gleich verblasst, hinterlässt der Traum bei mir einen angenehmen Nachgeschmack, den einer Welt, die weich ist wie ein Kokon aus Zuckerwatte und bevölkert von lieben und freundlichen Menschen. Sara streift mich leicht mit ihrem unwiderstehlichen Lächeln, Frania steckt mir ein Stück Kuchen zu, und unten im Erdgeschoss bullert der Ofen. Solche Sachen. Und doch habe ich lautes Herzklopfen, wenn ich aufwache, und bin schweißgebadet, als sei ich soeben einem Monster entkommen.

Eines Nachts kam ein riesiger schwarzer Schäferhund mit aufgesperrtem Maul auf mich zu. Das Tier machte mir keine Angst. Es war nicht das furchteinflößende

Tier eines KZ-Aufsehers und auch kein polnischer Antisemit auf vier Pfoten, der Albtraum meines Vaters. Ich erkannte das Tier auf Anhieb wieder. Es war der Schäferhund von Chaïms Großvater. Ich weiß es, weil ich dessen Geschichte seinerzeit aufgeschrieben habe. Ich war wohl zehn oder elf Jahre alt und nölte an einem Aufsatzthema herum (»Erzähl eine Familiengeschichte auf drei Seiten«), bis mein Vater, als er das Gemaule satt hatte, seine Zeitung zusammenfaltete.

»Warum schreibst du nicht über deinen Urgroßvater?«, rief er entnervt, als könnte ich wie durch ein Wunder plötzlich jene Erinnerungen wachrufen, die er mir immer vorenthalten hat.

»Mein Großvater war Bauer«, fuhr er fort. »Sein größter Stolz war ein herrlicher pechschwarzer Hund. Es war ein Schäferhund, den er in einem Graben aufgelesen hatte, wo ihn jemand verrecken lassen wollte (wahrscheinlich weil er sich weigerte, Juden zu beißen). Er hatte ihn gesund gepflegt und erzogen und ihm mehr Liebe und Aufmerksamkeit geschenkt als seinen eigenen Kindern. Eines späten Abends, als die Uhr über der Eingangstür Mitternacht schlug, fing der Hund an zu jaulen, sodass das ganze Haus aufwachte und alles sich unter die Bettdecken flüchtete. Nur das Herrchen nicht … denn er war tot. Als der Hund die Totengräber hereinkommen sah, drehte er durch. Mit Schaum vor dem Maul biss er jeden, der sich dem Leichnam seines Herrchens näherte. Die Totengräber fürchteten, er habe die Tollwut, und rannten davon. Aba und seinen Brüdern erging es auch nicht besser. Das Tier kannte sie von Kindheit an, manche von ihnen seit ihrer Geburt.

Es war immer sanft und lieb mit ihnen gewesen. Aber als sie nun versuchten, ihn aus dem Zimmer zu locken, biss er sie alle blutig. Schließlich musste man zwei stattliche Bauern herbeirufen, die sonst Pferde zuritten, um den Hund aus dem Zimmer zu zerren und in die Scheune einzusperren, bis das Begräbnis vorbei war. Bei der Rückkehr vom Friedhof sah man, dass das Scheunentor gespalten war, als sei es vom Blitz getroffen worden. Das Tier war verschwunden. Ein paar Wochen später kamen völlig verschreckte Leute zum Haus. Sie behaupteten, den großen schwarzen Hund aufrecht auf dem Grab seines Herrchens gesehen zu haben. Aba und seine Brüder wollten wissen, was es damit auf sich hatte, und warteten abwechselnd auf dem Friedhof, mit einer Bibel auf den Knien zur Tarnung. Aber das Tier tauchte nie wieder auf – und auch nicht sein Gespenst. Die Geschichte machte in den Dörfern die Runde, die nun alle in Panik waren. Die Antisemiten nutzten dies aus, um ihr Gift zu verspritzen. Die Familie fürchtete, dass diese Angelegenheit zum Vorwand für ein Pogrom dienen könnte. Kaum hatten sie die Überwachung des Friedhofs gelockert, fand man den Hund wieder. Mit noch warmem Körper, aber so mager, als sei er direkt zurück aus der Hölle, ruhte er auf dem Grabstein seines Herrchens.«

Ich schrieb diese Geschichte wortwörtlich nieder (bis auf die Anspielung auf die Antisemiten, die ich dem Rest meiner Klasse lieber ersparen wollte). Dabei dankte ich dem Großvater meines Vaters, dass er mir zu einer guten Note verhalf. Aber ich hatte niemals das Bedürfnis, an weiteren Familiengeschichten zu kratzen. Und wollte diese hier auch nicht in Beziehung setzen mit der stetigen Behauptung meines Vaters, dass polnische Hunde keine Juden mochten.

RÜCKFAHRKARTE INS GELOBTE LAND

Zu meinem siebzehnten Geburtstag fuhr ich nach Israel, es war meine erste Auslandsreise ohne Eltern. Ich hatte mich in Marseille zusammen mit einer Gruppe der Jüdischen Agentur auf einem stinkenden Kutter eingeschifft, der mindestens schon seit der Zeit der Kreuzfahrer auf dem Mittelmeer unterwegs war. Wir nahmen Kurs auf Haifa und verbrachten die fünf oder sechs Tage der Überfahrt damit, Pionierlieder zu singen, mit Mädchen zu flirten und geheimnisvolle Frachträume auf dem Schiff auszukundschaften, die sowohl Mekkapilger beherbergten als auch Juden, die aus dem Jemen oder aus Algerien ins Gelobte Land flohen.

Ich wusste nichts über meine Großmutter, kannte die Frania nicht, die irgendwo versteckt in den Pappschachteln meiner Mutter ruhte. Außer dass sie das Warschauer Getto überlebt hatte und dass sie, endlich in Belgien angekommen, mich in den Parks von Brüssel spazieren führte und mir auf Jiddisch Geschichten erzählte, die ich nicht verstand – was meine Vorliebe für unverständliche Geschichten erklärt. Es ist mir noch nicht geglückt, diese wieder an die Oberfläche zu holen, aber ich bin hoffnungsvoll, dass sie irgendwo in den Falten meines Gedächtnisses auf mich warten.

Als Frania Anfang der Fünfzigerjahre in Israel ankam, fest entschlossen, ein neues Leben zu beginnen und die Vergangenheit hinter sich zu lassen, traf sie eines Abends auf Mischka, ihre Kindheitsliebe. Ihre Eltern hatten sie damals von ihm fortgerissen und sie dazu gezwungen, Aba, meinen schrecklichen Großvater, zu heiraten. Mischka, dem sie ihr Leben lang nachgetrauert hatte, von dem sie dachte, er sei in Rauch aufgegangen wie fast die gesamte Familie, stand – wie durch ein Wunder? – vor ihr, mit einem Glas in der Hand. Sie waren bei gemeinsamen entfernten Bekannten zum Abendessen eingeladen, und es war, als habe er seit jeher auf sie gewartet. Hatte Gott ein schlechtes Gewissen? Sollte dieser Überraschungscoup der Wiedergutmachung all des Unheils dienen, was er verbrochen hatte? Die Hochzeit von Frania und Mischka wurde ein paar Wochen später im Glückstaumel gefeiert. Aber wie schon das Schicksal von Loth und seiner Frau zeigte, sollte man sich niemals umdrehen. Geschichte lässt sich nicht wiederholen. Frania hätte besser daran getan, diese Bibelstelle noch einmal nachzulesen, die – grausame Ironie – ausgerechnet Aba so oft zitiert hatte. Frania wurde nicht glücklich mit Mischka.

Nachdem sie die enttäuschte Liebe ihrer Jugend beerdigt hatte, zog Frania sich in ein Altersheim im Karmelgebirge zurück, hoch über Haifa und dem Mittelmeer.

Als ich ihr Zimmer betrat, sah ich als Erstes eine sehr zierliche Dame, nicht sehr bei Kräften, mit schlohweißem Haar – es war weißer als die Gehsteige von Maków am

Weihnachtsabend. Sie saß in einem Sessel, der viel zu groß für sie wirkte, und las eine Zeitung. Ihre Hände mit der fast durchsichtigen Haut zitterten ein wenig. Sobald sie mich bemerkte, richtete sie ihren eisblauen Blick auf mich. Und schon hatte sich die kleine Greisin in einen stattlichen Boxer verwandelt, der noch vor der K.o.-Runde triumphal aus dem Ring steigen würde.

Bevor ich mich fangen konnte, hatte sie sich mit überraschender Anmut erhoben und kam ein wenig zögernd auf mich zu – so viele Menschen aus ihrem Umfeld waren verschwunden, dass sie der Wirklichkeit meiner Anwesenheit erst nicht traute. Bis sie mich mit der gleichen Unbeholfenheit wie mein Vater umarmte.

Von ihrem Wohnzimmer aus, in das sie mich schob, bot sich ein herrlicher Blick auf die Landschaft, die kleinen weißen Häuser von Haifa hinunter bis zum Hafen, der riesige Bahai-Tempel mit seiner goldenen Kuppel, die in der Sonne glänzte, das Meer und das strahlend weiße Licht; Israel, das befreite Land, von dem sie so lange geträumt hatte – ohne es jemals ihrem Ehemann zu gestehen – und wo sie, nach all den Umwegen, endlich angekommen war. Das Land, für das sie ein weiteres Mal ihre beiden überlebenden Kinder in Brüssel zurückgelassen hatte.

Ich erinnere mich an die Wärme ihrer Hand auf meinem Arm, an ihre Hand, die mir über die Haare strich, an ihre Augen, die mich betrachteten, als wollten sie auf meinem Gesicht die Züge ihrer verlorenen Kinder wiederfinden. An ihren Blick, der so intensiv war, als wollte er all jene töten, die nur den Versuch gemacht hätten, ihr wehzutun.

Aber auch eine schmerzliche Erinnerung ist mir geblieben. Frania sprach zu mir mit ihrer ebenso leisen wie festen Stimme auf Jiddisch – wie sie es getan hatte, als sie mich als Baby im Kinderwagen herumschob. Das bisschen Deutsch, das ich seitdem gelernt hatte, war mir kaum hilfreich. Ich verstand gerade mal ein paar Brocken, nichts Zusammenhängendes. Ich selbst blieb stummer als ein Gefillter Fisch, konnte ihr nichts von meinem Leben erzählen, konnte ihr keine der tausend Fragen stellen, die ich niemals gewagt hätte, meinem Vater zu stellen.

Wir haben den Nachmittag damit verbracht, uns bei den Händen zu halten oder am Arm und uns dabei anzusehen. Bis ich sie schließlich zurück in ihr Zimmer begleitete. Auf der Türschwelle strich sie mir ein letztes Mal übers Haar, mit einem traurigen Lächeln, und hat dabei einen Satz gemurmelt, den ich nicht verstand, eine Botschaft, deren Inhalt ich niemals erfahren werde.

DER FREUND MAURICE

Frania, die wundersamerweise sieben Leben hatte, ist den Ruinen von Maków lebend entkommen. Der einzige andere Zeuge einer für immer verschwundenen Vergangenheit war Moïsche, der wie mein Vater aus Maków nach Lüttich gekommen war, um hier zu studieren. Er wurde zu Maurice, als Chaïm sich in Hubert-Henri verwandelte. Mit seinem Ingenieursdiplom in der Tasche fing er bei

Kuhlman in Zelzate an, einer kleinen Stadt in der Nähe der holländischen Grenze. Er bezog zusammen mit seiner Frau, einer entfernten Cousine – ebenfalls eine Überlebende aus Maków –, ein Häuschen im Schatten der riesigen petrochemischen Fabrik. Sie bekamen einen Sohn. Einmal im Monat fuhren wir sonntags mit dem Zug nach Gent, wo Maurice uns mit dem Auto abholte.

Mein Vater zog seinen besten Anzug an, eine Krawatte und einen perlgrauen Hut, den er nur an Festtagen aufsetzte. »Bist du fertig, Kuka?« Meine Mutter schminkte sich ausführlich mit Puder, Wimperntusche, Lippenstift und legte dabei die gleiche Sorgfalt an den Tag wie eine Künstlerin im Varietétheater. Und dies, obwohl mein Vater ungeduldig alle drei Minuten rief: »Kuka! Wir verpassen noch den Zug! Wir sind hier nicht in Wilna. In Belgien warten die Lokführer nicht auf jüdische Prinzessinnen!«

Über ihrer Frisierkommode prangte ein großer dreigeteilter Spiegel, dessen Flügel in ihren Angeln schwankten und das bemalte Gesicht meiner Mutter unendlich oft reflektierten. Ich liebte es, sie zu betrachten, und war stolz darauf, das hundertfache Antlitz meiner Mutter ganz für mich allein zu haben.

Nach dem Essen machte Maurice mit uns einen Ausflug entlang des Kanals in Richtung Terneuzen jenseits der holländischen Grenze. Es war eine schwarze Landschaft, platt wie ein Pfannkuchen, mit kleinen roten Ziegelhäusern und Fabrikschloten. Und als einzige Bewegung das langsame Vorbeiziehen der Lastkähne. Eine Szenerie wie bei Simenon. Als wir vorbeikamen, standen die Arbeiter auf, die vor ihren Häusern im Freien saßen, und grüßten »Mijnheer Ingenieur«, indem sie ihren Hut oder ihre Kappe lüpften. Wenn einer von ihnen auf Polnisch grüßte, blieb mein Vater stehen, um ein wenig zu plaudern. Er tat das mit so viel Begeisterung, dass man plötzlich merkte, wie sehr ihm Polen fehlte…

Als wir wieder zurück bei Maurice waren, holten wir die Gartenmöbel heraus. Wenn es warm war, zog Maurice seine Weste aus und krempelte die Ärmel hoch, bevor er den Kuchen in Stücke teilte.

Er war klein und stämmig und muskulös wie ein Ringer, mit Oberarmen so dick wie Schinken. Auf der Haut seines sehr blassen Unterarms konnte man ein paar blau tätowierte Ziffern erkennen. Ich betrachtete sie, ohne zu verstehen. Was bedeuteten diese Ziffern? Ein Geheimcode? Die Längen- und Breitengrade der Insel, auf der der Schatz Rackhams des Roten vergraben war? »Hör auf, den Arm von Maurice anzustarren. Das ist schrecklich unhöflich. Und stell vor allem nicht die Frage, die dir auf den Lippen brennt. Diese Zahl ist die Tätowierung des *Lagers*«, murmelte meine Mutter eines Tages mit entnervtem Unterton, als Maurice gerade mit meinem Vater hinausgegangen war und seine Frau in der Küche war, um den Kaffee zu holen.

Über die drei Jahre, die Maurice im Lager verbrachte hatte, wurde nie gesprochen, genauso wenig wie über sein wundersames Überleben. Maurice hatte nichts erzählt, nicht einmal seinem Sohn. Die Familien aus Maków mochten es nicht, über die Vergangenheit zu sprechen. Das Blatt war gewendet, das Buch zugeklappt und in den

Tiefen eines Schranks verstaut, dessen Schlüssel man weggeworfen hatte. Auf diese Weise hatten Maurice und meine Eltern beschlossen, ihre Kinder für die Zukunft zu wappnen. Sie schufen ahnungslose, glückliche kleine Belgier in einem Wohlstandsland, das nie wieder mit einem Krieg in Berührung kommen würde. Man brachte ihnen Französisch und Niederländisch bei und bloß keine der Sprachen, die zum Holocaust geführt hatten, wie Jiddisch oder Polnisch – die standen für eine auf ewig gelöschte Vergangenheit.

Ich habe auch nie etwas über das Leben meiner Großmutter im Warschauer Getto erfahren. Und die Bilder, die ich mir ansah, die Fotos oder Filme, die die Deutschen gedreht hatten, sind dermaßen erschreckend, dass es mir niemals gelang, das Bild meiner Großmutter damit in Zusammenhang zu bringen. Noch dazu, wo die einzige Erinnerung an ihre Zeit im Getto, die ich meinem Vater abringen konnte, folgende ist: Einmal, als ich wie jeden Abend versuchte, den lästigen Pflichten im Badezimmer zu entkommen, sagte mein Vaters plötzlich: »Als Gefangene im Getto war es für deine Großmutter eine Ehrensache, sich täglich die Zähne zu putzen. Na los, zeig dich ihrer würdig.«

»Gehorch deinem Vater«, fügte meine Mutter hinzu, die immer das letzte Wort hatte.

RÜCKKEHR AUF DEN FRIEDHOF

War ich ihm gerecht geworden, als ich ein religiöses Begräbnis für ihn organisierte? Oder war es ein Verrat an dem leidenschaftlichen Atheisten, der die Religion und ihre Eiferer anprangerte?

Jüdischer Friedhof, Rabbiner, Kaddisch und Gebete am darauffolgenden Samstag in der Synagoge, es war alles inbegriffen im Preis, den man ans Konsistorium zu entrichten hatte. War das nicht doch viel zu viel Theater, um einen derart Ungläubigen zu beerdigen?

Als ich dies meine Mutter auf dem Rückweg vom Krankenhaus fragte, sagte sie, praktisch wie stets: »Was zermarterst du dir das Hirn? Geh zur Synagoge. Sag ihnen, dass dein Vater gestorben ist. Um den Rest kümmern die sich.«

Bei all den Formalitäten, die es eilig auszufüllen galt, blieb mir gar keine Zeit, über die vielen Fragen nachzudenken, die mich umtrieben. Allen voran diese: War ich der Einzige, der sich Gedanken über die tatsächliche Todesursache meines Vaters machte? Ein Mord vielleicht? Und wer wäre dann der Mörder gewesen? Aus welchem vergessenen Verlies seiner Vergangenheit ist er wieder aufgetaucht und um sich wofür zu rächen?

Anstatt eine polizeiliche Untersuchung einzuleiten, die mir dazu dienen würde, endlich Licht in seine Vergangenheit zu bringen und die Gründe zu verstehen, weshalb er sie so sorgsam in unzugänglichen Kisten verborgen gehalten hatte, trug ich nun selbst dazu bei, die Spuren zu verwischen, und ließ seinen Leichnam unverzüglich beerdigen, wie es die jüdische Religion vorschreibt.

Aber zuvor ergab sich eine weitere Frage: weltliches oder religiöses Begräbnis?

Ich versuchte zunächst, einen Deal mit dem für Beerdigungen zuständigen Menschen auszuhandeln: Kaddisch okay, aber können wir nicht auf den Rest verzichten: Rabbiner, Gebete, Synagoge? Mein Vater hat keinerlei Angaben hinterlassen, aber ich bin nicht sicher, ob er das mögen würde …

Der Typ guckte mich scheel an, schüttelte dann den Kopf, als wollte er sagen: »Lieber Mann, wir kochen hier nicht à la carte. Entweder Sie nehmen das komplette Menü, oder Sie nehmen gar nichts. Wenn Ihnen das nicht schmeckt, versuchen Sie's woanders.«

Ich sagte, ich würde es mir überlegen, und rief Freund Maurice an.

»Du weißt doch, wie sich dein Vater sonntags kleidete?«, sagte er. »Immer im besten Anzug, mit seiner besten Krawatte und dem perlgrauen Hut. Selbst wenn wir im Wald spazieren gingen oder auf dem See vor dem Chalet Robinson Boot fuhren, legte er immer Wert darauf, im Sonntagsstaat zu sein. Ich habe mich oft deswegen über ihn lustig gemacht. Nun, ich denke, er hätte sein Begräbnis schon als sehr besonderen Festtag angesehen. Glaub mir. Er wäre traurig, wenn du ihn nicht mit dem gebührenden Brimborium feiern würdest. Und ich verspreche dir auch, dass ich mich nicht über dich lustig machen werde«, fügte er nach einem Schweigen hinzu.

Trotzdem gehörte zu besagtem Brimborium eine Reihe von religiösem Schnickschnack, vor dem es meinen Vater gegraust hätte.

»Wir Juden sind furchtbar verschroben«, erklärte mir ein anderer Freund meines Vaters, der ebenfalls Maurice hieß und zwei Jahre KZ überlebt hatte. »Katholisch zu sein ist einfach: Man glaubt an Gott, ehrt seinen Sohn Jesus und dessen Mutter Maria. Wenn man seinen Glauben verliert, hört man auf, katholisch zu sein. So einfach ist das. Mit den Juden ist alles viel komplizierter. Manche glauben so stark an Gott, dass sie sich einen Bart und die Nägel wachsen lassen und sich kleiden wie polnische Bauern aus dem 17. Jahrhundert. So verschaffen sie sich Gehör bei Jahwe, einem Gott, der offenbar niemandem trauen kann, der glatt rasiert ist und Jeans trägt. Andere zählen auf die Hilfe Gottes, wenn sie sie brauchen, als Gegenleistung für einen kleinen Gang zur Synagoge einmal im Jahr an Jom Kippur. Sie halten das Fasten ein, fahren aber mit dem Auto hin, denn mit leerem Bauch zu Fuß gehen ist unmenschlich. Die meisten von uns glauben nicht an Gott, außer wenn sie krank sind oder im Sterben liegen. Oder sie verabscheuen Ihn wegen all der Prüfungen, die der Schuft uns auferlegt hat. (Wie soll ich Ihm meinen kleinen Umweg über Mauthausen verzeihen?) Es gibt außerdem die Gleichgültigen, die wie die Gojim leben, bis zu dem Tag, wo ihnen jemand ›dreckiger Jude‹ an den Kopf wirft und sie ein Lexikon konsultieren müssen, um zu verstehen, was das bedeutet. Und schließlich gibt es diejenigen, zu denen auch dein Vater gehörte, die den Judaismus von allem religiösen Inhalt losgelöst betrachten, die Rituale ablehnen, sich über Gläubige mokieren, Rabbiner nicht mögen, aber finden, dass sie deswegen kein bisschen weniger jüdisch sind als die Bewohner des ultraorthodoxen Mea Shearim. Dein Vater hatte den Judaismus als Erbe einer hoch entwickelten Zivilisation angenommen, einer Geschichte ohnegleichen, er sah unsere Kultur wie eine dieser Glitzerkugeln über der Tanzfläche eines Ballsaals, in der alle Kulturen der Welt sich widerspiegeln.«

»Ja, aber soll man ihm deswegen einen Rabbiner aufzwingen?«, ließ ich nicht locker.

»Und wenn schon? Bei uns ist der Rabbiner nichts anderes als ein Kerl, der die Bibel kennt, ein Typ, der seine Zeit eher mit Studieren zubringt als mit Arbeiten wie dein Vater, du und ich.«

Er zuckte mit den Schultern. Warum sollte man so ein Aufhebens darum machen?

Was mich letztlich überzeugte, war die Einsicht, dass ein Verzicht auf eine Grabstätte auf dem Jüdischen Friedhof für meine Mutter schmerzlich sein würde, auch wenn sie ebenso ungläubig war wie er. Aber ich versagte es mir, diese Frage mit ihr zu diskutieren.

Und so stand ich vor seinem Grab, angetan mit meinem Sonntagsanzug (den ich sonst nie trug, schon gar nicht sonntags) und einer Krawatte, die mir den Hals abschnürte, auf dem Kopf einen Hut, den ich im Kleiderschrank meines Vaters gefunden hatte, und trug das Kaddisch vor.

Nun, mit zeitlichem Abstand, frage ich mich, ob diese Episode auf dem Jüdischen Friedhof mit dem ganzen dazugehörigen Tralala vielleicht nur eine weitere Prüfung war, die Gott uns auferlegt hatte. So wie das Exil, die Pogrome, die deutschen Philosophen, den *gefillten* Karpfen, die Chansons von Jacques Brel, die Kopfschmerzen, die Polen, die übergriffigen Mütter, die Filme von Lars von Trier, die Todeslager.

Was seinen Humor betrifft, so macht der gute alte Jahwe nach wie vor das Rennen, auch wenn viele neue Generationen von Humoristen versuchten, ihm den Rang abzulaufen. Scholem Alejchem, Jerry Lewis, Woody Allen, Malamud oder Michael Chabon: keiner von ihnen konnte ihm je das Wasser reichen.

KADDISCH

So stand ich also, Arm in Arm mit meiner Mutter, vor dem Leichnam meines Vaters, der zum ersten Mal in seinem Leben dazu verdammt war, einem Rabbiner zuzuhören, wie dieser Lobeshymnen auf ihn sang, obwohl er am Abend vorher noch nichts von seiner Existenz wusste. Um seine Ansprache vorzubereiten, hatte der Rabbi mir einige Fragen gestellt, die ich mit zugeschnürter Kehle beantwortete und dabei stotterte wie Moses. Wann wurde Ihr Vater geboren und wo? Wie lautete der Name seines Vaters und wie der seiner Mutter? Das Schicksal der Familie während des Holocaust? Warum verfolgte mich der Rabbi mit dieser Vernehmung, die ich unfähig war zu

parieren? Immerhin hat er mich nicht gefragt: Wer hat
Ihren Vater getötet? Und warum?

Der Rabbi pappte meine ausweichenden Antworten an eine Rede, die er so schon vor Dutzenden anderer
Kadaver gehalten hat, und schuf auf diese Weise einen
neuen Chaïm-Hubert-Henri-Berenbaum-boom, der keinem lebendigen Wesen glich, nicht mal dem braven
Herrn Janssens, in dessen Anzug er während des Krieges geschlüpft war. Ich platzte fast vor Ungeduld, dass er
endlich den Schnabel hielt. Aber der Rabbiner redete und
redete und redete, als erhoffte er sich damit einen Lohn-
zuschlag. Irgendwann schließlich kam er zum Ende seines
Vortrags. Sein dicker, haariger Finger verließ nach langem
Aufenthalt seinen Bart und bedeutete mir, näher zu kommen. Ach, Herr und Gott, Du, der Du alles weißt, alles
siehst und alles hörst, Du hast bestimmt gemerkt, dass ich
es bin, ein Gottloser, der es übernommen hat, Dir Ehre zu
erweisen auf dem Grab eines noch Ungläubigeren, nämlich auf dem meines Vaters, eines regelrechten Rabbi-
fressers. Ich habe eine Idee! Könntest Du nicht rasch den
Bruder herzaubern, den ich nie gehabt habe, den perfekten jüdischen Jungen, der die Gebete kann und Hebräisch
und die Riten und Dich so wunderbar zu lobpreisen weiß
und all die schrecklichen Formalitäten an meiner statt
ausführt – und könntest Du anschließend so nett sein und
ihn genauso schnell wieder verschwinden lassen?

Ich wartete ein paar Augenblicke mit geschlossenen Augen und betete sehr, sehr stark. Es war ein Test.
Aber nichts passierte, niemand erschien. Nicht der aller-
kleinste Klon des Lieblingssohns des Zauberers tauchte

neben mir auf dem Friedhof auf. Waren meine Gebete in Seiner überfüllten Mailbox hängen geblieben, oder wartete Er, dass ich die ersten Schritte unternahm? Wirklich, Jahwe, Du bist ein tougher Geschäftsmann! Was verlangst Du für diesen kleinen Service? Du hast in der Vergangenheit immer wieder gezeigt, wie sehr es Dir gefallen hat, Deine Geschöpfe in doppelter Ausführung zu entwerfen. Das hast Du so häufig mit einer simplen Bewegung Deines Zauberstabs getan. Die paarweisen Tiere auf der Arche Noah, Berenbaum und Berenboom, Janssens und Janssens, Dupont und Dupond, Schulze und Schultze, Catzaf, der stirbt, und Catzaf, der überlebt, Hitler und Stalin. Mir einen Bruder für die Zeitdauer eines Gebets zu erschaffen dürfte für Dich doch ein Kinderspiel sein.

Der Rabbiner räusperte sich nervös, bevor er mich am Arm berührte und damit meine Verhandlung mit dem Allerhöchsten brutal unterbrach. Er wurde langsam ungeduldig. Wahrscheinlich wartete eine weitere Festivität auf ihn, eine Beerdigung, Hochzeit oder Bar-Mizwa. Ich betrachtete das Blatt, das er mir unter die Nase hielt. Das Kaddisch. Das ich lesen oder besser auf Aramäisch aufsagen sollte. *Yit'gadalv'yitkadashsh'meiraba...*

Die lateinische Umschrift des aramäischen Textes tanzte vor meinen Augen. Nun gab es keine Ausflucht mehr. Ich musste es wagen und aufhören, mich über mein Schicksal zu grämen. Ich musste mit lauter Stimme diese eigenartigen Worte vortragen, als seien sie mir so vertraut wie diejenigen, die ich täglich im Gerichtssaal benutze. Meinem Vater die letzte Ehre zu erweisen, war das nicht das nobelste aller Dinge? Ach je. Schon nach den ersten Silben geriet die Angelegenheit ins Stocken. Als ich versuchte, die heiligen Worte vor allen Leuten auszusprechen, klang die Stimme aus meinem Mund wie der Klagelaut einer heiseren Ziege, die ihren Hirten um Hilfe ruft. Obwohl ich mich zwang, den Text vorzulesen, den ich am Abend vorher vorbereitet hatte, weigerte sich meine Kehle, auch nur den geringsten Ton freizugeben. War das ein Zeichen des Herrn? Um mir mitzuteilen, dass ich kein würdiger Gesprächspartner für Ihn war? Dass Er sich weigerte, meinen Anruf entgegenzunehmen? Diese Art von Nachricht sah Ihm ähnlich. Der Gott der Juden ist ein jähzorniger, zänkischer, gewalttätiger Gott. Die Worte klebten mir auf der Zunge. Sosehr ich mich bemühte, es gelang mir nicht, sie auszusprechen. Gott, der mächtiger war als ich, zwang sie mir in den Mund zurück. Nicht nur, dass der Text in einer untergegangenen, unverständlichen Sprache abgefasst war. Ich hatte ihn sorgfältig geübt und den Sinn jedes Satzes hinterfragt, um ja nicht seine Bedeutung zu verfremden. (»Erhoben und geheiligt werde Sein großer Name auf der Welt, die nach Seinem Willen von Ihm erschaffen wurde, sein Reich erstehe, in eurem Leben in euren Tagen und im Leben des ganzen Hauses Israel...«) Vor dem Grab blieb mir das Gebet im Halse stecken. Wenn man bedenkt, dass Jungen, darunter sogar Analphabeten, seit über zweitausend Jahren dieses vermaledeite Kaddisch vor der Grabstätte ihrer vermaledeiten Eltern vortrugen – dort, wohin das Exil sie verschlagen und der Tod sie überrascht hatte. Und ich, dessen Beruf es war, zu reden, ich vermochte es nicht, auch nur die kleinste Silbe herauszubringen. Heiliger Rachegott, der es auf mich abgesehen hatte, um mir seine Macht zu zeigen, der ich gewagt hatte, Ihn herauszufordern! Und der nun auf meinen Vater losging, nachdem er ihn sämtliche Gräuel hat durchmachen lassen, die Sein verrücktes Hirn sich ausgedacht hat. Es war seine übliche Art zu zeigen, wer der Chef war. Ergebnis: Es wurde die schrecklichste Darbietung meines Lebens. Die erbärmlichste. Selbst Buster Keaton, konfrontiert mit der Erfindung des Tonfilms, hat sich besser aus der Affäre gezogen als ich. Der Rabbiner versuchte mir zu Hilfe zu kommen. Er schleppte mich hinter sich her, indem er jeden Satz vorsagte, damit ich ihn nachsprechen konnte, und wurde dabei immer lauter, um das Massaker, das ich dabei war anzurichten, zu übertönen. Wie ein Souffleur im Theater, der gezwungen ist, immer weiter aus seinem Graben herauszukommen, um den scheiternden Schauspieler zu ersetzen. Verlorene Liebesmüh. Meine dünne Stimme versiegte irgendwann ganz. Ich ließ ihn alleine an meiner Stelle zu Ende sprechen, um mich in den Schatten meiner Mutter zu flüchten, die mich ansah, ohne mit der Wimper zu zucken und ohne den geringsten Kommentar abzugeben.

Im Auto, das uns zurück in die Stadt brachte, versuchte Maurice mich zu trösten.

»Chaïm wäre glücklich gewesen, wenn er gehört hätte, wie du das Kaddisch ihm zu Ehren sagst«, meinte der alte Freund meines Vaters. »Wo er doch selbst keine Möglichkeit gehabt hatte, das Gedenken seines Vaters zu ehren, und auch nicht das seines Bruders oder seiner Schwester Sara.«

»Sag lieber, dass er entsetzt gewesen wäre, wenn er mich so stottern gehört hätte.«

»Es ist die gute Absicht, die zählt«, warf meine Mutter schulmeisterlich ein.

»Als wir Studenten waren, teilten wir uns zu dritt ein Zimmer. Dein Vater kaufte jeden Tag die Zeitung und zwang uns, Idel und mich, ihm zuzuhören, wie er laut die Nachrichten vorlas, obwohl er damals nicht besser Französisch sprach als du Aramäisch! Das war viel länger als das Kaddisch und auch nicht besser verständlich, und wir mussten seine Nummer vier Jahre lang ertragen, wegen der Zimmerpreise in Lüttich!«

Mir kam der Gedanke, dass ich, wenn ich weiter das Kaddisch rezitieren würde, am Ende auch noch Aramäisch lernen würde. Doch wozu? Ich kannte nur eine einzige Person in Belgien, mit der ich in dieser Sprache hätte plaudern können. Meinen Vater. Und der war tot.

»Dein Vater wäre hingerissen gewesen, wenn er dich so tollpatschig und unbeholfen gesehen hätte«, fing Maurice wieder an.

Darauf meine Mutter: »Das erinnert mich an den Tag – du warst damals vielleicht vier –, als du zum ersten Mal einen Kaktus gesehen hast. Wir waren an der Côte d'Azur. Du dachtest, es sei ein kleines Männchen, und wolltest ihn in die Hand nehmen – mit dem Ergebnis, das du dir vorstellen kannst!«

Wir lachten alle drei los, bevor uns die Tränen kamen.

FUSSBALLSPIEL

Ich hatte noch einen anderen Traum, bei dem ich mich
nur an eine Szene erinnere: Ich spielte mit meinem Vater
in einem Park Fußball. Aber anstatt einen Ball zu kicken,
warfen wir uns große Steine zu, richtige Felsbrocken, die
schließlich eine Mauer bildeten, die den Himmel verdun-
kelte. Es war so dunkel, dass ich aufwachte. Dieser Traum
erinnerte mich an das einzige Mal, als ich mit meinem
Vater Fußball spielte. Ein Moment der Gnade, der in einer
Katastrophe endete.

Mein Vater übte keinen Sport aus, nicht einmal Kreuz-
worträtsel. Und für alle, die als Fans »ihre Zeit vergeude-
ten«, hatte er nichts als Verachtung übrig (obwohl er als
guter Geschäftsmann und Idealbelgier mit seinen Kunden
fieberhaft Fußball- und Radrennergebnisse diskutierte).

Als ich bei der Ankunft der Tour de France dabei sein
wollte, brach er in Geheul aus. Er behauptete, ich würde in
der fleischfressenden Horde verloren gehen. Bis er mich
schließlich mitnahm ins Heysel-Stadion, wo er sich von
der gleichen Begeisterung hinreißen ließ wie ich, als die
Rennfahrer, vor allem die belgischen, vorbeikamen. Da es
sich bei dieser Etappe *Contre la montre* ums Zeitfahren
handelte und wir einen Platz vor dem Geländer im ersten Rang ergatterten, konnten wir jeden Fahrer dabei bewundern, wie er sein Bestes auf der Bahn gab. Wenn ich
versuche, mir vierzig Jahre später die Gesichter einiger
dieser Stars vorzustellen, taucht nur eines auf: das von
Jacques Anquetil mit seinen feinen Zügen eines Rasse-

windhunds, der mit ölglänzenden Beinen und einer von Pomade verkleisterten Frisur auf den Sieg zuraste. Ich mochte ihn nicht. Er schlug die Belgier immer, trotz ihrer übermenschlichen Anstrengungen. Er schien ohne die geringste Mühe das Rennen zu überfliegen, während Belgien seit 1939 auf »sein« gelbes Trikot wartete. Er war Superman, kaltblütig, zäh, aalglatt. Ich mochte immer die Loser lieber, die mit den Narben.

Das Fußballspiel mit meinem Vater hat sich schmerzlich in mein Gedächtnis gebrannt wegen eines Ereignisses, das sich zwei Wochen später zutrug.

Ich war nach dem Spiel außer mir vor Freude nach Hause zurückgekehrt, in dem Glauben, dass wir von nun an jede Woche losziehen würden. Hatte mein Vater nicht meiner Mutter gegenüber zugegeben, dass es ihm genauso viel Spaß machte wie mir? Dennoch war unser erstes Match auch unser letztes. Einige Tage später wurde mein Vater von einem Infarkt niedergestreckt, den er nur sehr geschwächt überstand. Ich bin den Gedanken nie losgeworden, dass ich es war, der ihn beinahe umgebracht hätte, weil ich ihn nötigte, hinter meinen Superbällen her zu rennen, bis sein Herz zerbarst.

Viel später habe ich erfahren, dass man in der jüdischen Tradition bei jedem Besuch Kieselsteine auf das Grab des geliebten Menschen legt. Niemals Blumen. Nur Steine. Gab es eine Verbindung zwischen dieser Tradition und den Bällen, die in meinem Traum die Form von Felsbrocken hatten?

FAMILIE, OB ICH EUCH HASSE?

Sehen Sie uns an, uns drei: Papa, Mama und mich, wie wir am Esszimmertisch vor einem Teller Hühnerbouillon sitzen. Mein Vater am Kopfende, meine Mutter zu seiner Rechten, ich zu seiner Linken. Er hat seine Weste und die Krawatte anbehalten. Gerade mal den Kittel zieht er aus, bevor er widerstrebend die Apotheke während der Mittagszeit zusperrt. Kaum ist er da, ist er schon wieder auf dem Sprung. Die von meiner Mutter verfügte sakrosankte Verordnung, zu bestimmter Uhrzeit und im Familienkreis das Essen einzunehmen, ärgert ihn über die Maßen. Wieder einmal hat er die Zubereitung eines Wunderpulvers unterbrechen müssen, auf das eine Kundin so ungeduldig wartet. Läuft sie nicht Gefahr, noch vor dem Nachtisch ihre Seele auszuhauchen? Genau wie der Messias war mein Vater auf Erden gesandt worden, um das Elend der Menschheit zu lindern, und nicht, um Hühnerbouillon zu verzehren, selbst wenn diese mit Liebe von seiner Prinzessin zubereitet wurde. Außer sonntags nimmt er sich nie die Zeit, zu entspannen, mal fünfe gerade sein zu lassen. Wenn er sich abends nach dem Essen an die Zeitungslektüre macht, glaubt er sich verpflichtet, gereizte Kommentare über den Lauf der Welt und über die Nachlässigkeit der Journalisten von sich zu geben, als würden alle Bewohner des Planeten oder zumindest die unseres Mietshauses an seinen Lippen hängen. Schließlich, enerviert von der Mittelmäßigkeit der Schreiberlinge, schlägt er ein Buch auf – ein Geschichtsbuch –, in das er sich mit einer Aufmerksamkeit vertieft wie ein Lehrer, der Arbeiten korrigiert. Eine Goldmedaille gebührt ihm dafür, dass er stoisch den Höllenlärm aus dem Radio erträgt, vor dem ich klebe, um Hörspielen und Ratesendungen zu lauschen, die ständig von Werbung unterbrochen werden, aber auch dafür, sich bis zu seinem letzten Atemzug gegen einen Fernseher in der Wohnung gesträubt zu haben. Jede Menge Gedanken scheinen ihn umzutreiben. Während er die Biografie eines berühmten Menschen oder die Geschichte einer bestimmten Zivilisation nachliest, merkt man, wie es ihm in den Fingern juckt, Politik neu auszurichten, die Welt zu überarbeiten und sich dagegen zu verwehren, dass schlecht gemachte Geschichte dort verbleibt, wo Generationen von Ungeschickten, Ahnungslosen oder Monstern sie hinterlassen haben. Zum Glück hatte er keinen Zugang zur Zeitmaschine, ich möchte mir gar nicht vorstellen, in welchem Zustand wir uns sonst befänden, nachdem er die Menschheitsgeschichte umgestaltet hätte – mit dem Eifer eines frisch ausgebildeten Klempners, der als ersten Auftrag das Röhrensystem eines Wolkenkratzers verlegen darf. Meine Mutter berichtet von der Krankheit eines Nachbarn, von einem Brief ihrer Schwester, vom schlechten Zustand des Treppenhauses, vom faulen und ungepflegten Portier, dessen unangenehmer Geruch im Hausflur hängt. Ach ja! Das Rohr im Badezimmer! Weil wir gerade von Klempner sprechen, hast du daran gedacht, ihn anzurufen? Mein Vater hebt den Blick von seiner Lektüre und antwortet brav, als höre er aufmerksam zu, aber sein Kopf ist ganz woanders. Ich konzentriere mich auf meinen Löffel. Das alles geht mich nichts an. Was kümmern mich ihre Sorgen? Nennen Sie das eine Familie?

Während mein Vater liest und ich *Quitte ou Double* auf Radio Luxemburg anhöre, wischt meine Mutter Staub, sammelt Krümel auf, rückt die zahlreichen Gegenstände zurecht, die das Wohnzimmer verstopfen. Auch sie liest gerne, aber erst, wenn die Wohnung picobello aufgeräumt ist. Wenn ihr Mann da ist, putzt sie. Ihre Schwester Nunia erzählt, dass Kuka, frisch zurück vom Wochenbett, ihr das neugeborene Baby anvertraute, damit sie selbst die Wohnung von dem Staub befreien konnte, der sich während ihrer Abwesenheit angesammelt hatte.

Ihr größtes Vergnügen war das Teppichklopfen. Sie trug einen Teppich nach dem anderen auf den Balkon und klopfte sie mit einem geflochtenen Schläger, der die Form eines Tennisschlägers hatte und so alt und altmodisch wirkte, dass ich den Verdacht hegte, sie habe ihn aus Wilna mitgebracht.

Das Echo des Schlägers hallt noch in meinem Kopf nach. Während sie schlug, schwiegen mein Vater und ich. Wir beobachteten sie und wagten nicht, die Verteidigung dieser auf dem Balkon ausgebreiteten armen Opfer zu übernehmen. Ich weiß nicht, an wen oder was sie dachte, als sie die armen Dinger verdrosch, aber ich kann bezeugen, dass sie die notwendige Eignung besaß, um einen bemerkenswerten Henker abzugeben.

Der Tisch im Esszimmer, um den wir uns zweimal täglich einfanden, war riesig. Zehn Personen hatten leicht daran Platz. Warum hatten meine Eltern ein so gewaltiges Möbelstück angeschafft? Träumten sie davon, mir eine

Schar Geschwister aufzudrängen? Oder stellten sie sich darauf ein, den Rest der Familie in Empfang zu nehmen, Aba, Sara und Motek, nachdem sie Frania wiederhatten? Mit dem heutigen Abstand habe ich den Eindruck, als schwebten ihre Gespenster um den Tisch herum. Als mein Vater starb, blieb sein Stuhl leer. Aber seine erloschene Familie gesellte sich bei jeder Mahlzeit zu uns. So ist es nicht verwunderlich, dass es mir bisher nie gelang, eine richtig schöne Familiengeschichte zu erzählen, mit den dazugehörigen Vorwürfen, Eifersüchteleien, dem Gift, den Spannungen, den Mordabsichten und Gehässigkeiten. Die Figuren in meinen Büchern sind immer Einzelgänger, deren Familie keine große Rolle spielt – weder für die Handlung noch sonst. Hat man jemals einen Romanautor gesehen, der Familiengeschichten vermeidet?

Nun, da ich endlich in die Geheimnisse meiner eigenen Familie eintauche, ist die Versuchung groß, etwas hinzuzuerfinden. Eine allzu spärliche Biografie anzureichern, die wenigen verstreuten Begebenheiten, die ein allzu flüchtiges Licht auf meine Großmutter oder auf meine Tante werfen, zu erweitern und Erinnerungen in eine Romanhandlung hinüberzuretten. Ich hätte die lange Zugfahrt meines Vaters von Warschau nach Lüttich in Form eines Epos erzählen können, die Prosa der Transsibirischen Eisenbahn und der kleinen Johanna von Frankreich, hätte seine ersten Liebeleien an der Universität oder in den Bars des Carré in ein exotisches und verruchtes Setting à la Cendrars verlegen können. Ich hätte mich von Simenon inspirieren lassen können, um die Spannung, die zwischen meinem Vater und seinen Schwestern vermutlich herrschte, zu inszenieren: wie sie zurückgezogen in ihrer kleinen Brüsseler Wohnung saßen, niemanden kannten, kaum ein Wort der Sprache ihrer Nachbarn beherrschten, die Stadt voller rechter Extremisten, vielleicht versucht, nach Polen zurückzukehren – bis zum plötzlichen Auftauchen der schönen Rebecca, die das Trio auffliegen ließ. Welch schöne Manövriermasse! Was für eine Gießform, um endlich ein Werk zu schmieden! Wieder einmal eine Gelegenheit verpasst. Ich sah mich außerstande, die Erinnerungen meiner Familie zu verraten, daraus einen Stoff zu gewinnen, über den ich frei verfügen könnte. Aber diese sogenannte Werktreue, war sie nicht Ausflucht, um mich dem Ausloten meiner Familiengeschichte und meiner selbst zu verweigern? Eine Methode, das Skalpell zurückzuhalten, das gerade ansetzen wollte – kurz: eine Art, mich zu drücken?

Anders gesagt: Schafft man Literatur mit einer glücklichen Familie? Indem man das Leben eines kleinen Jungen erzählt, der von seinen liebenden Eltern verwöhnt wird, die ihrerseits überglücklich sind, die Besatzung überlebt zu haben? Eines Jungen, der in vollen Zügen die Früchte des Goldenen Zeitalters einer friedlichen Gesellschaft genießt? Denn dies ist in wenigen Worten das Porträt meiner Kindheit. Das augenscheinliche Porträt. Das eigentliche ist das, was in den Tiefen der Pappschachteln schlummert, dort, wohin meine Mutter es ohne mein Wissen verbannt hat. Das um einiges intimere Porträt der Gespenster, die die Stühle um unseren großen Esstisch besetzten und die ich mich sträubte zu grüßen, solange ich meine Bouillon aß. Ohne dabei zu verstehen, dass es gerade ihre Anwesenheit war, die das Schweigen meiner Eltern über ihre Vorgeschichte, über ihre Familie erklärte.

CAPPUCCINO

Wenn ich Bilanz ziehen würde, was meine Eltern mir weitergegeben haben, würde ich mit Rotstift festhalten: Sie haben mir nie beigebracht, eine kaputte Steckdose zu reparieren oder eine Sicherung auszuwechseln, nicht einmal eine Glühbirne. Ich durfte nie für meine Mutter die Teppiche ausschütteln. Auch den Staubsauger durfte ich nicht anfassen – ich wäre nicht einmal auf den Gedanken gekommen. Ich musste bei meinen Eltern ausziehen, um mich erstmals vorsichtig an den Kochherd zu wagen und ein Omelett oder ein Steak zu brutzeln. Niemals etwas Anspruchsvolleres – und schon gar nichts aus dem Rezeptbuch meiner Mutter.

Auch mein Großvater, offiziell Eigentümer der *Merceria galanteria Bernbaum*, überließ die niederen Pflichten des Kommerzes seiner Gattin, um sich in den dunklen, staubigen Studiersaal der Synagoge von Maków zurückzuziehen und in Bibelkommentare zu vertiefen. Irgendetwas von Abas Kultur scheint sich in meinen Genen fortgesetzt zu haben.

Polen und Litauen wurden mit dem Rotstift ausgeixt, waren zwei weiße Flecken auf der Landkarte meiner Erinnerung. In der löblichen Absicht (diesmal bitte mit blauer Tinte), dass ich nach vorne blicken möge, in eine immer noch hellere Zukunft.

Meine Mutter hat mir auch nicht beigebracht, einen Mantel oder ein Kleid zu schneidern (obwohl sie mir das ganze nötige Zubehör vermachte: Kreide, Maßband, Schere, Singer-Nähmaschine etc.). Die Zauberrezepte meines Vaters, die Wunderpillen, die jedes Leiden heilten, die Antifaltencremes, die ewige Jugend schenkten – all dies ist mit ihm verschwunden, als sein Geist erlosch. Und mit ihm der Inhalt eines fast leeren Fotoalbums.

Der Ehemann einer Cousine meiner Großmutter, der in Israel lebte, hat einst meinem Cousin erzählt (können Sie mir folgen?), dass mein Vater in den Straßen Warschaus von antisemitischen Schurken schlimm verprügelt worden war. Wenn dem so ist, so hat mein Vater darüber geschwiegen und es vorgezogen, dass ich nichts davon wusste.

Noch einmal der Rotstift: Meine Eltern haben mir nicht beigebracht, wie man *Scrabble* spielt. Und auch nicht Canasta, obwohl sie doch jeden Samstag so fröhlich mit ihren Freunden um den Esszimmertisch saßen, Karten spielten und die Welt neu erfanden. (Richtigstellung: Mein Vater erfand die Welt neu, während seine Freunde seinen Likör tranken und dazu den Kuchen meiner Mutter aßen.)

Greifen wir erneut zum blauen Stift. Meine Mutter hat mir Italien und den Cappuccino schmackhaft gemacht. Damals war ich vielleicht zehn. Weil die Apotheke niemals zumachte, auch nicht während der Sommermonate, fuhren meine Mutter und ich zu zweit an die Adria. Der

Zug brauchte fast zwanzig Stunden, bevor ein Bummelzug uns in Riccione absetzte – nach Haltstationen in Cervia, Cesenatico, Bellaria-Igea Marina, Viserba, Rimini, Bellariva und Miramare. Von Brüssel nach Mailand fuhr man über Nacht und ohne Liegewagen. Im Morgengrauen kamen wir im riesigen Mailänder Hauptbahnhof an, erschöpft, mit dickem Kopf und schalem Geschmack im Mund, wir hatten zu acht in einem stickigen Abteil unter- und übereinander gedöst. Ein paar Stunden später machten Sonne, Meer und Pingpong alles wieder gut. Und abends verschaffte mir ein magischer Ort Zugang zu einer unbekannten Welt: das Freiluftkino. Wie mein Herz schlug, als ich zusammen mit den einheimischen Kindern nach Vorstellungsbeginn zwischen zwei Zaunbretter schlüpfte. Und bereits ganz gewissenhaft rannte ich jeden Morgen zur Holztafel am Eingang neben der Kasse, wo das Programm des folgenden Abends angeschlagen war. Es stürzte mich jedes Mal in tiefste Ratlosigkeit. »*Questa sera*« war ständig angekündigt. Jeden Abend derselbe Film: *Questa sera*?

Wechselte dieses Kino nie sein Programm? Ich wollte trotzdem hin. Heimlicher Zuschauer zu sein war noch spannender als die Vorführung selbst.

Abends ging meine Mutter manchmal in eine Freiluftdiskothek gegenüber unserem Hotel zum Tanzen. Von unserem Zimmerfenster aus versuchte ich vergeblich, die dortigen Geheimnisse auszukundschaften. Ich sah nur eine kleine Ecke der Tanzfläche, die halb unter großen Bäumen versteckt lag und in blendendes Neonlicht getaucht war. Einige »internationale« Stars traten dort gelegentlich auf, wie Fabiolo, der Bruder der Königin Fabiola – der peinliche Teil der Familie, sagte man hinter vorgehaltener Hand. Mit richtigem Namen hieß er Don Jaime de Mora y Aragón. Die Königin von Belgien und ich hatten zumindest dies gemein: ein ernsthaftes Problem mit der Schreibweise unserer ausländischen Nachnamen.

Nach der Siesta, die wir beide, meine Mutter und ich, nackt im Bett verbrachten, gingen wir in ein Café am Ende der Mole und tranken Cappuccino – der schönste Augenblick des Tages.

Als ich versuchte, meinen Vater an meiner Begeisterung teilhaben zu lassen, verzog er das Gesicht. Er hätte es lieber gesehen, wenn ich seine Freude am jungen Staat Israel geteilt hätte, mit seinen Kibbuzim, den Pionieren und dem Ideal einer gleichberechtigten Gesellschaft. Er liebte es, mit mir Bildbände voll schöner Soldatinnen durchzublättern, die in einer Hand eine Hacke, in der anderen ein Gewehr hielten. Ich weiß nicht, ob diese Bilder meine Sexualität beeinflussten, aber sie haben jedenfalls Eindruck auf mich als Jugendlichen gemacht. Ich erinnere mich an ein Gedicht, das ich zu Ehren eines weiblichen Soldaten kritzelte, deren schönes blondes Haar vom Blut des Feindes besudelt war, der sich auf sie gestürzt hatte.

»Warum eine Blondine?«, fragte meine Mutter, stets praktisch. »Meiner Meinung nach wirst du bitter enttäuscht werden, wenn du in Israel eine Blondine suchst ...« Ich kannte zumindest eine: Frania, meine Großmutter, aber ich sagte nichts.

Meine Mutter hat mich nie mit nach Israel genommen (ich glaube, dass sie selbst nie dort war). Sie mochte Ita-

lien mit Abstand lieber. Ich durfte alle historischen Stät-
ten besichtigen, am liebsten unter sengender Julisonne:
Rom, Ravenna, Venedig und selbst die winzige Republik
San Marino hoch auf ihrem Felsen, das Mekka junger Phi-
latelisten, wie ich einer war. Sie hat mich Cappuccino und
Pasta lieben gelehrt, aber nicht die kleinste Spezialität von
Wilna oder von Tel Aviv …

Warum diese Leidenschaft für Italien, wohin wir jedes
Jahr fuhren? Sehnsucht nach Sonne und Mittelmeersträn-
den? Das allein konnte es nicht sein. Die Bitterkeit meiner
Eltern gegenüber den Deutschen, den Polen und den Litauern, die es ihnen versagte, je wieder einen Fuß in eines
dieser Länder zu setzen, hätte sie sich nicht auch auf Mus-
solinis Vaterland ausweiten müssen? Und hatten dessen
Vorfahren nicht den Tempel in Jerusalem zerstört und
unser Volk zwanzig Jahrhunderte lang in alle Winde ver-
trieben? Vermutlich befand meine Mutter mit ihrem Sinn
fürs Praktische, dass dies unter Verjährung fiel. Und dass
man immer nach vorne schauen und sich nicht umdrehen
sollte. Mein Vater hatte zudem das Gleichnis der Frau von
Loth zitiert. Die Erinnerung ist gut und schön, aber der
Geschmack von Cappuccino ist besser. Viel besser und
viel nützlicher, um am Leben zu bleiben.

RUSSISCHE PUPPEN

Seht, wie sie ganz schläfrig vor ihrem Cappuccino voll schokobestäubter geschäumter Milch sitzen, Kuka und ihr Spross auf der Caféterrasse über der Adria, über feinem Sandstrand unter silberweißer Sonne, und wie sie glücklich aussehen!

Das sind sie bestimmt auch, selbst wenn der Schatten Chaïms über ihnen schwebt, der während dieser Zeit in der Apotheke arbeitet und den Kopf nur hebt, um die bunten Postkarten zu lesen, die wir ihm Tag für Tag schicken.

Ein weiterer Schatten verdunkelt diesen Bilderbogen: das Schweigen, das zwischen Mutter und Sohn herrscht. Gewiss, sie plaudern, aber sie reden nicht.

Wie auf den Postkarten nach Brüssel: »Ein sonniges Hallo aus Riccione!«, »Traumferien!« oder »Strand, Sand und jede Menge Tand«. Der Knabe schwatzt mit seiner Mutter über jede Belanglosigkeit. Übers Wetter, übers Mittagsmenü, den knallroten Sportwagen auf der Uferstraße. Abends ist es einfacher. Wenn er allein im Bett liegt, im Schein des bunten Neons aus der Diskothek und gewiegt vom Mamboorchester, während seine Mutter beim Tanzen ist, fallen ihm all die Fragen ein, die er ihr stellen müsste. Diese zum Beispiel: »Warum sollten die Polen das Monopol haben, Holzköpfe zu sein? Belgien hat doch sicher auch eine ordentliche Portion davon, nicht?« »Denk mal nach, Alain. Hast du je überlegt, wie viele Polen zu uns zum Arbeiten gekommen sind?«, antwortete Chaïm im Kopf des Jungen, bevor er endlich einschläft. Am nächsten Morgen, beim Anblick der so strahlenden, schicken jungen Mutter, waren alle Fragen und Zweifel wie weggeblasen.

Von Riccione bis Brüssel ist das Gespräch mit meiner Mutter belanglos geblieben, und dies bis zu ihrem Tod. Stumm am Tag und voll stiller Befragungen in der Nacht. Sie musste zehn Jahre unter der Erde liegen, bis ich endlich das Wort an sie richten konnte.

Ist dies in allen Familien so oder nur in Zaubererfamilien, wo das Geheimnis das Normale ist?

Als ich eine Schachtel meiner Mutter nach der anderen leere – die nur die Schätze meines Vaters enthalten –, habe ich den Eindruck, eine russische Puppe auseinanderzunehmen. Jedes Mal, wenn ich ein Dokument entdecke, ist darunter ein weiteres versteckt und darunter noch eines, aber ganz zuunterst bleibt ein Atomkern übrig, der nicht zu knacken ist.

Wo ist nur diese verfluchte Wahrheit, auf deren Suche ich mich seit Monaten abmühe? Wer ist dieser gute Geheimnisgott, den mein Vater unter Beihilfe meiner Mutter zu verstecken versuchte? Welche mysteriösen und gefährlichen Personen, welche furchteinflößenden Kräfte hat er vor mir verheimlichen wollen, damit sie mir nicht die Flügel verbrennen?

Jetzt, wo ich alle Puzzlestücke beisammen habe, fühle ich mich, als würde ich ganz am Anfang stehen.

LETZTER TRAUM

Das letzte Mal, als ich von meinem Vater träumte, fiel mein Traum mit der Wirklichkeit zusammen. Ich fuhr gerade ins Büro, als mich plötzlich eine heftige Übelkeit packte, sodass ich mit dem Auto an den Rand fahren musste. Aber statt mich zu fangen, ging es mir immer schlechter. Das Gespenst meines Vaters schwebte über mir in der Luft, als versuchte es verzweifelt, sich an meinem Auto festzuklammern. Seine großen grauen Augen starrten mich an und wollten mir etwas mitteilen, was ich nicht zu dechiffrieren wusste. Zu meiner Verzweiflung sagte er etwas, was mir unmöglich war zu verstehen. Seine Präsenz im Fahrgastraum wurde immer stärker. Mir war, als fehlte nicht viel, und mein Vater würde hier an meiner Seite Gestalt annehmen.

In dem Moment erschien mir diese Szene durchaus nicht absurd. Obwohl ich mich rühmte, der Rationalste der Familie zu sein, der die Dachböden voll jüdischer Mystik mithilfe des Lichtes der Aufklärung durchgeputzt hatte, stellte ich nicht eine Sekunde lang seine Seifenblasengegenwart infrage – noch den Ernst der Situation. Ich spürte vage, dass sich soeben etwas Tragisches, Unabänderliches ereignete. Etwas so Ernstes, dass ich dringend eingreifen musste. Ich fuhr wieder los und hängte mich, sobald ich im Büro war, sofort ans Telefon. Meine Mutter war noch schneller gewesen als ich. Bevor ich ihre Nummer eingeben konnte, rief sie mich an. Mein Vater war gerade mit dem Krankenwagen in die Klinik gebracht worden.

17. Januar 1979. Mein Vater starb in dem Moment, als ich meine Mutter im Wartesaal antraf. Aber es mussten dreißig Jahre vergehen, bevor ich mich mit seinem Tod auseinandersetzen konnte. Und dies, obwohl alle Unterlagen dazu geduldig in dem alten Schrank warteten, der bei jedem unserer Umzüge mitgekommen war und jetzt vor meinem Schlafzimmer stand. Wenn man bedenkt, dass die Zeugenaussagen direkt in Hörweite waren. Aber ich hatte sie nicht hören wollen. Genauso wenig wie mein Vater und meine Mutter Erinnerungen wachrufen wollten, die verheilte Wunden wieder aufreißen könnten.

Bis zum Schluss hat der Zauberer seine Nummer bewundernswert durchgezogen. Chapeau! Er hat sein Geburtsland genauso verschwinden lassen wie die Dame aus der Trickkiste, und er hat den Sohn eines osteuropäischen Einwanderers mit seinem Zauberstab in einen waschechten Brüsseler verwandelt. Er hat von seinem Sohn alles ferngehalten, was ihn hätte verstören können: seinen Großvater, seine Tante, seinen Onkel – in Luft aufgelöst wie das Dorf, in dem er hätte geboren werden können, wie der Laden, in dem er fasziniert hätte stöbern können zwischen Schachteln mit Perlmuttknöpfen und Spitzendeckchen. Verwehrt war ihm der Zugang zu den Sprachen, die ihn zum Weinen hätten bringen können, zu den wehmutsvollen Klängen eines untergegangenen Volkes. Abrakadabra!

Trotz seiner teuflischen Geschicklichkeit war der Zauberer am Ende doch nur ein Mensch. Als der Sohn ein bisschen an der Oberfläche kratzte und einen Zipfel des Vorhangs lüpfte, als er hinter die Kulissen und in die Bühnenfalltüren guckte, hat er alle Einzelteile mehr oder weniger intakt aufgespürt, die der Zauberer vor den Augen des Publikums in einer Wolke aus Pailletten verschwinden ließ.

Warum sich Fragen stellen? Warum den Vorhang anheben? Um den Stimmen Gehör zu verschaffen, den Stimmen von Frania, Aba und Sara und ihrer ganzen kleinen Welt, Lilit, Esther, Mazsa, Jafa, Fela, David.

Und wenn der Sohn gleichzeitig die Lösung des Rätsels gefunden hätte, dem er seit mehr als zweihundert Seiten auf der Spur ist? Wenn der Vater gar nicht tot wäre, so wenig wie der Rest der Familie? Wenn er sich nur einfach davongestohlen hätte mithilfe eines seiner Tricks, um irgendwo im doppelten Boden eines Schrankes auszuruhen? Wenn man nur einfach die Platte beiseiteschieben müsste, damit Monsieur Optimist mit spöttischem Augenzwinkern wieder auftaucht?

Breiten wir ein letztes Mal die Karten auf dem Tisch aus. Viele Herzen, ein paar zerbrochene Karos, ein vierblättriges Kleeblatt zu Beginn seines Glücks im Unglück. Aber immer noch keine Spur vom Pik-Ass. Wer hat Chaïm getötet? Die Schachteln sind leer. Ich habe Briefe untersucht und übersetzen lassen, habe Dokumente und Archive durchforstet, die wenigen Fotografien unter die Lupe genommen, Persönlichkeiten analysiert, die seine Wege kreuzten und manchmal umlenkten: Catzaf und Tomas, Onkel Harry und Tintin/Tim, Esther und Sara, Maurice und den Zauberer von Verviers, den Polizisten Porcin und den Bürgermeister Joseph Van de Meulebroeck und all die anderen, die im Vorbeigehen eine verirrte Kugel abbekommen haben. Kann selbst der allerbeste Mensch sein Leben zubringen, ohne jemanden zu verletzen?

Ich habe auch versucht, im Geiste den Inhalt seiner Koffer zu inventarisieren. Von Polen nach Belgien, von Lüttich nach Brüssel, von seinen verschiedensten Unterschlupfen während des Krieges bis zur Avenue du Boulevard – was war in seinem Koffer, als er in Maków losfuhr, und was vergaß er niemals, bei keiner seiner Reisen, mitzunehmen, selbst wenn er in größter Eile zusammenpacken musste? Was hat er aufgehoben, was verloren aus den verschiedenen Welten, die er hinter sich ließ? Die letzten, wichtigsten Überreste seines polnischen Lebens sind womöglich im Bahnhof von Boulogne verloren gegangen? Das würde erklären, warum ich nicht die geringste Spur davon finden konnte.

Die Schachteln sind also leer? Und die Geschichte beendet? Noch nicht ganz. Es gibt noch eine kleine Flasche, halb voll mit einem etwas trüben Wasser, die unter die Papiere gerutscht war.

LIEBESBRUNNEN

In einem versteckten Winkel des Josaphatparks, wo Frania mit mir spazieren ging, gibt es eine Stelle, an der wir immer länger verweilten. Der Liebesbrunnen. Aus einem kreisförmigen, glatt gewaschenen schönen blauen Stein sprudelte eine kleine Quelle, aus der ein Bächlein entstand, das ein paar Hundert Meter weiter am Ende eines Pfades versickerte, wo riesige Kastanienbäume Schatten spendeten. Aus einem schönen Kinderbuch stammte meine Überzeugung, dass der Liebesbrunnen Zauberkräfte besaß. Ich hatte mir vorgenommen, meinen Vater damit zu beeindrucken, dass ich mit meinem Wunderwasser die heilen könnte, bei denen seine Cremes und Pillen ihre Linderung versagt hatten.

Meine Großmutter war vom Liebesbrunnen ebenso fasziniert wie ich. Auch sie starrte lange schweigend hinein. Als ich das Leuchten in ihren blauen Augen bemerkte, stellte ich mir vor, dass sie herrliche Bilder sah, die ich mich vergeblich bemühte zu entdecken.

In meiner Erinnerung vermenge ich vermutlich mein eigenes Entzücken mit demjenigen, was ich ihr andichte. Wenn ich sie genauer beobachtet hätte, hätte ich verstanden, was sie wirklich im sprudelnden Wasser erblickte. Gealterte Züge, ihr weißes Haar, straff nach hinten frisiert wie die Takelage eines Schiffes – schmerzlich empfand sie wohl das unabänderliche Verrinnen der Zeit, den Verlust ihres Mannes, ihrer Kinder, ihrer Cousins; es waren Bilder, die nur kurz aufblitzten und schon wieder weit weg waren.

Eines Tages kam ich ganz aufgeregt nach Hause und schwenkte die Phiole, die ich mithilfe meiner Großmutter am Brunnen gefüllt hatte. Anstatt meinen kühnen Einfall zu loben, stutzte meine Mutter mich gleich zurück: »Schütt das weg, Alain!«, rief sie und schnitt dabei ein schreckliches Gesicht. »Dieses Wasser ist voller Dreck, Insekten, Bakterien!«

Ich presste meine Trophäe an meine kleine Brust. Was war nur in sie gefahren? Versuchte sie, das Heilmittelmonopol meines Vaters zu schützen? Weil sie darauf bestand, leerte ich schließlich die Phiole vor ihren Augen ins Badezimmerwaschbecken. Trotzdem gelang es mir, ein paar Tropfen davon in einem Fläschchen versteckt im Apothekerschrank aufzubewahren. Und nun habe ich dieses Fläschchen in der letzten Archivschachtel wiedergefunden. Unglaublich. Dies war nun also der letzte Zeuge meiner Kindheit. Wenn ich mich sehr konzentrieren würde, könnte ich das Bild heraufbeschwören, das kein Fotoapparat der Welt festgehalten hatte, nämlich das von Frania und ihrem Enkelsohn, wie sie Wange an Wange und mit großen Augen ihr Spiegelbild in der Tiefe des Liebesbrunnens betrachten. Ich schüttle das Fläschchen, ziehe den Stöpsel heraus und nehme einen Schluck – nicht ohne einen gewissen Respekt, weil ich an die panischen Warnungen meiner Mutter denke. Schlagartig wird mir klar, dass ich vollkommen falsch lag, Frania melancholische Gedanken zu unterstellen. Beim Anblick des Brunnens ließ sie sich weder von Verzweiflung noch von Bedauern hinreißen. Das lag übrigens auch nicht in ihrer Natur. Ist sie nicht die handfeste Mama von Monsieur Optimist? Hat sie nicht den Styx mehrfach überquert und ist jedes Mal heil zurückgekehrt? Ich war es, an den sie gedacht hat, als sie die munteren Fluten aus der Erde sprudeln sah. An mich, der nun sechzig Jahre später die Phiole wiederfinden würde, die ich mit ihrer Hilfe gefüllt hatte, um endlich am Zaubernektar nippen zu können. Wie einst ein französischer Gelehrter herausfand: Es gibt ein Gedächtnis des Wassers. Ein Gedächtnis, das alle Ereignisse verzaubert, welches es benetzt, selbst die tragischsten.

DANK

Es ist nicht üblich, denen zu danken, die uns nicht mehr hören können. Aber genauso schwierig ist, die zu verschweigen, die mir ihre Geschichten ins Ohr geflüstert und mir die Hand gehalten haben, Frania Lewartowska und ihr Aba, Rebecca Bieniakonska (Kuka) und ihr Chaïm/Hubert/Henri sowie dessen Schwestern Sara und Esther. Und ihre Freunde, allen voran Maurice S.

Es ist mir ein Anliegen, diejenigen zu würdigen, die dazu beigetragen haben, die Dokumente meiner Vorfahren ins Französische zu transkribieren, Krystyna Legezynska, Hanna Zaleski und Akvile Grigoraviciute. Ein besonderer Dank geht an Pascale Falek und an Martine Goldberg (Gemeinde Schaerbeek) dafür, dass sie die behördlichen Unterlagen meiner Gespenster aufspürten.

Dank auch allen anderen, die zu zahlreich sind, um einzeln aufgeführt zu werden, für ihre Hilfe.

Des Weiteren gilt meine Dankbarkeit Fanny und Nick Rodwell, die großzügig den Abdruck der Auszüge von Hergé gestatteten. Und Christian Lutz (Le Cri édition), der mir erlaubt hat, zwei Textstellen aus meiner Erzählung *Der Herr der Seife* zu verwenden.

Dieses Buch ist auch eine Hommage an meine Tante Nunia – von Wilna bis nach Toronto. Alles Liebe an ihre Tochter Elaine und an ihre Enkelin Stefanie.

Meinem lieben Cousin Marc, an Stéphane und an Benjamin.

An Danielle, die mich anspornte, diese Geschichte aufzuschreiben.

Schließlich und vor allem sei dieses Buch Myriam und Stanley gewidmet, für die es bestimmt ist und ohne die es nicht existieren würde.

INHALT

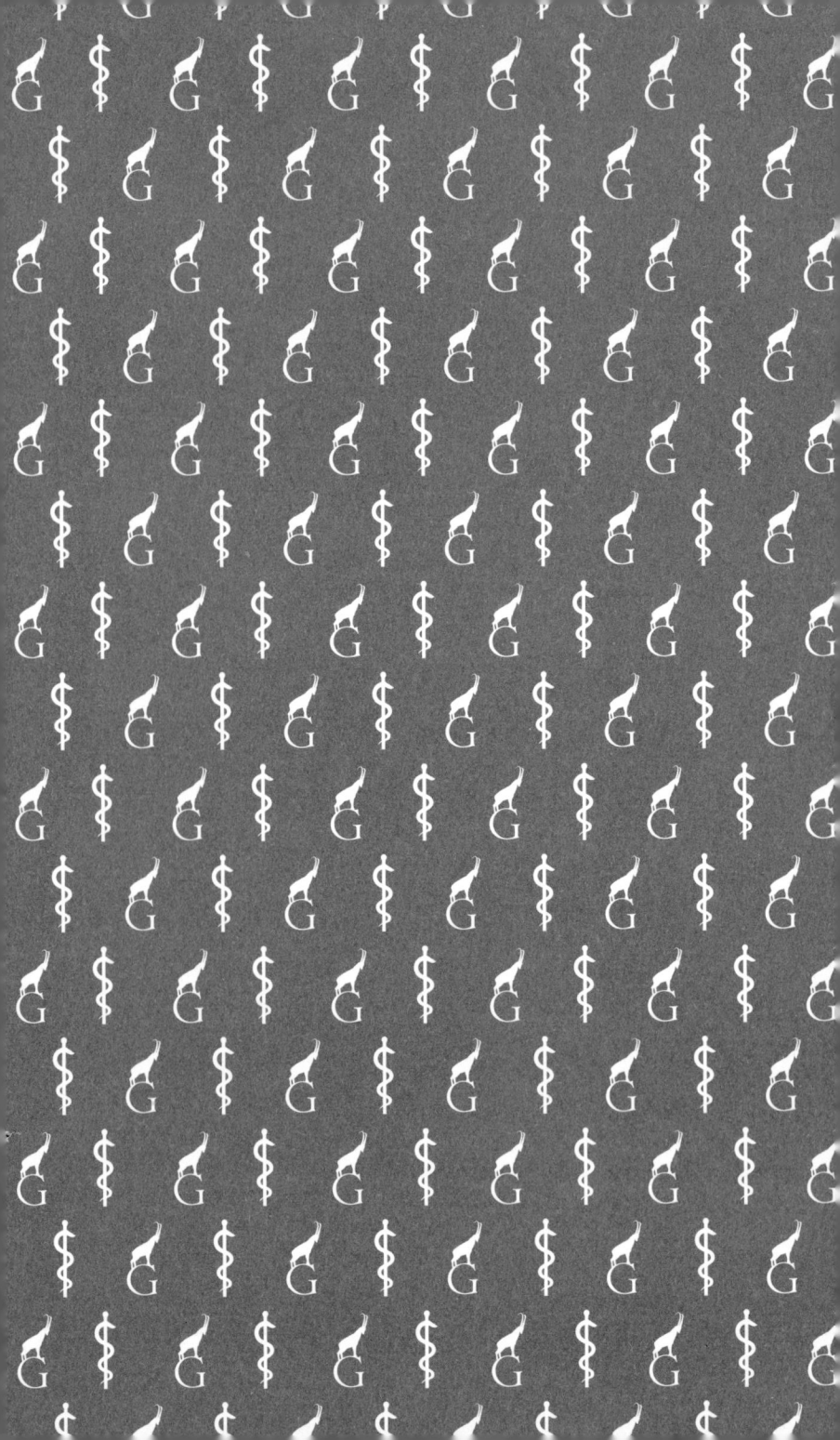